Marcus Hoffmann, Gabriele Otten, Claußs Peter Sajak

Schritt für Schritt zum guten Religionsunterricht

Klett | Kallmeyer

Unter www.friedrich-verlag.de finden Sie Materialien zum Buch als Download.
Bitte geben Sie den achtstelligen Download-Code in das Suchfeld ein:
d31416sr

Informationen der Deutschen Nationalbibliothek
Die Deutsche Nationalbibliothek verzeichnet diese Publikation in der Deutschen Nationalbibliografie; detaillierte bibliografische Daten sind im Internet über http://dnb.d-nb.de abrufbar.

Impressum

Marcus Hoffmann, Gabriele Otten, Clauß Peter Sajak
Schritt für Schritt zum guten Religionsunterricht
Praxisbuch für Studium, Referendariat und Berufseinstieg

3. Auflage

Friedrich Verlag GmbH
Luisenstr. 9
D-30159 Hannover
www.friedrich-verlag.de

Redaktion: Daniela Brunner, Korschenbroich
Druck: Beltz Grafische Betriebe GmbH, Am Fliegerhorst 8, 99947 Bad Langensalza
Printed in Germany

Für Fragen oder Hinweise zur Produktsicherheit unserer Publikationen wenden Sie sich bitte an folgende E-Mail-Adresse: produktsicherheit@friedrich-verlag.de.Unsere Produkte erfüllen die Anforderungen der EU-Produktsicherheitsverordnung (GPSR)

ISBN(print): 978-3-7727-1416-0
ISBN (E-Book): 978-3-7727-1417-7

Marcus Hoffmann, Gabriele Otten, Claußß Peter Sajak

Schritt für Schritt zum guten Religionsunterricht

Praxisbuch für Studium, Referendariat und Berufseinstieg

Klett | Kallmeyer

Vorwort 8

1 Religion unterrichten heute 12
Clauß Peter Sajak
1.1 Der Religionsunterricht – (k)ein Fach wie jedes andere 12
1.2 Religion in der Schule – Kontexte und Argumente 13
1.3 Religion lernen – Ziele und Kompetenzen 16
1.4 Religion unterrichten – Ansprüche und Anforderungen 20
1.5 Religionslehrkraft werden – Professionswissen für den Religionsunterricht 23

2 Grundlagen der Unterrichtsplanung 26
Clauß Peter Sajak
2.1 Prinzipien des Religionsunterrichts 26
2.1.1 Korrelation 27
2.1.2 Elementarisierung 32
2.1.3 Kompetenzorientierung 36
2.2 Elemente der Unterrichtsplanung 39
2.2.1 Die Makroebene: Vom Lehrplan zum schulinternen Curriculum 40
2.2.2 Mesoebene: Vom Schullehrplan zum konkreten Unterrichtsvorhaben 42
2.2.3 Mikroebene: Vom kompetenzorientierten Unterrichtsvorhaben zur einzelnen Unterrichtsstunde 46

3 Unterrichtsvorhaben sach- und schülergerecht planen 47
Marcus Hoffmann und Gabriele Otten
3.1 Grundsätzliche Überlegungen 47
3.2 Unterrichtsvorhaben planen – strukturiert vorgehen 49
3.2.1 Ein Planungsschema als Strukturierungshilfe (nutzen) 49
3.2.2 Elementarisieren – am Beispiel eines Unterrichtsvorhabens zu Prophetie 53
3.3 Unterrichtsvorhaben sinnvoll anlegen und Lernfortschritt ermöglichen 55
3.4 Unterrichtsvorhaben nachhaltig anlegen – kompetenzorientiert unterrichten 58
3.4.1 Unterricht an Kompetenzen ausrichten 59
3.4.2 Unterricht kompetenzorientiert gestalten 59

3.5 Aus der Praxis für die Praxis – die Konzeption von Unterrichtsvorhaben in den Blick nehmen ... 63
3.5.1 Praxisbeispiel 1: „Wer die Wahrheit sagt, den verabscheut ihr" – Unterrichtsvorhaben zur Prophetie (Kl. 8/9) ... 63
3.5.2 Praxisbeispiel 2: „Wer bzw. wie ist Gott?" – Didaktisch-methodische Begründungen zu einem Unterrichtsvorhaben (Kl. 6) ... 66

4 Unterrichtsstunden intentional aufbauen ... 72
Marcus Hoffmann
4.1 Grundsätzliche Überlegungen ... 72
4.2 Strukturierungsmodelle für Unterricht verstehen und sinnvoll nutzen ... 74
4.2.1 Unterscheidung von Unterrichtsstunde und Lernprozess ... 74
4.2.2 Strukturierungsmodelle im Überblick ... 76
4.2.3 Aufbau und Phasierung des Lernprozesses nach dem „Bonbonmodell" ... 78
4.2.4 Checkliste: Passung und Stringenz des Stundenaufbaus ... 80
4.2.5 Planungsraster für Unterrichtsstunden ... 80
4.3 Stundenziele finden und festlegen ... 83
4.3.1 Stundentypen ... 83
4.3.2 Komplexität der Zielfindung ... 84
4.3.3 Kompetenzen, Stundenthemen und Zielformulierungen in Entwürfen ... 86
4.3.4 Häufige Fragen zur Planung von Stunden ... 91
4.3.5 Praxisbeispiel: Eine Unterrichtsstunde für die Kl. 8 (Prophetie) ... 93

5 Unterrichtsphasen begründet gestalten ... 97
Marcus Hoffmann
5.1 Grundsätzliche Überlegungen ... 97
5.2 Stundenbeginn und Einstiege zielführend konzipieren ... 100
5.2.1 Der Stundenbeginn ... 102
5.2.2 Der Einstieg ... 104
5.3 Stundenmitte und Erarbeitungsphasen ertragreich gestalten ... 108
5.4 Stundenende und Sicherungsphasen nachhaltig gestalten ... 114
5.4.1 Die Sicherung ... 114
5.4.2 Stundenabschluss ... 121

6 Heterogenität ernst nehmen 124
Gabriele Otten
6.1 Grundsätzliche Überlegungen 124
6.2 Innere und äußere Differenzierung 127
6.3 Formen von Heterogenität 128
6.3.1 Fachunabhängiger Differenzierungsbedarf 130
6.3.2 Spezifischer Differenzierungsbedarf im Religionsunterricht 131
6.3.3 Themenbezogener Differenzierungsbedarf 133
6.4 Die Erhebung der Lernausgangslage 134
6.5 Kategorien der Differenzierung 137
6.5.1 Differenzierung nach Inhalten 139
6.5.2 Differenzierung nach Arbeitsweisen und Lernwegen 140
6.5.3 Differenzierung nach Niveau und Anforderungsbereichen 140
6.5.4 Differenzierung nach Sozialformen 143
6.6 Umgang mit Heterogenität – eine Frage der Sensibilität und Wertschätzung 143

7 Aufgaben passgenau konzipieren 146
Gabriele Otten
7.1 Kein Unterricht ohne Aufgaben 146
7.2 Aufgaben im kompetenzorientierten Unterricht 147
7.2.1 Aufgaben und „Passung“ 147
7.2.2 Aufgaben und Kompetenzerwerb 148
7.2.3 Anwendungsaufgaben und Unterrichtssteuerung 150
7.3 Lern- und Leistungsaufgaben unterscheiden 154
7.4 Eine Anforderungssituation in einer Klausur bearbeiten 155

8 Lernerfolg überprüfen und Leistung messen 158
Gabriele Otten
8.1 Grundsätzliche Überlegungen 158
8.1.1 Wozu Noten? – Funktionen der Lernerfolgsüberprüfung und Leistungsmessung 159
8.1.2 Gerechte Noten? – Gütekriterien der Lernerfolgsüberprüfung und Leistungsmessung 161

8.1.3 Neue Formen der Leistungsbewertung 163
8.1.4 Rechtliche Rahmenbedingungen 165
8.2 Leistungsbewertung im Religionsunterricht 168
8.2.1 Der Beurteilungsbereich „Sonstige Leistungen im Unterricht“ 170
8.2.2 Der Beurteilungsbereich „Schriftliche Arbeiten“ 174
8.3 Wertschätzung und Leistung – im Religionsunterricht 178

9 Unterricht kritisch reflektieren 181
Marcus Hoffmann und Gabriele Otten
9.1 Grundsätzliche Überlegungen 181
9.2 Unterricht kriteriengeleitet reflektieren – aber: Was ist guter (Religions-) Unterricht? 182
9.2.1 Hilbert Meyer – Zehn Merkmale guten Unterrichts 183
9.2.2 Manfred Riegger – Zwölf Merkmale guten Religionsunterrichts 185
9.3 Reflexionen und Nachbesprechungen als Ausbildungselemente nutzen 187
9.3.1 Zum Ablauf 187
9.3.2 Tipps für das Gespräch im Anschluss an eine Unterrichtsstunde 188
9.4 Besuchsstunden und Lehrproben zielgerichtet reflektieren 189
9.4.1 Reflektieren mithilfe der ZIMT- oder ZEDA-Methode 189
9.4.2 Reflektieren mit selbst gewählten Schwerpunkten 191
9.4.3 Reflektieren mithilfe des COACTIV-Modells 193
9.5 Unterricht mit Schülerinnen und Schülern reflektieren 195
9.5.1 Neu über Evaluation und Feedback nachdenken 196
9.5.2 Feedback von Schülerinnen und Schülern einholen 199

Literatur 205

Anhang 214

Vorwort

Das vorliegende Werk „Schritt für Schritt zum guten Religionsunterricht" versteht sich als ein Werkbuch, das in kompakter Form die wichtigsten Themenbereiche der universitären wie schulischen Ausbildung von künftigen Religionslehrerinnen und Religionslehrern vorstellt und für die Ausbildungspraxis anbietet. Es ist im Zusammenspiel von universitärer Religionspädagogik und Zentren der schulpraktischen Lehrerbildung entstanden und soll so zum einen bewährte Arbeitsmaterialien und Übungen für Praktika, das Praxissemester und das Referendariat bieten, zum anderen aber auch eine verbindende Klammer zwischen den unterschiedlichen Phasen der Lehrerbildung liefern.

Unsere Idee ist es, für die schulpraktische Ausbildung von Studierenden wie Referendarinnen und Referendaren einen gemeinsamen Ausbildungsleitfaden vorzulegen, der sowohl in der universitären Phase – und hier vor allem im Praxissemester –, aber eben auch im zweiten Ausbildungsabschnitt, dem Vorbereitungsdienst, verwendet werden kann.

Zugleich ist das vorliegende Praxisbuch ein Ergebnis und Zeugnis der guten Kooperation von Verantwortlichen in der ersten und zweiten Phase der Religionslehrerinnen- und -lehrerbildung in der Bezirksregierung Münster, konkret an der Westf. Wilhelms-Universität Münster und den Zentren für schulpraktische Lehrerbildung in Rheine und Münster.

Unsere Hoffnung ist, dass durch die Verwendung dieses Buches schon im ersten Ausbildungsabschnitt an der Universität grundlegende Kompetenzen für die Planung, Gestaltung und Reflexion von Religionsunterricht gelegt werden, die dann später im schulischen Vorbereitungsdienst aufgegriffen, vertieft und weiterentwickelt werden können.

Aus diesem Grundanliegen des Buches heraus erklärt sich seine Gliederung. Wir setzen ein mit einem grundlegenden Kapitel zum Beruf des Religionslehrers bzw. der Religionslehrerin heute, der durch die besondere Situation des bekenntnisorientierten Religionsunterrichts gemäß Art. 7 Abs. 3 GG bestimmte Anforderungen und durchaus auch Schwierigkeiten birgt, die bereits im Studium angesprochen und reflektiert werden sollten. Dabei geht es vor allem um die Fähigkeit von Religionslehrerinnen und Religionslehrern, in einem pluralitätssensiblen konfessionellen Religionsunterricht offen für die unterschiedlichsten weltanschaulichen Positionen von Schülerinnen und Schülern in den heterogenen Lerngruppen der heutigen Schule zu sein, zum anderen aber auch als Vertreterin und Vertreter einer spezifischen Religionslehre begründet Position beziehen und entsprechend mit Schülerinnen und Schülern argumentativ diskutieren zu können (Kap. 1).

Es folgt ein Einführungskapitel in die Unterrichtsplanung, in dem grundlegende Begriffe eingeführt und vor der weiteren Verwendung geklärt werden sollen. Dazu zählen vor allem die Grundprinzipien des Religionsunterrichts, nämlich die Korrelation, das Elementarisierungsprinzip und die Kompetenzorientierung. Gleichzeitig liefert dieses Kapitel eine erste Schrittfolge für das Vorgehen bei der Planung von Unterricht, die von den curricularen Vorgaben eines Kerncurriculums ausgeht und von diesem über Lerngegenstand, Lernziele und Kompetenzerwartungen zur konkreten Planung eines größeren Unterrichtsvorhabens und schließlich in die Gestaltung einer einzelnen Unterrichtstunde dieses Vorhabens vorwärtsschreitet (Kap. 2).

Diese grundsätzliche Bewegung vom Kerncurriculum hin zur Gestaltung einzelner Unterrichtssequenzen im Rahmen von Unterrichtsstunde und Unterrichtsvorhaben wird nun in den folgenden Teilen des Buches detailliert in Einzelkapiteln abgebildet. So widmet sich das folgende Kapitel der sach- und schülergerechten Planung von Unterrichtsreihen (Kap. 3), das nächste dem intentionalen Aufbau von einzelnen Unterrichtsstunden (Kap. 4).

In der Unterrichtsstunde selbst ist es dann die einzelne Unterrichtsphase, die begründet gestaltet werden muss und die entsprechende Kompetenzen aufseiten von Studierenden bzw. Lehramtsanwärterinnen und Lehramtsanwärtern verlangt (Kap. 5). Zur Detailgestaltung von Unterrichtsphasen gehören aber religionsdidaktische Kompetenzen, die im Folgenden kapitelweise ausführlich beschrieben und auch durch Übungsmaterial veranschaulicht werden, nämlich die Fähigkeit, Heterogenität von Schülerinnen und Schülern heute ernst zu nehmen (Kap. 6), die Kompetenz, Lern-, Übungs- und Kontrollaufgaben für die Lern- und Bildungsprozesse im Unterricht zu konzipieren und bereitzustellen (Kap. 7), die Fertigkeit, auch im Fach Religion den Erfolg von Lernprozessen zu überprüfen und somit in gewisser Weise Leistung zu messen (Kap. 8), sowie die zentrale Kompetenz, beobachteten oder auch selbst gestalteten Unterricht mit den entsprechenden Begrifflichkeiten und Denkformen im Nachgang kritisch zu reflektieren (Kap. 9).

Um in diesen neun Kapiteln die Orientierung zu behalten und an bekannten Motiven und Elementen Dinge mit unterschiedlichen Kompetenzen zu üben, haben wir zwei Unterrichtsvorhaben konzipiert, an denen wir immer wieder Praxisbeispiele aus der unterrichtlichen Praxis aufzeigen wollen. Es sind die Unterrichtseinheiten zu Gottesbildern (Klasse 6) und Propheten (Klasse 8/9), die in den Kapiteln eingeführt und verwendet werden und die sich an unterschiedlichen Orten je einmal vollständig zeigen: So wird die Unterrichtseinheit zu den Gottesbildern als Beispiel für das Kap. 3 „Unterrichtsreihen sach- und schülergerecht planen“ verwendet, während die Unterrichtsreihe „Propheten“ sich in verkürzter Form in Kap. 2 zu den Grundlagen der Unterrichtsplanung findet. Außerdem ist die Unterrichtsreihe „Gottesbilder“ Gegenstand des ausführlichen Unterrichtsentwurfs, den wir als Muster im Anhang dokumentiert haben. Dieser und die dazugehörigen Arbeitsblätter befinden sich auch im Downloadmaterial und können über den Code am Ende des Buches im Internet heruntergeladen werden.

Anmerkungen zur gendersensiblen Sprache

Wir verwenden in unserem Buch die im Rahmen der Schulgesetzgebung vorgegebene Schreibweise „Schülerinnen und Schüler“ und analog „Lehrerinnen und Lehrer“. In den Marginalien kürzen wir diese Begriffspaare als SuS und LuL ab. Dies soll keine Geringschätzung irgendeiner Art gegenüber weiteren Geschlechtern, die i. d. R. unter die Kategorie „divers“ gefasst werden, ausdrücken, sondern entspricht den gesetzlichen Regeln und praktischen Gepflogenheiten im Raum von Schule.

Hinweise zum Lesen des Buchs

Auch dieses Buch der Reihe „Schritt für Schritt“ arbeitet mit verschiedenen grafischen Elementen, die unterschiedliche Textgattungen für die praktische Arbeit unterscheiden helfen wollen.

So finden sich zum einen Infoboxen, in denen kurz und knapp wichtige theologische oder religionspädagogische Sachverhalte zur Wiederholung zusammengefasst und verfügbar gemacht werden. Zudem liefern Hinweiskästen am Seitenrand wichtige Informationen für die Ausbildungspraxis.

Außerdem gibt es noch folgende weitere Formen der zusätzlichen Kommentierung: Die Rubrik „Aufgabe“ (A) liefert Anregungen für die Arbeitsgruppen im Fach- und Studienseminar, die von Studierenden bzw. Referendarinnen und Referendaren zur Vertiefung bearbeitet werden können. Daneben gibt es zahlreiche (Praxis-)Beispiele (B), die entweder die Aufgaben bereichern oder für sich stehen. Der „Tipp“ in der Sprechblase liefert zudem hilfreiche

Hinweise für die Ausbildungspraxis, die sich aus der langjährigen Erfahrung der Autorinnen und Autoren in der Ausbildung von Religionslehrerinnen und Religionslehrern ergeben haben.

Wir hoffen, dass mit „Schritt für Schritt zum guten Religionsunterricht" nun ein Praxisbuch vorliegt, das für die Begleitung von Praktika, die Gestaltung des Praxissemesters und die Durchführung des Vorbereitungsdienstes hilfreich und anregend ist.

Ein besonderer Dank gilt Alissa Geisler M.Ed., die in bewährter Weise an der Professur für Religionspädagogik in Münster das Manuskript zusammengestellt und betreut hat.

Für die Arbeit mit Kindern und Jugendlichen im schulischen Religionsunterricht wie auch mit Studierenden und Referendarinnen und Referendaren in der schulischen Lehrerbildung wünschen wir viel Vergnügen und gutes Gelingen.

Gabriele Otten
Marcus Hoffmann
Clauß Peter Sajak

1 Religion unterrichten heute

Claußs Peter Sajak

1.1 Der Religionsunterricht – (k)ein Fach wie jedes andere

Religionslehre ist ein Fach wie jedes andere: Es gibt dieses Fach in der Regel als evangelische und katholische, inzwischen aber auch als alevitische, jüdische, islamische und orthodoxe Religionslehre (vgl. Ministerium für Schule und Bildung 2020). Religionslehre wird als ordentliches Unterrichtsfach im Rahmen der Stundentafel einer Jahrgangsstufe unterrichtet und ist versetzungsrelevant. Dies ist sogar im Grundgesetz der Bundesrepublik Deutschland verankert. Dort heißt es in Art. 7, Abs. 3, Satz 1 und 2:

> „Der Religionsunterricht ist in den öffentlichen Schulen, mit Ausnahme der bekenntnisfreien Schulen, ordentliches Lehrfach. Unbeschadet des staatlichen Aufsichtsrechts wird Religionsunterricht in Übereinstimmung mit den Grundsätzen der Religionsgemeinschaften erteilt."

In Fortführung von Regelungen der Weimarer Reichsverfassung von 1919 schreibt somit auch die Verfassung vom 23. Mai 1949 fest, dass der Religionsunterricht in der Bundesrepublik Deutschland den Status eines ordentlichen Lehrfachs hat und dass seine Erteilung eine staatliche Aufgabe und Angelegenheit ist. Die Bestimmung, dass dieser Religionsunterricht „in Übereinstimmung mit den Grundsätzen der Religionsgemeinschaft" zu erteilen ist, markiert allerdings eine Konstruktion, die kein anderes Fach kennt: Bei der Durchführung des Unterrichts ist nicht die staatliche Schulaufsicht allein verantwortlich, sondern die jeweilige Religionsgemeinschaft, also z. B. die Katholische Kirche, hat ein Mitwirkungsrecht, das sie bei der inhaltlichen Gestaltung des Unterrichts und bei der Qualifizierung und Beauftragung der Lehrerinnen und Lehrer ausübt (z. B. durch verpflichtende Mentoratsprogramme und die sog. Missio canonica – vgl. Ceylan/Sajak 2017, 180–230). Dahinter steckt der Gedanke, dass der Staat im Raum der Schule seine weltanschauliche Neutralität nicht wahren könnte, wenn er in Sachen Glaube und Ethos Position beziehen müsste. Entsprechend sollen diese materialen Fragen der Unterrichtsgestaltung von der Religionsgemeinschaft entschieden werden. In diesem Sinne ist der Religionsunterricht dann doch ein Sonderfall, also kein Fach wie jedes andere.

1.2 Religion in der Schule – Kontexte und Argumente

Warum aber überhaupt Religion als Unterrichtsfach? Es ist bildungspolitischer und auch bildungswissenschaftlicher Konsens, dass in der Schule nicht nur ein Modus der Weltdeutung dominant sein darf, sondern dass möglichst unterschiedliche Wirklichkeitszugänge eröffnet und erprobt werden sollen – daher auch die Vielfalt schulischer Fächer. Im Zuge der Neuausrichtung des Bildungssystems im Kontext der PISA-Krise hat der Bildungswissenschaftler Jürgen Baumert deshalb vier „Modi der Weltbegegnung" (Baumert 2002, 106f.) benannt, welche als grundlegende Wirklichkeitszugänge die Voraussetzung individueller Bildung darstellen und die jeweils eigenständig wie unersetzbar sind: die kognitiv-instrumentelle (Mathematik, Naturwissenschaften), die moralisch-evaluative (Geschichte, Wirtschaft, Sozialkunde/Politik, Recht), die ästhetisch-expressive (Sprache, Literatur, Kunst, Musik) und die konstitutive Rationalität (Religion, Philosophie) (vgl. Abb. S. 14). Religiöse Bildung zielt auf den Umgang mit konstitutiver Rationalität: Konstitutiv, also ‚festlegend' ist diese Rationalität, weil sie die Grundkategorien (z. B. Gott) sowie Erklärungs- bzw. Deutungsmuster (z. B. Schöpfung) bestimmt, mit denen der Mensch über die Totalität von Wirklichkeit reflektieren und sich selbst mit dieser produktiv auseinandersetzen kann. Religiöse Bildung soll den Menschen ermächtigen, das Ganze von Wirklichkeit in den Blick zu nehmen, um sich dann dazu in ein Verhältnis zu setzen.

A

1. Diskutieren Sie, welche Konsequenzen sich für den RU aus dem Modell der Wirklichkeitserschließung von Jürgen Baumert ergeben: Was kann in diesem Rahmen vom RU erwartet werden?
2. Blicken Sie zurück: Ist in Ihrem RU, den Sie selber erlebt haben, der Modus konstitutiv-ultimativer Rationalität erschlossen worden?

Jürgen Baumert betont in seinen Ausführungen, dass die vier Modi der Weltbegegnung alle im Kontext menschlicher Bildung notwendig sind: Sie können sich nicht gegenseitig ersetzen, denn sie erschließen jeweils eine spezifische Weltsicht, bildungswissenschaftlich gesprochen eine je eigene Domain. Entsprechend muss eine schulische Bildung, die auf das Leben in der dem Menschen gegebenen Wirklichkeit vorbereiten soll, alle vier Weltzugänge eröffnen, bearbeiten und einüben. Somit hat die Behandlung von Religion als

Die vier Modi der Weltbegegnung nach Jürgen Baumert (aus: Sajak 2020, 17)

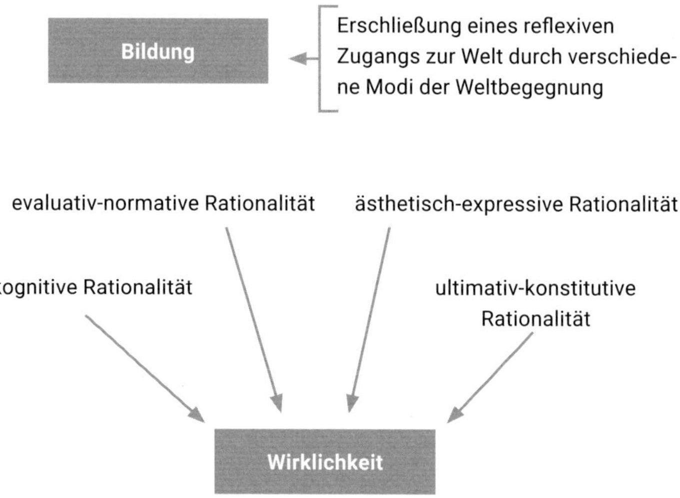

Modus konstitutiver Rationalität im Kanon der schulischen Fächer auch in der säkularen Schule nicht nur historische oder schulrechtliche, sondern vor allem auch eine bildungswissenschaftliche Begründung.

Die Domain Religion und der mit ihr verbundene Modus religiöser Bildung kann im Raum der Institution Schule in unterschiedlicher Weise bearbeitet werden: So besteht zum einen die Möglichkeit, dass Religion aus distanzierter Perspektive von weltanschaulich neutralen Lehrkräften, quasi aus der ,Vogelperspektive' unterrichtet wird, mit dem Ziel, vor allem allgemeine Kenntnisse über Religiosität und die großen Weltreligionen zu vermitteln. Ein solcher Unterricht wird als Religionskunde bezeichnet, seine universitäre Bezugswissenschaft ist nicht die evangelische, katholische, jüdische oder islamische Theologie, sondern die vergleichende Religionswissenschaft. Dieses Modell einer staatlichen Religionskunde ist allerdings in Deutschland ein Sonderfall, der sich so nur in den Bundesländern Bremen (das Unterrichtsfach „Religion"), Brandenburg (das Unterrichtsfach „Lebensgestaltung – Ethik – Religionskunde") und Berlin (das Unterrichtsfach „Ethik", in dem

HINWEIS
Dies sind die Grundlagen für die Kompetenzorientierung, denn Kompetenzen sind Problemlösefähigkeiten von SuS, die in einem der vier Modi der Weltbegegnung anzusiedeln sind.

religionskundliche Themeneinheiten abgehandelt werden) findet. In allen anderen Ländern der Bundesrepublik Deutschland wird Religionsunterricht aber konfessionell, also bekenntnisorientiert in gemeinsamer Verantwortung von Staat und einzelner Religionsgemeinschaft unterrichtet.

A

1. Diskutieren Sie in Ihrer Seminargruppe, welche Erfahrungen Sie bisher mit der Organisation des Religionsunterrichts gemacht haben: Fand der Unterricht in konfessionellen Gruppen oder im Klassenverband statt? Wie sind dann LuL mit der Konfession oder der Konfessionsfreiheit von SuS umgegangen, die eigentlich aufgrund ihres Bekenntnisses nicht in diesen RU gehörten?

Diese Konstruktion ist aber inzwischen in diese Diskussion gekommen: Wenn in einer Jahrgangsstufe neben katholischen, evangelischen und konfessionslosen Schülerinnen und Schülern inzwischen auch muslimischen Schülerinnen und Schülern eine eigene Lerngruppe im Rahmen des Religionsunterrichts angeboten werden soll, stellt dies viele Schulleitungen vor große organisatorische Schwierigkeiten. Dies führt oft dazu, dass christliche Schülerinnen und Schüler eine Lerngruppe bilden, in der die Schülerinnen und Schüler der zahlenmäßig kleineren christlichen Konfession am Unterricht der Mehrheitskonfession teilnehmen oder dass die gesamte Klasse einfach von einer Religionslehrerin unterrichtet wird, unabhängig von der Religionszugehörigkeit der Schülerinnen und Schüler. Die beiden großen Kirchen lehnen einen solchen Unterricht im Klassenverband allerdings aus theologischen wie pädagogischen Gründen ab. Stattdessen haben beide Kirchen durch unterschiedliche landesspezifische Vereinbarungen mit den jeweiligen Kultusministerien einen sogenannten konfessionell kooperierenden Religionsunterricht etabliert (vgl. Sajak/Simojoki 2023). Diese Regelungen lassen einen gemeinsamen Unterricht von Schülerinnen und Schülern der beiden christlichen Konfessionen zu, unter der Voraussetzung, dass die Zahl der evangelischen und katholischen Schülerinnen und Schüler die Bildung von konfessionellen Lerngruppen in einer Jahrgangsstufe nicht zulässt. Es scheint so, dass ein solcher konfessionell-kooperativer Religionsunterricht ein Zukunftsmodell für die Bearbeitung des religiösen Weltzugangs im Raum der Schule sein könnte (vgl. Die deutschen Bischöfe 2016/Evangelische Kirche in Deutschland 2014).

HINWEIS
Glaubenswissen, religiöse Erfahrungen und familiäre Prägung von Kindern und Jugendlichen finden sich in einer Lerngruppe immer in einer äußerst großen Bandbreite.

AUS DER DENKSCHRIFT DER EKD: „RELIGIÖSE ORIENTIERUNG GEWINNEN" (EKD 2014, 83)

Inzwischen sind es bundesweit bereits mehr als 1500 Schulen, an denen ausdrücklich nach dem konfessionell-kooperativen Modell unterrichtet wird. Die Religionslehrerinnen und -lehrer beider Konfessionen arbeiten an den Schulen zusammen. Der Unterricht wird phasenweise oder für längere Zeiträume, die auch ein ganzes Schuljahr ausmachen können, in gemeinsamen Lerngruppen erteilt. Darüber hinaus wird die Religionslehrerin bzw. der Religionslehrer der je anderen Konfession auch zu bestimmten Themen und Fragestellungen in den jeweils anderen Religionsunterricht eingeladen. In der Lehreraus- und -fortbildung wird die Kooperation ebenfalls erfolgreich praktiziert.

AUS DEM WORT DER DEUTSCHEN BISCHÖFE: „DIE ZUKUNFT DES RELIGIONSUNTERRICHTS" (DBK 2016, 6)

Die rückläufige Zahl der katholischen und evangelischen Schülerinnen und Schüler erschwert in vielen Regionen Deutschlands die parallele Einrichtung von katholischem und evangelischem Religionsunterricht. In einigen Bundesländern wurden in den vergangenen Jahren Erfahrungen mit einer erweiterten Kooperation beider Fächer gesammelt, die auch die Einrichtung gemischtkonfessioneller Lerngruppen vorsieht. Angesichts dieser Entwicklungen ist es notwendig, das Verständnis des konfessionellen Religionsunterrichts weiterzuentwickeln. Auf der Grundlage von theologischen Überlegungen zum gegenwärtigen Stand der ökumenischen Beziehungen der katholischen Kirche zu den Kirchen der Reformation werden in der vorliegenden Erklärung religionspädagogische Empfehlungen für eine Kooperation mit dem evangelischen Religionsunterricht gegeben und rechtliche Eckpunkte der Kooperation in Erinnerung gerufen.

1.3 Religion lernen – Ziele und Kompetenzen

Konfessioneller Religionsunterricht wird also aus der Perspektive einer Religionsgemeinschaft erteilt. Er ist aber von der religiösen Erziehung in der Familie oder der Katechese bzw. Unterweisung in der Pfarrgemeinde zu unterscheiden. Für den katholischen Bereich hat die Würzburger Synode – ein im katholischen Sprachgebrauch geläufiger Terminus für die Gemeinsame Synode der Bistümer in Deutschland, die zwischen 1970 und 1975 regelmäßig in Würzburg tagte – die bis heute gültige Trennung von schulischem Religionsunterricht und Gemeindekatechese (also der Vorbereitung auf die Sakramente der Buße, Eucharistie, Firmung und Ehe) festgelegt. Folglich ist es nicht mehr Ziel des schulischen Religionsunterrichts, in den katholischen Glauben einzuführen und diesen in Vollzügen einzuüben, sondern eine eigenständige religiöse Entscheidung der Schülerinnen und Schüler in Glaubensfragen zu ermöglichen und ihr Engagement in Kirche und Gesellschaft zu fördern. So heißt es in einem berühmten Passus des Synodenbeschlusses „Der Religionsunterricht in der Schule", dass der Religionsunterricht „zu persönlicher Entscheidung in Auseinandersetzung mit Konfessionen und Religionen, mit Weltanschauungen und Ideologien“ befähigen und „Verständnis und Toleranz gegenüber der Entscheidung anderer“ fördern soll (Gemeinsame Synode 1974/2012, 139f.).

DIE ZIELE DES RELIGIONSUNTERRICHTS IM BESCHLUSS DER WÜRZBURGER SYNODE 1974: „DER RELIGIONSUNTERRICHT IN DER SCHULE“ (GEMEINSAME SYNODE 2012, 139F.)

Aus alledem ergibt sich für den Religionsunterricht:

- er weckt und reflektiert die Frage nach Gott, nach der Deutung der Welt, nach dem Sinn und Wert des Lebens und nach den Normen für das Handeln des Menschen und ermöglicht eine Antwort aus der Offenbarung und aus dem Glauben der Kirche;
- er macht vertraut mit der Wirklichkeit des Glaubens und der Botschaft, die ihm zugrunde liegt und hilft, den Glauben denkend zu verantworten;
- er befähigt zu persönlicher Entscheidung in Auseinandersetzung mit Konfessionen und Religionen, mit Weltanschauungen und Ideologien und fördert Verständnis und Toleranz gegenüber der Entscheidung anderer;
- er motiviert zu religiösem Leben und zu verantwortlichem Handeln in Kirche und Gesellschaft.

Um diese Ziele zu erreichen, brauchen Schülerinnen und Schüler spezifische Kompetenzen aus dem Bereich der ultimativ-konstitutiven Rationalität (vgl. Baumert 2002, 106f.), die sie im Religionsunterricht kontinuierlich und sukzessive erwerben, einüben und entwickeln sollen (vgl. 2.1.3 Kompetenzorientierung). Konkret werden diese in Lehrplänen beschrieben und verpflichtend gemacht, die in jedem Bundesland unterschiedlich heißen und unterschiedlich gestaltet sind. Im Folgenden wird exemplarisch als ein solches Curriculum durchgängig der Kernlehrplan Katholische Religionslehre für die Sekundarstufe I (Gymnasium) in Nordrhein-Westfalen (abgekürzt als: KLP Gy SI 2019) verwendet.

A

1. Recherchieren Sie, welche Lehrpläne für Ihr Bundesland und Ihre Schulstufe bzw. -form Gültigkeit besitzen, und laden Sie sich diese von der Homepage Ihres Schul- oder Kultusministeriums herunter. Im Folgenden können Sie immer wieder vergleichen, wie die im Buch zitierten Kompetenzen und Lernbereiche in Ihrem Lehrplan heißen und gestaltet sind.

Da es zentrale Vorgaben der deutschen Bischofskonferenz (Die deutschen Bischöfe 2024 und 2025) und der Evangelischen Kirche in

Deutschland (EKD 2011) für den Kompetenzerwerb im Religionsunterricht gibt, die in allen Bundesländern Gültigkeit besitzen, unterscheiden sich die Lehrpläne in den verschiedenen Bundesländern zwar in Gestalt, Struktur und Begrifflichkeit, die Kompetenzen sind aber immer analog und in Anlehnung an die zentralen Vorgaben formuliert, so dass eine Vergleichbarkeit gewährleistet sein sollte.

VON KERNLEHRPLÄNEN, RAHMENPLÄNEN UND BILDUNGSPLÄNEN – ZU DEN UNTERSCHIEDLICHEN BEGRIFFEN

Bildungspläne

Mit dem Begriff „Bildungsplan" wird in der Regel ein bildungspolitisches Konzept für ein ganzes Schulsystem bezeichnet, das von der vorschulischen Erziehung bis zur gymnasialen Oberstufe alle Bildungsphasen in einem Bundesland umfasst. Ein bekanntes Beispiel ist der Bildungsplan Baden-Württemberg (seit 2004, zuletzt 2016), der vom Kindergarten bis zum 8-jährigen Gymnasium für alle Schultypen vorliegt und in dem alle Schultypen und in diesen die einzelnen Schulfächer wiederum mit eigenen Bildungsplänen dargestellt sind.

Rahmenpläne

Der Rahmenplan ist ein schulpädagogischer Rahmen, der von den Kultusbehörden eines Bundeslandes für einen bestimmten Schultyp vorgegeben wird. In diesen Rahmenplan sollen sich dann die einzelnen Fächer mit Teilrahmenplänen einpassen. Ein aktuelles Beispiel ist der Rahmenplan Grundschule in Rheinland-Pfalz aus dem Jahr 2009, in dem sich für den Religionsunterricht jeweils ein Teilrahmen Evangelische, Islamische und Katholische Religion findet.

Kernlehrpläne, auch: Kerncurricula

Die Umstellung des Schulsystems auf Bildungsstandards hat dazu geführt, dass nur noch wenige Inhalte, meist in Form von Themen- oder Inhaltsbereichen vonseiten der Kultusbehörden in Kernlehrplänen (KLP) vorgegeben werden. Diese Konzentration auf zentrale Inhalte eines Fachs ermöglicht den einzelnen Schulen bzw. den verschiedenen Fachschaften einer Schule, aus den Themenbereichen die für ihre Schülerinnen und Schüler geeigneten Themen auszuwählen und in sogenannten Arbeitsplänen oder Schulcurricula zusammenzustellen. KLP sind also im Kontext der Kompetenzorientierung die neue Form des Lehrplans (vgl. Sajak 2019). Als exemplarische KLP für den Katholischen Religionsunterricht gelten die Kerncurricula Katholische Religion in Niedersachsen (seit 2006) und die Kernlehrpläne Katholische Religionslehre in Nordrhein-Westfalen (seit 2008).

Schulinterne Lehrpläne / Arbeitspläne

Die Kompetenzorientierung bringt es mit sich, dass Schulen mehr Freiraum bekommen müssen, um zu entscheiden, welche Themen sie mit ihrer spezifischen Schülerschaft erarbeiten wollen. In allen Bundesländern sind deshalb die Fachschaften aufgefordert, schuleigene Arbeitspläne zu erstellen. Diese müssen sich in der Regel an Teilrahmenplänen oder Kernlehrplänen orientieren und sollen dann schultypisch oder schulbezogen von Lehrerinnen und Lehrern für die Arbeit in ihrer Schule gestaltet werden.

Durch die in den Kernlehrplänen aufgelisteten Kompetenzen, also durch die dort beschriebenen Fähigkeiten und Fertigkeiten in Sachen Religion und Glaube, sollen Schülerinnen und Schüler befähigt werden, jene Bildungsziele zu erreichen, die seit der Würzburger Synode Gültigkeit haben: eine Sensibilität für den Sinn und Wert des Lebens, eine Vertrautheit mit der Botschaft des Glaubens und der Lehre der Kirche, die Befähigung zu persönlicher Entscheidung in Auseinandersetzung mit Konfessionen und Religionen sowie die Motivation zu religiösem Leben und zu verantwortlichem Handeln in Kirche und Gesellschaft (vgl. Gemeinsame Synode, 139f.).

Diese notwendigen Kompetenzen gliedert der KLP Gy SI 2019 in vier Bereiche: Sach-, Methoden-, Urteils- und Handlungskompetenz (17–19). Durch die Auseinandersetzung mit verbindlichen Lerngegenständen aus den sieben Inhaltsfeldern (Mensch – Gottesrede – Jesus Christus – Kirche – Bibel – Weltreligionen – Gesellschaft) geschieht dann die Arbeit an den konkreten Kompetenzerwartungen:

Kompetenzbereiche, Inhaltsfelder und Kompetenzerwartungen (KLP Gy SI 2019, 12)

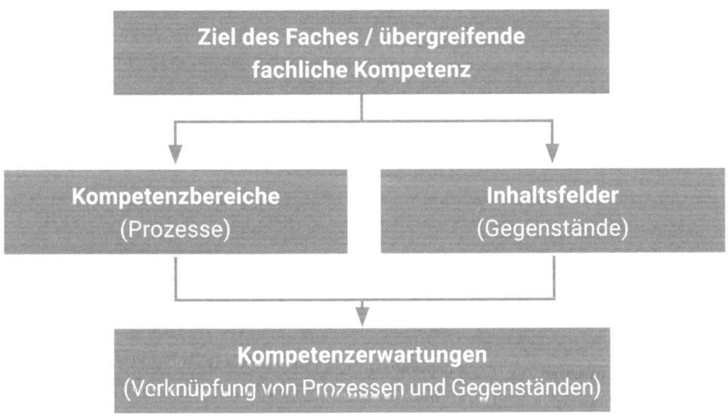

A

1. Prüfen Sie, welches Kompetenzmodell in Ihrem Bundesland dem Kernlehrplan zugrunde liegt. Stimmen die Kompetenzbereiche überein? Gibt es andere Definitionen und Gliederungsprinzipien? Vergleichen Sie diese mit dem KLP Gy SI 2019 und beurteilen Sie die Logik und Praktikabilität der unterschiedlichen Modelle.

Dies kann an einem Beispiel illustriert werden. Im Kompetenzbereich Sachkompetenz findet sich die Kompetenzerwartung, dass Schülerinnen und Schüler „religiöse Sprache und Zeichen an Beispielen“ deuten können (ebd., 17). Übertragen auf das Inhaltsfeld „Sprechen von und mit Gott“ lautet dann die konkrete Kompetenzerwartung für den Lernzeitraum 5/6 (ebd., 20):

SACHKOMPETENZ

Die Schülerinnen und Schüler
- stellen die Frage nach Gott und beschreiben eigene bzw. fremde Antwortversuche,
- deuten Namen und Bildworte von Gott,
- begründen, warum Religionen von Gott in Bildern und Symbolen sprechen,
- erklären die Botschaft von der Geburt Jesu als Ausdruck des Glaubens an die Beziehung Gottes zu den Menschen,
- zeigen Situationen auf, in denen sich Menschen im Gebet an Gott wenden,
- zeigen exemplarisch auf, dass sich in Psalmen menschliche Erfahrungen im Glauben an Gott widerspiegeln.

Entsprechend setzt sich der KLP Gy SI 2019 aus Kompetenzkatalogen in den vier Kompetenzbereichen in jedem Inhaltsfeld in den verschiedenen Lernzeiträumen (5.–6., 7.–8. und 9.–10. Klasse) zusammen.

1.4 Religion unterrichten – Ansprüche und Anforderungen

Es ist bis hierhin sicher schon deutlich geworden, dass Religion unterrichten eine komplexe und anspruchsvolle Aufgabe darstellt: Religionslehrerinnen und -lehrer müssen auf der einen Seite „mit der Wirklichkeit des Glaubens und der Botschaft, die ihm zugrunde liegt“ vertraut machen, auf der anderen Seite aber Hilfestellung leisten, damit Schülerinnen und Schüler in der Lage sind, „den Glauben denkend zu verantworten“ (ebd.) und sich zu diesem persönlich zu verhalten. In diesem Sinne soll Religionsunterricht dazu beitragen, dass Schülerinnen und Schüler sich religiös bilden können. Denn Bildung ist zum einen immer Indukation (= Hineinführung), weil sie mit den verschiedenen Modi der Erschließung von Wirklichkeit vertraut macht: „Sie entfaltet sich wesentlich am Material der Vorgaben einer konkreten Religion – an bestimmten Glaubensüberzeugungen, bestimmten Institutionalisierungsformen, bestimmten rituellen Vollzügen, bestimmten Formen alltagsweltlich wirksamer

Frömmigkeit usw." (Englert 2007, 165) Bildung ist aber immer auch Edukation (= Herausführung), also die Befähigung des Subjekts, einen eigenen Standpunkt einzunehmen.

Für Lehrerinnen und Lehrer bedeutet dies, dass sie Schülerinnen und Schüler in ihrem eigenen Entscheidungsprozess nicht manipulieren oder gar überwältigen dürfen, sondern diesen einen Freiheitsraum für die eigenständige Reflexion und Beurteilung von Glaubenssätzen wie Glaubenspraktiken eröffnen sollen.

A

1. Das Überwältigungsverbot stammt aus dem sog. Beutelsbacher Konsens (1977), der bis heute in der Politikdidaktik grundlegend ist. Es lautet wörtlich: „Es ist nicht erlaubt, den Schüler – mit welchen Mitteln auch immer – im Sinne erwünschter Meinungen zu überrumpeln und damit an der ‚Gewinnung eines selbständigen Urteils' zu hindern." – Recherchieren Sie den Hintergrund des Beutelsbacher Konsenses und erörtern Sie, wieweit dieser auf den RU übertragbar ist.

Es ist allerdings ein zurzeit häufig anzutreffendes Missverständnis anzunehmen, Unterrichtende im Religionsunterricht müssten sich deshalb neutral oder distanziert in Glaubensdingen verhalten (vgl. Englert et. al. 2014, 159–166). Das Gegenteil ist der Fall: Lehrerinnen und Lehrer im konfessionellen Religionsunterricht müssen in der Lage sein, eine Binnenperspektive der eigenen religiösen Tradition in Lehre und Praxis aufzuzeigen und diese kundig und reflektiert zu vertreten. Nur dann werden Kinder und Jugendliche in die Lage gebracht, sich mit dem Bekenntnis einer Religionsgemeinschaft, das im Bekenntnis ihrer Lehrerinnen und Lehrer konkret, erfahrbar und befragbar wird, auseinanderzusetzen und zu einer eigenen Position zu gelangen.

DIE ROLLE DER RELIGIONSLEHRERINNEN UND -LEHRER AUS DER SICHT DER DEUTSCHEN BISCHÖFE: DER RELIGIONSUNTERRICHT VOR NEUEN HERAUSFORDERUNGEN (DBK 2005, 37F.)

Infolge der veränderten religiösen Situation der Kinder und Jugendlichen sind die Religionslehrerinnen und -lehrer in der Schule für viele Schülerinnen und Schüler die wichtigsten Ansprechpartner in Glaubens- und Lebensfragen. Schülerinnen und Schüler – aber auch Kolleginnen und Kollegen, immer öfter auch Eltern – erwarten von ihnen zum einen fachlich fundierte Auskunft. Zum anderen aber wollen sie wissen, wie die Religionslehrerin oder der -lehrer persönlich zum christlichen Glauben und zur Kirche steht. Sie erwarten zu Recht, dass die Religionslehrerin oder der -lehrer einen eigenen Standpunkt bezieht und für diesen auch eintritt. Denn eigene religiöse und moralische Überzeugungen bilden sich vorzüglich in der Begegnung und im – durchaus auch kontroversen – Gespräch mit Menschen, die begründete Positionen vertreten. Deshalb ist es sinnvoll, dass in der Schule nicht nur in der Beobachterperspektive über den Glauben, sondern auch in der Teilnehmerperspektive vom Glauben gesprochen und dieser gelebt wird.

Ein solches Programm der bildenden Auseinandersetzung mit einer Glaubenstradition ist entsprechend anspruchsvoll – theologisch wie pädagogisch. „Religion gibt zu denken", wie Rudolf Englert (2013) in einer anderen Publikation ausführlich gezeigt hat.

RUDOLF ENGLERT: RELIGION GIBT ZU DENKEN (2013, 27)

> Warum sollte nicht auch der Religionsunterricht seinen Schüler/innen etwas zumuten? Wobei „zumuten" in diesem Zusammenhang ja immer heißt, den Schüler/innen etwas zuzutrauen: die Bereitschaft, sich mit anspruchsvollen Fragestellungen auseinanderzusetzen, sich geistig anzustrengen, die Fähigkeit, damit umzugehen, dass die Welt auf mehr als eine Weise lesbar ist. Meines Erachtens steht der Religionsunterricht heute nicht in der Gefahr, seine Schüler/innen intellektuell zu überfordern, sondern sie zu unterfordern. Gerade neugierige und interessierte Schüler/innen empfinden den Religionsunterricht nicht selten als ein „Fach ohne Ansprüche" – und deshalb als langweilig. Dabei gibt es „in Religion" eine große Zahl spannender Problemstellungen – die aber, um auch Schüler/innen gedanklich herauszufordern, eben entsprechend aufbereitet und inszeniert werden müssen.

Und dies betrifft das theologisierende Gespräch mit Kindern in Grundschule und Jugendlichen in der Mittelstufe genauso wie die Arbeit mit theologischen Themen und Traktaten in der gymnasialen Oberstufe. Der verbreitete Eindruck, in „Reli" können man belanglos, aber eindrucksvoll daherschwätzen, ist wohl auch durch einen zu oft zu anspruchslosen und positionell zu wenig verbindlichen Unterricht in der Praxis entstanden. Ein solcher Religionsunterricht bleibt aber unter seinen Möglichkeiten und wird das elementare Ziel, Schülerinnen und Schüler zu religiöser Mündigkeit zu führen, nicht erreichen.

HINWEIS
Religiosität, Religion und Glaube ist nicht nur von Sozialisation und Bildung, sondern auch von Milieu, Schicht, Klasse, Rasse und Geschlecht abhängig.

Dabei ist die Ausgangssituation im Religionsunterricht in den letzten Jahren nicht einfacher geworden. So nimmt auf der einen Seite die Sozialisation und damit Bedeutung von Religion und Kirche unter christlichen Kindern und Jugendlichen immer weiter ab, zum anderen steigt die Zahl von Schülerinnen und Schülern mit Migrationshintergrund, die unabhängig von ihrem Bekenntnis (oft muslimisch, häufig aber auch streng katholisch, z. B. aus Polen oder Kroatien) noch wesentlich stärker religiös geprägt sind. Auch zeigt sich inzwischen deutlich, dass unter den christlichen Schülerinnen und Schülern das Thema Religion oft sehr stark vom Bildungshintergrund der Eltern abhängig ist, welcher wiederum stark mit dem ökonomischen Status korreliert. So gesehen wundert es nicht, dass der Religionsunterricht in seiner ordentlichen Form am häufigsten noch am Gymnasium zu finden ist.

Um diesen Trends und Tendenzen Rechnung zu tragen, konzentriert sich die religionspädagogische Diskussion in den vergangenen

Jahren weniger auf die religiöse Pluralität von Lerngruppen, als vielmehr auf die Heterogenität in Sachen Religion und Glauben. Während nämlich ein pluralitätsfähiger Religionsunterricht (vgl. Englert et. al. 2012, 9–11) auf die Wahrnehmung und Wertschätzung von religiöser, weltanschaulicher sowie kultureller Differenz und Verschiedenheit zielte, will die heterogenitätssensible Religionsdidaktik nun auch die sozialen Unterschiede in den Blick nehmen, die in der pluralistischen Religionsdidaktik bislang wenig beleuchtet worden sind. Entsprechend beschäftigt sich diese neue Debatte mit Begriffen „wie Milieu, Schicht und Klasse, Rasse und Geschlecht, von Macht und Diskurs“ (Grümme 2017b, 1).

Auch ist inzwischen von einer Religionspädagogik der Vielfalt die Rede, in der die Anliegen von religiösem Pluralismus und religiöser Heterogenität verbunden werden sollen. Diese zielt entsprechend auf

> „ein Konzept religiösen Lernens, das soziale, kulturelle, religiöse und geschlechtsbezogene Differenzen als bedeutsam für Voraussetzungen, Strukturen und Themen von religiösen Bildungsprozessen erachtet. Aus diesem Grund werden diese Differenzen bzw. Heterogenitätsdimensionen bewusst reflektiert und in die Gestaltung von Bildungsprozessen einbezogen“.
> (Comenius-Institut 2019)

Religion in Vielfalt zu unterrichten bedeutet folglich, sowohl die weltanschauliche Vielfalt, die sich in einer Lerngruppe entfaltet, als auch die individuellen Vorerfahrungen, Lernvoraussetzungen und Kompetenzniveaus, die Schülerinnen und Schüler mit in den Unterricht bringen, wahrzunehmen, didaktisch zu reflektieren und mit entsprechenden Lernarrangements aufzunehmen.

A

1. Diskutieren Sie in Ihrer Seminargruppe, was für Sie die Konzepte religiöser Pluralität und Heterogenität bedeuten. Denken Sie dabei an Ihre konkrete Einsatzschule und reflektieren Sie, inwieweit Pluralität und/oder Heterogenität in Sachen Religion, Religiosität und Glaube dort berücksichtigt werden müsste.

1.5 Religionslehrkraft werden – Professionswissen für den Religionsunterricht

Was ist also nötig, was müssen angehende Religionslehrerinnen und -lehrer können und über welches Wissen sollten sie verfügen, um unter den skizzierten Bedingungen und mit Blick auf die genannten

Ziele erfolgreich Religion unterrichten zu können? Aus der Fülle der religionspädagogischen Modelle zur Darstellung von religionspädagogischer Professionalität sticht das von Mirjam Schambeck heraus, denn in diesem sucht die Verfasserin den Anschluss an den Diskurs über die Professionswerdung von Lehrerinnen und Lehrern in den Bildungswissenschaften und den Allgemeinen Fachdidaktiken. Anknüpfend an die COACTIV-Studie (vgl. Kunter et al. 2011), in der die verschiedenen Kompetenzdimensionen unterrichtlichen Handelns beschrieben worden sind (die Autoren unterscheiden zwischen Aspekten professioneller Kompetenz, Kompetenzbereichen und Kompetenzfacetten), entwickelt Schambeck ein Modell, in dem eine „Religionsbezogene Korrelationskompetenz als Profilmerkmal professioneller (Handlungs-)Kompetenz von Religionslehrkräften“ (Schambeck 2018, 129) den Schlüssel für gelingenden Unterricht darstellt. Was aber ist unter diesem Begriffsungetüm zu verstehen?

Analog zur COACTIV-Studie bemüht sich Schambeck, das Professionswissen als einen von vier Aspekten professioneller Kompetenz näher zu bestimmen. Professionswissen setzt sich im COACTIV-Modell aus Fachwissen, fachdidaktischem Wissen, pädagogisch-psychologischem Wissen, Organisationswissen und Beratungswissen zusammen. Während pädagogisches, organisatorisches und beratungsnotwendiges Wissen nur wenig fachspezifisch, wohl aber vorwiegend schulpädagogisch bestimmt ist, sind für einen gelingenden Religionsunterricht spezifisches theologisches Fachwissen und ein besonderes fachdidaktisches Wissen im Sinne notwendiger religionsdidaktischer Kenntnisse konstitutiv:

> „Für Religionslehrkräfte heißt dies, sowohl in Bezug auf das Fachwissenschaftliche als auch Fachdidaktische Wissen höchst spezialisiert zu sein. Nur wer über eine entsprechende ‚Breite, Tiefe und Flexibilität‘ (Baumert/Kunter 2011, S. 166) des (theologischen) Verständnisses verfügt, dem stehen auch entsprechende variantenreiche fachdidaktische Repräsentations- und Erklärungsmuster zur Verfügung. Und genauso sehr gilt, dass nur diejenigen Lehrkräfte produktive Unterrichtsdiskurse initiieren können, die die Konzepte und (Nicht-)Erfahrungen der Schüler/-innen zum verhandelten Unterrichtsthema kennen, und imstande sind, Lernwege so zu wählen, dass sie den Schüler/-innen und dem Inhalt gerecht werden, also über das entsprechende Fachdidaktische Wissen verfügen.“ (Schambeck 2018, 135f.)

Dieses fachdidaktische Wissen im Religionsunterricht definiert Schambeck als „religionsbezogene Korrelationskompetenz“ (ebd., 139), die sich in drei Facetten zeigt: zum einen Repräsentations- und Erklärungswissen, das konkrete fachwissenschaftliche Inhalte verfügbar macht, dann Wissen über (Fehl-)Konzepte von Schülerinnen und Schülern über fachwissenschaftliche Inhalte und (Nicht-) Erfahrungen von Schülerinnen und Schülern sowie Wissen über die Inszenierung und Evaluation kognitiver und existenzieller Korrelationsprozesse (vgl. ebd., 140).

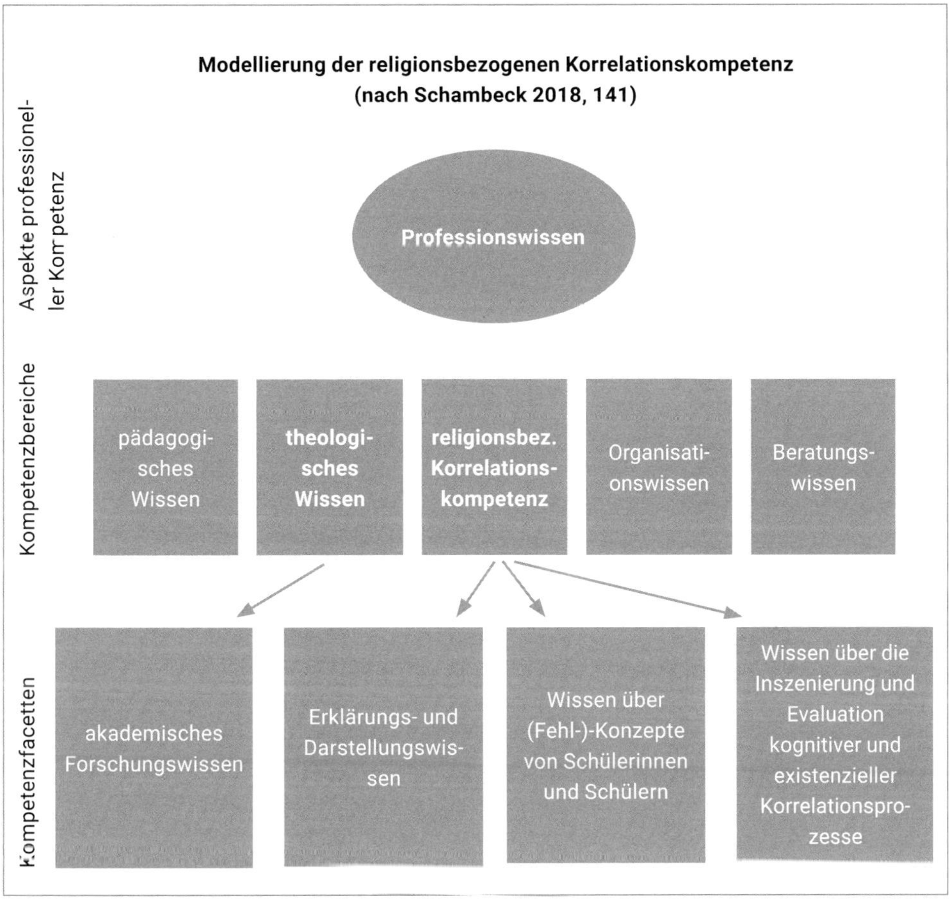

Diese Facetten sind entscheidend für das Gelingen von Unterrichtsprozessen, weil sie es Lehrerinnen und Lehrern ermöglichen, theologisches Fachwissen Schülerinnen und Schülern so zu erklären, dass diese mithilfe ihrer kognitiven Konzepte die Lerngegenstände durchdringen und sich anverwandeln vermögen. So entstehen korrelative Prozesse, die im Folgenden unter der Rubrik „Prinzipien des Religionsunterrichts" näher erläutert werden sollen.

2 Grundlagen der Unterrichtsplanung

Clauß Peter Sajak

2.1 Prinzipien des Religionsunterrichts

Der evangelische und katholische Religionsunterricht in Deutschland kennt Prinzipien, die sich in den vergangenen fünfzig Jahren im fachdidaktischen Diskurs herauskristallisiert und in der unterrichtlichen Praxis bewährt haben (vgl. Sajak 2020, 39–52). Diese Prinzipien sind die Voraussetzungen religiösen Lehrens und Lernens in der Schule. Deshalb beruhen auf diesen die Planung, Gestaltung, Reflexion und Evaluation von Religionsunterricht. Während im Bereich der evangelischen Religionspädagogik vor allem *das Prinzip der Elementarisierung* vorausgesetzt wird (vgl. Schweitzer et al. 2019), bestimmt in der katholischen Religionsdidaktik *das Prinzip der Korrelation* Idee und Ausrichtung des Religionsunterrichts (vgl. Englert et. al. 2014). Anliegen beider Prinzipien ist eine für Schülerinnen und Schüler in ihrer heutigen Lebenswelt verständliche und nachvollziehbare Darstellung, Einübung und Beurteilung der oft jahrhundertealten christlichen Glaubensvorstellungen und -praktiken, mitunter also die Vermittlung von Geschichte und Gegenwart bzw. von Tradition und Existenz.

Zu diesen beiden bewährten und traditionsreichen Prinzipien der christlichen Religionsdidaktik ist in den vergangenen zehn Jahren ein weiteres Prinzip der Unterrichtsgestaltung getreten: die Kompetenzorientierung. Auf dieses didaktische Grundprinzip als Basis künftiger Schul- und Unterrichtsentwicklung in allen Fächern hat sich die KMK (Konferenz der Kultusminister der Länder in der Bundesrepublik Deutschland) im Dezember 2003 geeinigt (vgl. KMK 2005, 5), es gilt folglich auch für den Religionsunterricht aller Bekenntnisse. Grundgedanke dieses Ansatzes ist die konsequente Orientierung an grundlegenden Fähigkeiten und Fertigkeiten von Schülerinnen und Schülern in allen Unterrichtsfächern. Im Bereich des Religionsunterrichts haben die deutschen Bischöfe (2024 und 2025) und die Evangelische Kirche in Deutschland (2011) entsprechende Richtlinien zu Kompetenzen und Standards für das religiöse Lernen vorgelegt. Dieser Schritt war in beiden christlichen Kirchen kirchenpolitisch wie religionspädagogisch nicht unumstritten und wurde deshalb mitunter heftig kritisiert. Inzwischen bildet die Kompetenzorientierung aber die Basis aller Länderlehrpläne für den evangelischen wie katholischen Religionsunterricht und ist entsprechend grundlegend für die Planung und Gestaltung von Unterricht.

Alle drei Prinzipen sollen im Folgenden vorgestellt und erläutert werden.

2.1.1 Korrelation

Als Korrelation (von lat. = Wechselbeziehung) wird in den Natur- und Sozialwissenschaften eine Beziehung zwischen zwei oder mehreren Merkmalen, Ereignissen oder Zuständen bezeichnet. In der christlichen Theologie wird der Begriff seit der Mitte des 20. Jahrhunderts auf das Verhältnis von Gott und Welt (Paul Tillich), vom Wort Gottes und Hörer des Wortes (Karl Rahner) und von Gnade und Mensch (Edward Schillebeeck) bezogen (Sajak 2020, 40):

> „Weil nach christlichem Glauben Gott in diese Welt hinabgestiegen ist und sich als ‚ewiges Wort' (Joh 1,1 – 3) den Menschen vernehmbar gemacht hat, ja ‚unter uns gewohnt' (Joh 1,15) hat, ist die Offenbarung im christlichen Verständnis nicht einseitig, monologisch, sondern immer wechselwirkend, dialogisch. Dies gilt diachron wie synchron, also historisch wie gegenwärtig: Zum einen ist die Botschaft Jesu Christi an die Welt nach Zeugnis der Evangelien zweifellos aus dem Gespräch und aus der Begegnung mit den Menschen hervorgegangen, also vom Ursprung her dialogisch. Zum anderen ist das Verstehen, das Auslegen und das Anverwandeln der Botschaft durch den Menschen heute, den ‚Hörer des Wortes' (Karl Rahner), immer ein hermeneutischer Prozess, in den eben auch die Perspektive und der Horizont des heute Lebenden und Glaubenden einfließt. Aus diesem Grund bedienen sich beide großen christlichen Konfessionen in ihrer Theologie der historisch-kritischen Bibelforschung: Mit Hilfe dieser Methodik soll erschlossen werden, was der Horizont und das Anliegen der Verfasser der biblischen Schriften gewesen ist, damit es zu einem fruchtbaren ‚Verschmelzen' (Hans-Georg Gadamer) dieses historischen Horizontes mit dem Horizont des heutigen Lesers kommen kann. Nur dann kann die Botschaft existentielle Bedeutung für den Menschen heute bekommen. Dies macht zugleich deutlich, dass das religionsdidaktische Prinzip der Korrelation ein wesentliches Element des konfessionellen Religionsunterrichts ist, denn es geht bei diesem ja um die persönliche Aneignung und Anverwandlung einer konkreten religiösen Botschaft (z. B. die von Sünde, Umkehr und Gnade oder die von der Gottes- und Nächstenliebe)."

Seinen religionspädagogischen Ursprung hat das Prinzip der Korrelation dann im Kontext der bereits erwähnten Würzburger Synode (vgl. 2.2). Im Beschluss zum Religionsunterricht in der Schule findet sich mit Blick auf eine theologische Neuausrichtung der Religionspädagogik die Formulierung (Gemeinsame Synode 1974/2012, 136):

> „Es geht also nicht um eine anthropologische Verkürzung der Theologie, sondern um ein theologisches Verstehen menschlicher Grundphänomene. Der Glaube soll im Kontext des Lebens vollziehbar, und das Leben soll im Licht des Glaubens verstehbar werden."

Aus dieser Formel ist in den folgenden Jahrzehnten ein ganzes religionsdidaktisches Gebäude aufgebaut worden, immer mit dem Ziel vor Augen, „eine Wechselbeziehung (Korrelation) zwischen dem Frage-Antwort-Geschehen, dem sich der überlieferte Glaube verdankt, und dem Frage-Antwort-Geschehen, in dem die Menschen heute ihre Erfahrungen machen" (so in klassischer Formulierung Bitter 1981, 344), anzuleiten und zu fördern.

Das Modell der Korrelation (aus: Sajak 2020, 41)

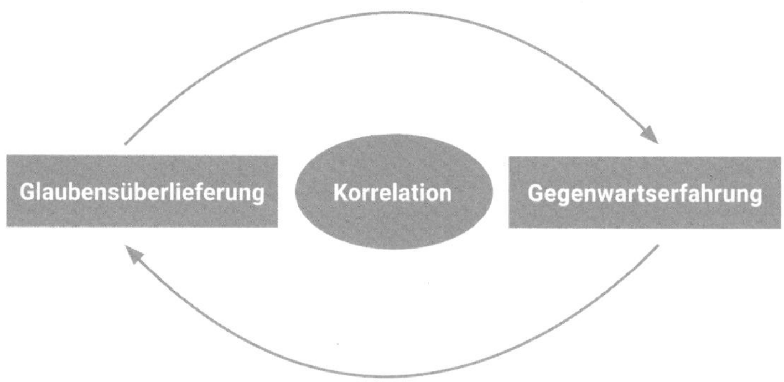

Der ursprünglich offenbarungstheologische Begriff wird nun im religionspädagogischen Kontext zum Schlüsselbegriff für das didaktische Anliegen, „einen dialektischen Prozess zwischen Glaubenserfahrungen und Schülererfahrungen in Gang zu setzen, der seinerseits Erfahrungen, neue Erfahrungen aus sich entlässt, die weder Glaube noch Schüler das bleiben lassen, als was sie bisher erschienen sind" (ebd.). Häufig findet sich auch die Formel von der kritisch-produktiven Wechselbeziehung zwischen Glaubensüberlieferung und Erfahrungen von Schülerinnen und Schülern heute. Kritisch ist diese Wechselbeziehung, weil in der Konfrontation beider Größen heutige Erfahrung kritisch befragt werden kann und weil es möglich ist, dass sich das bisherige Verständnis biblischer Erfahrung als unangemessen erweist. Produktiv ist sie, weil die Glaubensüberlieferung neue Lebenserfahrung aufdecken kann, die wiederum zu einem Fortschritt in der eigenen Glaubensbiografie führt.

HINWEIS
Korrelation verlangt Kenntnisse der wichtigsten theologischen Themen, Motive und Traditionen, aber auch Verständnis für die Lebenswelt und Lebenswirklichkeit von Kindern und Jugendlichen heute.

Korrelation kann in unterschiedlichen Formen gestaltet und durchgeführt werden. Stefan Heil spricht von sechs Typen der Korrelation, die sich anhand der Strukturprinzipien Rekonstruktivität, Produktivität und Normativität jeweils in zwei oder drei Dimensionen kategorisieren lassen:

Typen der Korrelation (aus: Heil 2015, 7)

		Dimensionalität	
		Zwei-dimensionalität	**Drei-dimensionalität**
Strukturen-prinzipien	rekonstruktiv	z-r Korrelation	d-r Korrelation
	produktiv	z-p Korrelation	d-p Korrelation
	normativ	z-n Korrelation	d-n Korrelation

Eine *zweidimensionale Korrelation* kann hergestellt werden, indem religiöse Themen, Motive und Praktiken aus der Glaubens-tradition direkt in Beziehung zur Lebens- und Erfahrungswelt der Schülerinnen und Schüler heute gestellt werden. Dabei werden im Korrelationsgeschehen „die christliche Verwobenheit“ (Heil 2015, 6) mit der Lebenswelt heute rekonstruktiv aufgezeigt oder aber „zwischen Lebenswelt und Christentum (normativ) beziehungsweise zwischen Lebenswelt und Christentum (produktiv)“ (ebd.) hergestellt.

Beispiele zur Veranschaulichung können z. B. im Kapitel „Mut haben – Flagge zeigen“ aus dem Unterrichtswerk *Mittendrin. Lernlandschaften Religion 7–8* (Bosold/Michalke-Leicht 2019, 28–51) gefunden werden. So sucht die rekonstruktive zweidimensionale Korrelation nach Elementen der Glaubenstradition in der heutigen Lebens- und Glaubenserfahrung, z. B. also nach prophetischen Gestalten in der Kirche gestern und heute. Hier wählen die Autorinnen und Autoren des Unterrichtswerks die Verknüpfung von Franziskus von Assisi und Papst Franziskus in ihrem Einsatz für eine Reform der Kirche vor dem Maßstab des Evangeliums Jesu Christi (vgl. ebd., 38–39 und 40–41). Die *normative zweidimensionale Korrelation* zeigt dagegen direkt die Bezüge und damit die Aktualität zwischen christlicher Botschaft und heutiger Lebenswelt auf: Im Unterrichtswerk wird deshalb im Rahmen der Darstellung des alttestamentlichen Propheten Amos die Verbindung zwischen seinem Kampf gegen die ungerechte Verteilung des Wohlstands im Nordreich Israels und dem Kampf gegen Kinderarmut heute gezogen. Die *produktive zweidimensionale Korrelation* sucht dagegen heute religiöse Erfahrungen im Leben der Schülerinnen und Schüler, um von diesen den Bogen zu biblischen oder ekklesiologischen Themen und Motiven zu schlagen. Im Unterrichtswerk *Mittendrin* wird deshalb gleich zu Beginn des Beispielkapitels auf eine Familie verwiesen, die eine syrische Flüchtlingsfamilie aufnimmt und sich deshalb persönlich einschränken muss (vgl. ebd., 31). Entsprechend kann an einem solchen bedingungslosen Einsatz für hilfsbedürftige Nächste ein wesentlicher Grundzug des christlichen Ethos erläutert werden.

Die *dreidimensionale Korrelation* führt dagegen „ein vermittelndes Drittes ein, das diese Direktheit [der zweidimensionalen Korrelation, C.P.S.] umgeht, wiederum entweder mit stärker anthropologischem oder semiotischem Akzent, z. B. durch die Einführung der x-y-z-Dimensionen der Korrelation: empirische Daseinsdimension (x) – religiös-existenzielle Daseinsdimension (y) – Welt des biblischen und christlichen Glaubens (z)“ (Heil 2015, 6).

Das bedeutet entsprechend, dass eine *rekonstruktive dreidimensionale Korrelation* „nach transformierten Zeichen, Bedeutungen und Funktionen aus dem christlichen Glauben in der heutigen Lebenswelt [sucht, C.P.S.]. Die Elemente des Glaubens sind nicht unmittelbar auffindbar, sondern gehen über ein vermittelndes Drittes, das diese Elemente mit der heutigen Lebenswelt verbunden hat“ (ebd., 8). So lassen die Autorinnen und Autoren von *Mittendrin* Schülerinnen und Schüler am Anfang des Kapitels „Mut haben – Flagge zeigen“ Helden wie Asterix und Harry Potter (X) vorstellen und charakterisieren, um dadurch zu Kriterien (Y) zu kommen (klein, jung, mutig, furchtlos im Kampf gegen das Böse), die auch einen religiösen Helden, nämlich den Propheten (Z), ausmachen.

DIE SOG. X-Y-Z-DIMENSIONEN DER KORRELATION (AUS: SAJAK 2020, 109)

Seit Heinrich Ott (1929 – 2013) wird in der Religionspädagogik ein sogenanntes Drei-Ebenen-Modell verwendet, das zwischen drei Ebenen der Wirklichkeit differenziert:

- eine X-Ebene, auf der ein Gegenstand als empirisch-naturwissenschaftlich erfass- und beschreibbares Phänomen erklärt wird (z. B. Wasser als chemische Verbindung H_2O);
- eine Y-Ebene, auf der das empirisch gegebene Phänomen nun übertragen wird in den Bereich der Sprichwörter, Bildworte, Weisheiten und Mythen, die anthropologische Grunderfahrungen beschreiben (z. B. das Wasser als Lebensgarant: „Sich wie ein Fisch im Wasser fühlen");
- eine Z-Ebene, auf der nun schließlich die religiöse Dimension des Anthropologischen in ihren Sprachbildern, Narrativen und Ritualen erschlossen werden kann (das Wasser als „Wasser des Lebens" im Rahmen des Taufsakraments).

Im Rahmen der *produktiven dreidimensionalen Korrelation* führen „heutige Erfahrungen auf ihren existenziellen Kern zurück und verbinden diese Rückführung dann mit der biblischen Erfahrung“ (Heil 2015, 8) – in diesem Fall – des prophetischen Redens und Handelns. So ist im zitierten Kapitel von Mittendrin eine Doppelseite dem Thema Konsum und Konsumverzicht gewidmet (vgl. Bosold/Michalke-Leicht 2019, 40f.). Hier wird die Problematik des persönlichen Lebensstils (X) mithilfe des Liedtextes „Leichtes Gepäck“ (Silbermond) in einer philosophischen Diskussion über den wirklichen Sinn des Lebens und der daraus resultierenden Lebensgestaltung problematisiert (Y). Diese Diskussion wird dann im letzten Schritt auf das asketische Lebensprogramm des Franz von Assisi hin geweitet (Z).

Die *normativ dreidimensionale Korrelation* geht den umgekehrten Weg, „indem zuerst die biblische Botschaft dargestellt, diese dann auf ihren existentiellen Kern zurückgeführt und mit heutigen Phänomenen verbunden wird“ (Heil 2015, 8). Diese Form der Korrelation findet sich im Beispielkapitel auf der Doppelseite zum Wesen des Propheten (vgl. Bosold/Michalke-Leicht 2019, 34f.): Hier sollen Schülerinnen und Schüler am Beispiel des Prophetenwortes in Amos 5,7–15 (Z) die Kriterien für einen wahren Propheten herausarbeiten (Y). Anhand dieser Kriteriologie werden die Jugendlichen schließlich aufgefordert, Angebote von zeitgenössischen Heilspredigern, also von Coaches, Lebensberatern und Evangelikalen, zu prüfen und zu beurteilen (X).

A

1. Wählen Sie in Ihrer Seminargruppe ein theologisches Thema, das Sie gerade in der Unterrichtsvorbereitung beschäftigt (z. B. Schöpfung, Sünde, Auferstehung, Theodizee), und spielen Sie die sechs Dimensionen von Heil durch. Wie kann man die verschiedenen Formen der Korrelation für den Unterricht konkret gestalten?

Es wird deutlich: Gerade die Vielfalt der Ansätze, mit denen eine Wechselwirkung zwischen der Lebenswelt von Kindern wie Jugendlichen heute initiiert werden soll, ist eine der großen Stärken der *Korrelationsdidaktik* und des aus dieser, entwickelten korrelativen Religionsunterrichts. Bei vielen Religionslehrerinnen und -lehrern, vor allem aber bei den Funktionsträgern in kirchlicher wie staatlicher Schulverwaltung gilt das Prinzip der Korrelation deshalb weiterhin als unaufgebbare Grundlage schulischen Religionsunterrichts. Zu diesem ist inzwischen ein ursprünglich aus der evangelischen Religionspädagogik stammendes weiteres Prinzip getreten: die Elementarisierung.

2.1.2 Elementarisierung

Während das Prinzip der Korrelation trotz seiner ursprünglichen Verwendung bei Paul Tillich, einem evangelischen Theologen, vornehmlich in der katholischen Religionspädagogik rezipiert und dann durch den Synodenbeschluss zu einem normativen Konzept erhoben wurde, ist das religionspädagogische Prinzip der Elementarisierung vor allem in der evangelischen Religionspädagogik entwickelt und variiert worden (vgl. Nipkow 2002; Schweitzer 2003a; Schweitzer et al. 2019). Ursprünglich stammt es allerdings aus dem pädagogischen Kontext: Hier wird Elementarisierung als die allen Lehr-Lern-Prozessen zugrunde liegende Konzentration von Sachzusammenhängen mit dem Ziel der Vermittlung (= Lehren) und Aneignung (= Lernen) definiert. Das Elementare (= Grundlegende) wird generiert, wenn in einem Lehr-Lern-Prozess durch die didaktische Reduktion von komplexen Wirklichkeitszusammenhängen für Kinder und Jugendliche erfassbare, erschließbare und beurteilbare Lerngegenstände gestaltet werden. Dieses Elementarisieren erweist sich immer als mehrdimensionales Vermittlungsgeschehen zwischen Schülerin bzw. Schüler und Sache oder Inhalt, das grundlegend und einschlägig von Karl-Ernst Nipkow (2002) entfaltet worden ist. Nach Nipkow zeigt sich im religionsdidaktischen Vermittlungsgeschehen das ‚Elementare' in vierfacher Weise:

1. als elementare Erfahrung, die zum Beispiel in einer lebensbedeutsamen Frage oder einem artikulierten Themenwunsch hörbar wird;
2. als elementarer Zugang, der sich aus den sozialpsychologischen Voraussetzungen und lebensgeschichtlichen Zusammenhängen des oder der Fragenden ergibt;
3. als elementare Wahrheit, in der die befragte Sache als das gewissmachende Wahre aufscheint;

4. als elementare Struktur, in der das Wahre seine der Frage und dem Zugang angemessene Konzentration findet.

Die vier Dimensionen der Elementarisierung nach Nipkow
(aus: Sajak 2020, 50)

Schüler/in	Inhalte
Elementare Erfahrung lebensbedeutsame Frage	**Elementare Wahrheit** gewissmachende Wahrheit
Elementarer Zugang lebensgeschichtliche Voraussetzung	**Elementare Struktur** sachgemäße Konzentration

Friedrich Schweitzer hat diesen Erscheinungsformen des Elementaren später noch eine fünfte Dimension hinzugefügt, nämlich die elementare Form des Lernens: Hier findet die didaktische Konzentration der elementaren Struktur ihre methodische Konkretion (Schweitzer 2003b). Ordnet man diese Dimensionen nun in die dialogische Struktur unterrichtlicher Zusammenhänge bzw. in den didaktischen Rahmen eines Aneignungsprozesses zwischen Schülerin bzw. Schüler und Sache oder Inhalt ein, so ergibt sich ein vierdimensionales Vermittlungsmodell, in der die vier Formen des Elementaren nach allen Seiten wechselwirksam sein müssen, damit Elementarisierung in zureichendem Maße stattfinden kann (vgl. Nipkow 2002, 451–456).

An dem Beispiel „Gibt es ein Leben nach dem Tod?“ von Schweitzer et al. (2019, 143–156) soll veranschaulicht werden, wie die verschiedenen Dimensionen des Vermittlungsgeschehens zusammenhängen und wie sie im Rahmen von Lehr-Lern-Prozessen in Wechselwirkung treten:

Elementare Erfahrung: Mit welchen bedeutsamen Erfahrungen zum Thema ‚Leben nach dem Tod?‘ kommen SuS in den Unterricht? Krankheit, Endlichkeit und Tod gehören als Grunderfahrungen zum Leben jedes Menschen. Auch Kinder und Jugendliche werden mit Abschieds- und Verlustsituationen im Alltag konfrontiert, sei es durch einen Umzug, den Verlust eines Spielzeuges, die Trennung der Eltern oder den Tod eines Haustieres oder sogar eines Familienmitgliedes. Zudem begegnen sie dem Tod schon früh in verschiedenen Medien, sei es im Fernsehen, in Zeitungsartikeln oder in den sozialen Netzwerken. Häufig führt dann die kindliche Unbefangenheit dazu, „Fragen zu stellen, die mitunter kaum zu beantworten sind: Was passiert, wenn jemand stirbt? Wohin gehen wir, wenn wir sterben? Kommen wir in den Himmel und werden wir auch dort eine Familie sein?“ (ebd., 149). Auch Jugendliche beschäftigen sich mit diesen Fragen, auch wenn sie vielleicht nicht so offen über diese persönlichen Fragen, Sorgen und Ängste sprechen.

HINWEIS
Gerade die Reflexion der elementaren Erfahrungen und Voraussetzungen einer konkreten Gruppe von SuS kann einen wichtigen Beitrag für einen heterogenitätssensiblen RU leisten.

Elementare Zugänge: Welche lebensgeschichtlichen Voraussetzungen von SuS müssen bei der Gestaltung eines Unterrichtsvorhabens zum Thema ‚Leben nach dem Tod?‘ berücksichtigt werden?
Bei den wenigsten Kindern und Jugendlichen ist wohl von einem traditionell-christlichen Todesverständnis und der damit verbundenen Auferstehungshoffnung auszugehen: So sind „die Vorstellungen der Jugendlichen von einem Leben nach dem Tod [...] häufig vage und setzen sich gleichsam synkretistisch aus einer vielfältigen Kombination unterschiedlicher religiöser und spiritueller Bilder zusammen“ (ebd.). Doch gerade diese Unbestimmtheit und Vielfalt von Vorstellungen bietet auch eine didaktische Chance, als dass „Ablehnung, Widerspruch und Diskussionsbedarf aufseiten der Schülerinnen und Schüler somit von vornherein als fester Bestandteil des Themas aufgefasst und im Unterrichtsgeschehen entsprechend“ bearbeitet werden können (ebd., 152).

Elementare Wahrheit: Welcher theologischen Wahrheit kann ich mir als Christin bzw. Christ gewiss sein angesichts von Krankheit, Leid und Tod?
Gerade Religionen erheben den Anspruch, Antworten zu den existenziellen Fragen von Leben und Tod liefern zu können. Der christliche Glaube vertraut auf die begründete Hoffnung, dass der Tod nicht das Ende des menschlichen Lebens, sondern die Fortsetzung einer Gemeinschaft mit anderen Verstorbenen in der Gegenwart Gottes ist. Diese Hoffnung ist keine ‚Jenseitsvertröstung‘, „sondern darüber hinaus auch eine Lebensorientierung für die diesseitige Existenz. Als bereits im Hier und Jetzt sichtbar gewordene Hoffnung im Diesseits und für die Gegenwart kann sich der Glaube an

ein Leben nach dem Tod als in ethischer Hinsicht leitend, wegweisend und orientierungsstiftend erweisen und unsere Urteils- und Handlungsmuster unmittelbar beeinflussen“ (ebd., 153): Beide Dimensionen, die jenseitige, aber auch die diesseitige der Auferstehungshoffnung sind entsprechend im Religionsunterricht zu thematisieren und zu reflektieren.

Elementare Struktur: In welche sachgemäße Struktur lässt sich die elementare christliche Wahrheit fassen, wenn es um die Planung und Gestaltung von religionsunterrichtlichen Prozessen geht?
In der Regel werden die Koordinaten der elementaren Struktur eines Themas von Lehrplänen vorgegeben: So legen Kirchliche Richtlinien, Kernlehrpläne und -curricula einen Lernzeitraum fest, in dem das Thema behandelt werden soll (Sterben, Tod und Auferstehung sind im RU der Grundschule in der Regel im Lernzeitraum 2/3. – 4. Klasse und in der Sekundarstufe I im Lernzeitraum 3/9. –10. Klasse), schuleigene Fachlehrpläne dokumentieren zudem den Konsens einer Fachschaft über die wichtigsten didaktischen Entscheidungen, die es bei einem Thema zu treffen gilt (Anzahl der Stunden für das Unterrichtsvorhaben, zu erwerbende Kompetenzen, Unterrichtsmaterialien bzw. Kapitel im verwendeten Unterrichtswerk, Methoden und Medien sowie Grundsätze der Leistungsbeurteilung, vgl. Sajak 2019, 53 – 57). Dennoch bleibt für alle Unterrichtenden die Aufgabe, die konkrete Gestalt des Unterrichtsvorhabens noch einmal zu reflektieren und ggf. eigene Akzentsetzungen in der elementaren Struktur zu setzen. Mit Blick auf das Beispielthema z. B. könnte das bedeuten: „Das christliche Verständnis vom Leben nach dem Tod muss gegenwärtig nicht nur gegenüber säkularen Strömungen, sondern auch im interreligiösen Dialog artikuliert werden.“ Deshalb gilt zu bedenken: „Während die Auferstehungshoffnung in jeweils eigener, religionsspezifischer Ausprägung zu den Gemeinsamkeiten von Judentum, Christentum und Islam gezählt werden kann, entstammt der Reinkarnationsgedanke der Religionskultur Indiens und ist insbesondere im Buddhismus beheimatet“ (Schweitzer et al. 2019, 147f.). Also könnten diese beiden soteriologischen Konzepte strukturprägend sein: „Aus theologischer Sicht ist die Reinkarnationslehre weder mit dem christlich-biblischen Bild vom Menschen als einmaligen und unverwechselbaren Geschöpf und Ebenbild Gottes noch mit der christlichen Jenseitserwartung in Einklang zu bringen“ (ebd. 148). Setzt man diese dichotome Struktur im Unterricht um, bekommt das Unterrichtsvorhaben eine entsprechende Gestalt.

A

1. Greifen Sie das Beispielthema aus dem Abschnitt zur Korrelation (2.1) auf und planen Sie ein Unterrichtsvorhaben zum Thema „Propheten zeigen Flagge“, indem Sie die fünf elementaren Dimensionen nach Nipkow/Schweitzer für dieses Thema aufgreifen, diskutieren und reflektieren.

TIPP:
Im Kapitel 7.2.3. werden Filmbeispiele zu bestimmten Themen im Religionsunterricht genannt. Das Kapitel 7.4. veranschaulicht, wie die Serie „Black Mirror“ in einer Klausur eingesetzt werden kann.

Elementare Lernformen: Welche Lernformen und Lernwege, welche Zugänge und Verfahren bieten sich mit Blick auf das Thema an, um unterrichtliche Prozesse zu gestalten?

In der Suche nach elementaren Lernformen wird die Unterrichtsplanung schließlich konkret: Welche Medien und Methoden bieten sich für das Thema an, in welchen Sozialformen sollen Schülerinnen und Schüler sich die Inhalte erschließen, erarbeiten und anverwandeln? Für das Beispielthema können z. B. „biblische Auferstehungserzählungen, reinkarnatorische Vorstellungen, Berichte von Nahtoderlebnissen etc. einander gegenübergestellt, auf ihren Hoffnungsgehalt und ihre Konsequenzen auch für das diesseitige Leben hin befragt und reflektiert sowie mit den persönlichen Überzeugungen der Jugendlichen ins Gespräch gebracht werden“ (ebd., 154). Zu diesem Zweck kann Kinder- und Jugendliteratur gelesen werden. Infrage kommen kann auch „der Einsatz eines entsprechenden Films […].

Darüber hinaus erscheint es aufschlussreich, verschiedene Todesanzeigen aus Tageszeitungen oder auch Grabinschriften im Rahmen einer Friedhofsexkursion in Augenschein zu nehmen und die darin zum Ausdruck kommenden Vorstellungen und Hoffnungsbilder zum Leben nach dem Tod des Verstorbenen zu beleuchten“ (ebd., 155).

Bei der Darstellung und Veranschaulichung von Elementarisierung als Voraussetzung von Unterrichtsplanung sind schon mehrfach die Kompetenzen von Schülerinnen und Schülern angesprochen und als Planungsziel genannt worden. Folglich soll im Folgenden als drittes Prinzip der Unterrichtsvorbereitung die Kompetenzorientierung in den Blick genommen werden.

HINWEIS
Damit Korrelation und Elementarisierung in der beschriebenen Dynamik geschehen können, bedarf es spezifischer Kompetenzen, die LuL zur Planung von Lernprozessen beherrschen müssen.

2.1.3 Kompetenzorientierung

Entsprechend den bereits erwähnten schulpolitischen Zielsetzungen, die mit der Einführung der Kompetenzorientierung verbunden worden sind, soll ein an Standards und Kompetenzen orientierter Religionsunterricht Kinder und Jugendliche befähigen, jene elementaren Fähigkeiten und Fertigkeiten zu erlernen, zu entwickeln und zu erproben, „die für ein verantwortliches Denken und Verhalten im Hinblick auf den christlichen Glauben, die eigene Religiosität und weitere Religionen und Weltanschauungen notwendig sind“ (Die deutschen Bischöfe 2025, 13). Deshalb haben die deutschen Bischöfe, aber auch die Bildungskammer der Evangelische Kirche in Deutschland Richtlinien erlassen, in denen die Kompetenzen ausgewiesen sind, die im schulischen Religionsunterricht erworben und entwickelt werden sollen. Auch finden sich hier jene theologischen Kernthemen, an denen der Kompetenzerwerb vollzogen werden soll.

Analog zu den Standards der KMK findet sich auch auf katholischer Seite in den „Kirchlichen Richtlinien für den katholischen Religionsunterricht in den Jahrgängen 5–10/Sekundarstufe I“ ein fachdidaktisches Modell, welches in Anlehnung an die Arbeiten von Ulrich Hemel grundlegende Kompetenzen religiöser Bildung formuliert (vgl. Hemel 2000). Diese lauten wie folgt (vgl. Die deutschen Bischöfe 2025, 13f.):

- religiöse Phänomene wahrnehmen,
- religiöse Sprache verstehen und verwenden,
- religiöse Zeugnisse verstehen (und deuten),
- in religiösen Fragen begründet urteilen,
- sich über religiöse Fragen und Überzeugungen verständigen,
- religiöses Wissen darstellen,
- aus religiöser Motivation handeln.

Das Kompetenzmodell der deutschen Bischöfe für den Katholischen Religionsunterricht (aus: Sajak 2020, 33)

In der Anwendung dieser allgemeinen Kompetenzen auf bestimmte theologische Inhalte des Unterrichts entwickeln sich sogenannte inhaltsbezogene Kompetenzen, die wiederum in sechs Gegenstandsbereiche gegliedert sind. In der Richtlinie lauten die Gegenstandsbereiche, in denen noch die klassisch fundamentaltheologische Fragestellung der traditionellen Traktatenlehre erkennbar ist, wie folgt (vgl. Die deutschen Bischöfe 2025, 17).

- Mensch und Welt,
- die Frage nach Gott,
- die biblische Botschaft,
- Jesus Christus,
- Kirche und Gemeinde,
- Religion in der pluralen Gesellschaft.

Es sei an dieser Stelle darauf verwiesen, dass mit diesen Kompetenzbeschreibungen nicht etwa das Ganze des katholischen Religionsunterrichts dargestellt sein soll. So stellen die deutschen Bischöfe heraus: „Prozess- und inhaltsbezogene Kompetenzen beschreiben allerdings nicht das ganze Aufgabenspektrum des Religionsunterrichts. Zu den wichtigen Aufgaben des Religionsunterrichts gehört die Förderung von Einstellungen und Haltungen, die für die Persönlichkeitsentwicklung der Jugendlichen von Bedeutung sind. Sie sind bei der Unterrichtsplanung und der Entwicklung einer Unterrichtskultur stets mitzubedenken. Der Kompetenzerwerb und die Entwicklungen von Einstellungen und Haltungen werden in den Lern- und Bildungsprozessen miteinander verschränkt.“ (ebd., 11f.).

Auf evangelischer Seite hat eine Arbeitsgruppe der Bildungskammer der Evangelischen Kirche in Deutschland vorhandene evangelische Kompetenzmodelle aufgenommen und erweitert. Dieses normative Modell enthält nun insgesamt acht grundlegende Kompetenzen (vgl. EKD 2011, 18):

1. Den eigenen Glauben und die eigenen Erfahrungen wahrnehmen und zum Ausdruck bringen sowie vor dem Hintergrund christlicher und anderer religiöser Deutungen reflektieren.
2. Grundformen biblischer Überlieferung und religiöser Sprache verstehen.
3. Individuelle und kirchliche Formen der Praxis von Religion kennen und daran teilhaben können.
4. Über das evangelische Verständnis des Christentums Auskunft geben.
5. Ethische Entscheidungssituationen im individuellen und gesellschaftlichen Leben wahrnehmen, die christliche Grundlegung von Werten und Normen verstehen und begründet handeln können.

6. Sich mit anderen religiösen Glaubensweisen und nicht-religiösen Weltanschauungen begründet auseinandersetzen, mit Kritik an Religion umgehen sowie die Berechtigung von Glaube aufzeigen.
7. Mit Angehörigen anderer Religionen sowie mit Menschen mit anderen Weltanschauungen respektvoll kommunizieren und kooperieren.
8. Religiöse Motive und Elemente in der Kultur identifizieren, kritisch reflektieren sowie ihre Herkunft und Bedeutung erklären.

A

1. Die in den beiden Richtlinien ausgewiesenen Kompetenzen sollten unabhängig von Schulstufe, Schultyp und Bundesland allen kompetenzorientierten Lehrplänen für den Religionsunterricht zugrunde liegen. Überprüfen Sie den für Ihren Schultyp und Ihre Schulstufe gültigen RU-Kernlehrplan, ob und wie diese grundlegenden religiösen Kompetenzen aufgenommen und verarbeitet worden sind.

Damit orientiert sich das evangelische Modell stärker an der Lebenswelt der Schülerinnen und Schüler, während das katholische Modell eine stark lehramtlich-theologische Struktur abbildet. Beide Modelle sind die entscheidenden und verbindlichen Vorgaben gewesen, an denen sich in allen Bundesländern die Kernlehrpläne auszurichten hatten. Auch wenn das in 1.3 vorgestellte Modell des KLP Gy SI 2019 wesentlich komplexer ist als die Vorgabe der deutschen Bischöfe, so kann deren Modell doch sowohl in den allgemeinen Kompetenzen wie auch in den Inhaltsfeldern des KLP als eine Art Grundgerüst identifiziert werden. So verhält es sich auch in den Kerncurricula, Rahmenplänen und Bildungsplänen der anderen Bundesländer.

2.2 Elemente der Unterrichtsplanung

Wie aber können nun die im Kernlehrplan vorgeschriebenen und durch die Fachschaften einer Schule für bestimmte Abschnitte im Schuljahr ausgewählten inhaltsbezogenen Kompetenzen konkret in die Unterrichtsplanung aufgenommen und in der Unterrichtspraxis eingeübt werden? Wie lässt sich ein bestimmtes Thema aus dem Kernlehrplan so durcharbeiten, dass aus diesem ein auf Kompetenzerwerb und -entwicklung zielendes Unterrichtsvorhaben wird? Was gilt es dabei an Regeln und Vorgaben zu berücksichtigen?

2.2.1 Die Makroebene: Vom Lehrplan zum schulinternen Curriculum

HINWEIS
Schulinterne Curricula bieten die Möglichkeit, auf die konkreten Lernbedingungen und Verstehensvoraussetzungen der SuS Ihrer Schule einzugehen und diese bei der Planung von RU zu berücksichtigen.

Unterrichtsplanung wird in der Regel nicht direkt vom Kernlehrplan, sondern von einem schulinternen Lehrplan ausgehen. Dieser sollte als Konkretisierung eines Kernlehrplans oder Bildungsplans von den Mitgliedern der Fachschaft für die Schülerinnen und Schüler an der konkreten Schule entwickelt werden, um mit Blick auf den Religionsunterricht an der eigenen Schule Fragen zu den Rahmenbedingungen der Arbeit, zu den konkreten Unterrichtsvorhaben, zu den Grundsätzen der fachdidaktischen Arbeit, zur Leistungsbewertung und zu den Lehr- und Lernmitteln zu reflektieren und zu klären. Das Ergebnis dieser Diskussion in der Fachschaft sollte dann ein entsprechender schulinterner Lehrplan sein, der die Antworten auf die Fragen in eine für alle Beteiligten verbindliche Struktur bringt. Entsprechend ist der schulinterne Lehrplan ein für die Mitglieder der Fachschaft verbindliches Curriculum, in dem die konkreten Unterrichtsvorhaben in einer bestimmten Jahrgangsstufe die Grundsätze der fachmethodischen und fachdidaktischen Arbeit, die Grundsätze der Leistungsbewertung und Leistungsrückmeldung sowie die Lehr- und Lernmittel entsprechende Kategorien bilden.

Ein schulinternes Curriculum, das sich an unserem KLP Gy SI 2019 orientiert, könnte folgende Struktur haben:

Gliederung eines schulinternen Curriculums (Schulentwicklung QUA-LiS.NRW 2019, 3)

1	**Rahmenbedingungen der fachlichen Arbeit**	4
2	**Entscheidungen zum Unterricht**	6
2.1	Unterrichtsvorhaben	7
2.2	Grundsätze der fachdidaktischen und fachmethodischen Arbeit	28
2.3	Grundsätze der Leistungsbewertung und Leistungsrückmeldung	28
2.4	Lehr- und Lernmittel	31
3	**Entscheidungen zu fach- und unterrichtsübergreifenden Fragen**	33
4	**Qualitätssicherung und Evaluation**	34

Dabei lässt sich an den Seitenzahlen ablesen, dass den Kern des schulinternen Curriculums die verschiedenen Unterrichtsvorhaben ausmachen, die hier für alle Kolleginnen und Kollegen verbindlich festgelegt werden sollen.

A

1. Fragen Sie an Ihrer Ausbildungsschule nach dem schulinternen Curriculum für den Religionsunterricht und vergleichen Sie dieses mit der oben abgebildeten Struktur: Entspricht der Aufbau Ihres Curriculums dem Beispiel?
2. Suchen Sie das Gespräch mit den Kolleginnen und Kollegen aus der Fachschaft: Was sind Gründe für die konkrete Gestaltung dieses schulinternen Curriculums? Inwiefern sind die besonderen Rahmenbedingungen Ihrer Schule in diesen Lehrplan eingeflossen?
3. Wo ist erkennbar, dass das schulinterne Curriculum versucht, der Heterogenität von Schülerinnen und Schülern gerecht zu werden?

Eine Übersicht über ein Unterrichtsvorhaben sieht dann wie folgt aus:

Übersichtsraster für ein Unterrichtsvorhaben in Klasse 5
(Schulentwicklung QUA-LIS.NRW 2019, 8)

Unterrichtsvorhaben II:
Wer ist eigentlich Gott? Woher weiß man, dass es Gott gibt? – Nachdenken über Gott

Schwerpunkte der Kompetenzentwicklung (übergeordnete Kompetenzerwartungen):

Die Schülerinnen und Schüler
- entwickeln Fragen nach Grund, Sinn und Ziel des eigenen Lebens sowie der Welt und beschreiben erste Antwortversuche (SK1),
- entwickeln Fragen nach der Erfahrbarkeit Gottes in der Welt (SK2),
- deuten religiöse Sprache und Zeichen an Beispielen (SK7),
- achten religiöse und ehtische Überzeugungen anderer und handeln entsprechend (HK3).

Inhaltsfelder und inhaltliche Schwerpunkte:

IF2: Sprechen von und mit Gott
- die Frag-Würdigkeit des Glaubes an Gott
- bildliches Sprechen von Gott
- Gebet als Ausdruck der Beziehung zu Gott

IF6: Weltreligionen im Dialog
- Glaube und Lebensgestaltung von Menschen jüdischen, christlichen sowie islamischen Glaubens

Zeitbedarf: ca. 12 Ustd.

Im weiteren Verlauf des schulinternen Curriculums werden dann die einzelnen Unterrichtsvorhaben detailliert beschrieben, sodass eine vergleichbare und verknüpfbare Unterrichtsarbeit aller Kolleginnen und Kollegen einer Fachschaft möglich wird.

Wie in einem konkreten Unterrichtsvorhaben Kompetenzen aufgegriffen und für Schülerinnen und Schüler erschlossen und eingeübt werden sollen, muss nun auf der Mesoebene der Unterrichtsvorbereitung geleistet werden.

2.2.2 Mesoebene: Vom Schullehrplan zum konkreten Unterrichtsvorhaben

Für die Planung von größeren Unterrichtsreihen, die im Folgenden als *Unterrichtsvorhaben* bezeichnet werden, wurden auch im Religionsunterricht über viele Jahrzehnte didaktische Modelle wie die bildungstheoretische Didaktik von Wolfgang Klafki oder aber die lehr-/lerntheoretische Didaktik von Paul Heimann und Wolfgang Schulz herangezogen (vgl. ausführlich Arnold/Zierer 2015). Diese Modelle haben weiterhin eine große Bedeutung für die grundsätzliche Unterrichtsreflexion, vor allem in der Ausbildung von Lehrerinnen und Lehrern (vgl. Sajak 2020, 88–91). Allerdings sind sie mitunter so komplex, dass sie in der Regel im Schulalltag kaum verwendet werden. Mit Blick auf die Kompetenzeinübung und -entwicklung haben sich daher neue Formen der Unterrichtsplanung etabliert, die auf die Einführung und Einübung einer konkreten religiösen Kompetenz über mehrere Unterrichtsstunden abzielen (vgl. zur Übersicht Lenhard 2018). Sie werden in der Diskussion häufig als „Merkmalmodell“ (Sajak 2020, 92) bezeichnet, weil sie ihre Struktur aus verschiedenen Merkmalen kompetenzorientierten Unterrichtens gewinnen.

A

1. Recherchieren Sie im WiReLex-Artikel „Kompetenzorientierter Religionsunterricht“ von Hartmut Lenhard (2018), welche unterschiedlichen Merkmal-Modelle es für den evangelischen und den katholischen RU gibt, und wählen Sie das aus, welches Ihnen am meisten zusagt. Begründen Sie Ihre Entscheidung!

Das wohl am weitesten verbreitete Merkmalmodell stammt von dem evangelischen Erziehungswissenschaftler Andreas Feindt, der dieses zusammen mit seinem akademischen Lehrer Hilbert Meyer als Planungshilfe für einen kompetenzorientierten Religionsunterricht entwickelt hat. Feindt geht es dabei um die konkrete Gestalt von Unterricht, die zur Entwicklung und Einübung von religiösen Kompetenzen beitragen soll: „Es geht um einen

Perspektivwechsel, der die Handlungs- und Deutungsmuster der Schülerinnen und Schüler nachvollzieht und für einen didaktisch sinnvollen Fortgang des Unterrichts nutzbar macht [...], um darauf aufbauend das didaktische Kerngeschäft der Planung passender Lernangebote für die Schülerinnen und Schüler umzusetzen" (Feindt 2009, 161f.). Entsprechend konzipiert er ein „didaktisches Grundgerüst" (Feindt 2010, 86) für den kompetenzorientierten Religionsunterricht, das er in Anlehnung an Meyer aus den Qualitätsmerkmalen guten Unterrichts zusammensetzt. Diese Merkmale sehen mit Blick auf die Entwicklung von Kompetenzen wie folgt aus:

1. lebensweltliche Anwendung in Lernausgangslagen,
2. kognitive Aktivierung,
3. individuelle Lernbegleitung,
4. Übung und Überarbeitung,
5. Metakognition,
6. Vernetzung von Wissen und Fertigkeiten und wieder: lebensweltliche Anwendung.

Die Merkmale kompetenzorientierten Unterrichts nach Andreas Feindt (aus: Sajak 2020, 93)

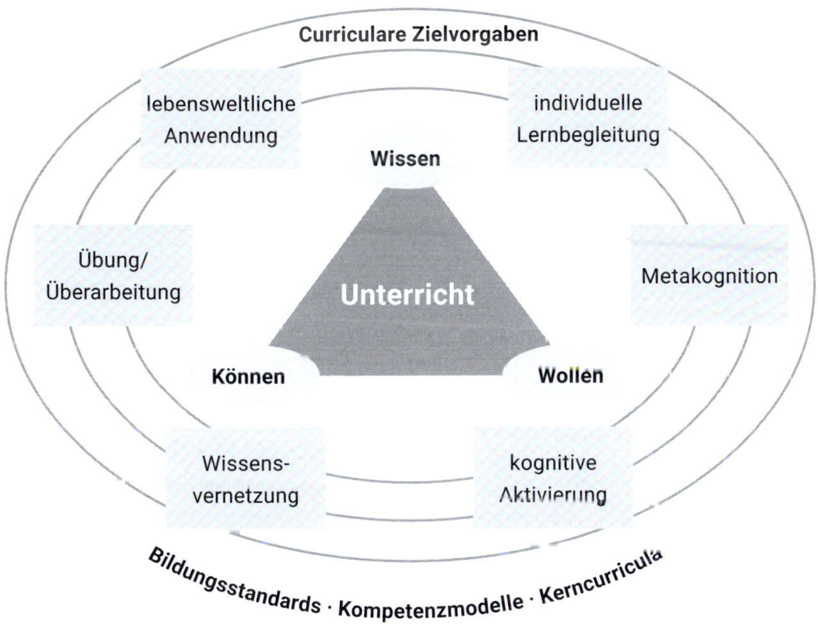

Mithilfe dieses Merkmalrasters lässt sich nun kompetenzorientierter Religionsunterricht strukturieren: Wer Schülerinnen und Schüler anregen und anleiten will, ihre Kompetenzen zu erproben und weiterzuentwickeln, der muss ein Lernarrangement schaffen, in dem Kinder und Jugendliche theologische Fragestellungen und Motive in ihrer Lebenswelt aufgreifen und damit ihre eigenen Lernausgangslagen aufzeigen (z. B. durch die spielerische Annäherung an das Phänomen prophetischen Redens – Merkmal 1). Anknüpfend daran sollen fachspezifische Problemlösefähigkeiten (z. B. „erläutern den Anspruch von Prophetinnen bzw. Propheten, in ihrer Kritik für Gottes Gerechtigkeit einzustehen") angeregt (z. B. durch die Frage: Was ist überhaupt ein Prophet? – Merkmal 2), individuell entwickelt (z. B. durch die Auswertung von Schulbuchtexten – Merkmal 3) und immer wieder ausprobiert werden (z. B. durch wiederholtes Üben an verschiedenen anderen prophetischen Texten des AT – Merkmal 4). Dabei ist es wichtig, dass sich die Schülerinnen und Schüler ihrer Lernstrategien bewusst werden und sich darüber austauschen (z. B. in einem Galeriegang – Merkmal 5) und sich dabei der Kenntnisse aus den verschiedensten Wissensgebieten bedienen (z. B. durch die Diskussion der Kriterien sozialer Gerechtigkeit – Merkmal 6). Schülerinnen und Schüler müssen aber auch mit herausfordernden Problemstellungen konfrontiert werden (z. B. eine zeitgenössische Prophetengestalt wie Martin Luther King oder Greta Thunberg beurteilen – Merkmal 2), damit ihnen deutlich wird, dass die entwickelte Kompetenz in ihrer Lebenswelt durchaus von Relevanz sein kann (z. B. durch die Unterscheidung von echten und falschen Propheten und Heilsangeboten heute – erneut Merkmal 1). Entsprechend wichtig ist es, Kindern und Jugendlichen eine Vielfalt an Lernwegen anzubieten (vgl. ausführlich Sajak/Feindt 2012).

HINWEIS
Wer Unterricht an den Kompetenzen – an Fähigkeiten und Fertigkeiten – von SuS ausrichtet, wird zu neuen Formen und Verfahren der Unterrichtsplanung und -gestaltung gelangen müssen.

Wie die Strukturierung eines Unterrichtsvorhabens mithilfe der Merkmale von Andreas Feindt im Detail aussehen kann, lässt sich am Beispiel eines Unterrichtsvorhabens zu den Propheten aufzeigen. Wie in der folgenden Übersicht deutlich wird, geht es darum, durch die verschiedenen Stunden des Unterrichtsvorhabens hindurch bestimmte Kompetenzen – hier vor allem: den Anspruch von Prophetinnen bzw. Propheten, in ihrer Kritik für Gottes Gerechtigkeit einzustehen, zu erläutern – anhand eines konkreten Lerngegenstandes – hier: prophetisches Zeugnis einzuüben, zu üben, zu vertiefen und zu reflektieren (vgl. KLP Gy SI 2019, 28). Dabei werden die Merkmale kompetenzorientierten Religionsunterrichts zu einem integrativen Gliederungsprinzip.

Die Unterrichtsreihe „Propheten“ mit kompetenzorientierten Merkmalen (Klasse 8/9)
Unterrichtseinheit 1: „Was würdest du sagen, wenn dir die ganze Welt zuhört?“ Spielerische Annäherung an das Phänomen prophetischen Redens durch Positionierungen zu vorgegebenen Fragen rund um den Bereich der Gesellschaftskritik – zur Evaluation der Lernausgangslage und Einführung eines Advance Organizers für die Unterrichtsreihe → Evaluation der Lernausgangslage, Lebensweltbezug
Unterrichtseinheit 2: Gott spricht durch Menschen: Was ist überhaupt ein Prophet?! Erarbeitung eines ersten Verständnisses altorientalischer Prophetie und biblischer Propheten als von Gott ‚gerufene Rufer‘ (im Gegensatz zur Vorstellung eines Propheten als Wahrsager) mithilfe eines Sachtextes (und einer Karikatur v. I. Staiger) → kognitive Aktivierung
Unterrichtseinheit 3: Amos, Jeremia und die Wirrnisse ihrer Zeit Arbeitsteilige Erschließung der religiösen und sozialgeschichtlichen Hintergründe in Israel bzw. Juda zur Zeit der Propheten Jeremia und Amos mithilfe von Schulbuchtexten und der Struktur-Lege-Technik → kognitive Aktivierung, individuelle Lernbegleitung, Wissensvernetzung
Unterrichtseinheit 4: „Tage kommen über euch, da holt man euch mit Fleischerhaken weg“ Erarbeitung der Sozialkritik des Amos, von den SuS vorwegnehmend verfasst und anschließend mit exemplarischen Textauszügen aus dem Buch Amos verglichen → Wissensvernetzung
Unterrichtseinheit 5: „Amos 2020 – er kommt wieder“ Auseinandersetzung mit der Frage nach der Übertragbarkeit der Amos-Figur in die heutige Welt durch das Erstellen eines Drehbuchsettings für einen fiktiven Kinofilm über den Propheten in der heutigen Gesellschaft → Lebensweltbezug, Übung & Transfer
Unterrichtseinheit 6: „Fake News – oder wahre Prophetie?!“ Auseinandersetzung mit dem prophetischen Berufungsschema und der Erarbeitung seiner formgeschichtlichen Bedeutung als Legitimationsformel für wahre Prophetie mithilfe eines Sachtextes und einer Sortier- bzw. Zuordnungsaufgabe zu Jer 1, 4-9 → Übung des bildhaften Verständnisses biblischer Sprache und biblischer Texte
Unterrichtseinheit 7: Wie hat Jeremia seinen Auftrag erfüllt? Vorwürfe und Forderungen der Tempelrede, erarbeitet anhand Jer 7,4-13 und vorgetragen in Form eines Texttheaters → kognitive Aktivierung und Anwendung
Unterrichtseinheit 8: Der Prophet – ein unglücklicher Mensch?! Erarbeitung der Schwierigkeiten und Widerstände prophetischen Redens und Handelns am Beispiel von Textauszügen aus dem Buch Jeremia → kognitive Aktivierung, Wissensvernetzung
Unterrichtseinheit 9: Greta Thunberg, Rupert Neudeck – moderne Propheten? Arbeitsteilige Untersuchung moderner Aktivisten im Hinblick auf die Frage, wie viel prophetische Gabe in ihnen steckt → Lebensweltbezug, Übung im Sinne der Anwendung und des Transfers
Unterrichtseinheit 10: Gehören die Propheten zum „Alten Eisen“?! Diskussion der Frage nach einer bleibenden Bedeutung von Propheten heute vor dem Hintergrund der erarbeiteten Ergebnisse im Advance Organizer sowie abschließende Sicherung zentraler Gedanken der Unterrichtsreihe in Form eines Logicals → Metakognition: Einholung und Bewertung des Advance Organizers und des Lernprozesses, Lebensweltbezug im Sinne der Urteilskompetenz, Übung bzw. Wiederholung des Erlernten

TIPP:
Besuchen Sie die Webseite „Netzwerk Katholische Religionslehre"! Dort finden Sie weitere ausführliche Beschreibungen von Unterrichtsvorhaben für den RU für die Jahrgangsstufen 5 – 9.

Unter der Rubrik „Einheit" werden die sieben veranschlagten Unterrichtsstunden aufgeführt, die mit Blick auf die in vielen Schulen in NRW inzwischen übliche autonome Festlegung auf eine schulspezifische Stundendauer (in der Regel 45, 60 oder 90 Minuten) entsprechend der Lernvoraussetzungen und Lernleistungen der Schülerinnen und Schüler unterschiedlich lang veranschlagt werden können.

2.2.3 Mikroebene: Vom kompetenzorientierten Unterrichtsvorhaben zur einzelnen Unterrichtsstunde

Der Strukturierung des Unterrichtsvorhabens folgt schließlich die Planung der Einzelstunde. Dabei hat es sich als hilfreich erwiesen, eine Unterrichtsstunde als Zusammenspiel von Zielen, Inhalten, Prozessen, Handlungsmustern und Sozialformen in bestimmten Räumen zu definieren (vgl. z. B. Meyer 2015, 175). Entsprechend gestaltet sich die Planung einer konkreten Unterrichtsstunde aus einem Unterrichtsvorhaben an der Reflexion dieser sechs Konstituenten von Unterricht aus. Wie dies konkret aussieht, wird im Kapitel 4 „Unterrichtsstunden intentional aufbauen" ausführlich erläutert.

3 Unterrichtsvorhaben sach- und schülergerecht planen

Marcus Hoffmann und Gabriele Otten

3.1 Grundsätzliche Überlegungen

Unterrichtsvorhaben zu planen ist eine komplexe Aufgabe. Neben sachanalytischen Erfordernissen kommen Aspekte wie Progression und Lernzuwachs, Schülerorientierung und Lernspannung, Kompetenzorientierung, Korrelation und Perspektivwechsel (→ 2.1) ins Spiel, die in sinnvolle didaktisch-methodische Arrangements überführt werden sollen, so dass ein Unterrichtsvorhaben entsteht, das thematisch plausibel strukturiert ist und einen roten Faden aufweist.

A

1. Bevor Sie weiterlesen, notieren Sie sich Ihre Überlegungen zu folgenden Fragen:
a. Was ist für Sie eine gelungene Planung eines Unterrichtsvorhabens?
b. Wie gehen Sie bei der Planung eines Unterrichtsvorhabens vor?

Rudolf Englert ist in den letzten Jahren in seinen Veröffentlichungen wiederholt den Fragen nachgegangen, warum es in der Praxis nicht gelinge, den Anspruch des Religionsunterrichts und sein Potenzial auszuschöpfen und inwieweit der Religionsunterricht manche Kritik und Ablehnung ihm gegenüber nicht auch selbst verursache (vgl. Englert 2019, 62). Als einen Grund neben anderen nennt er „unterrichtspraktische Inszenierungsprobleme“: Die kognitive Aktivierung von Lernenden komme zu kurz, es erfolge keine wirkliche Auseinandersetzung mit in kooperativen Arbeitsformen gewonnenen Ergebnissen, eine fachliche Expertise, die sich in wirklich begründeten Positionierungen zeige, spiele eine zu geringe Rolle, Ergebnisse würden zu wenig gesichert (vgl. ebd. 66–68). Auch zur Anlage von Unterrichtsvorhaben bezieht Englert Position:

> „Der Dramaturgie des Unterrichts und vor allem auch der Unterrichtsreihen wird offenbar nur wenig Aufmerksamkeit geschenkt. Oft werden die verschiedenen Einheiten einfach in einer schlichten parataktischen Sequenz nebeneinander gestellt: Erst A, dann B, dann C, dann D – wobei die

> Reihenfolge genauso gut auch D-C-B-A oder anders lauten könnte. Zu selten wird überlegt, wie sich die verschiedenen thematischen Komponenten zu einem für die Schüler nachvollziehbaren Spannungsbogen miteinander verbinden ließen." (Englert 2019, 66f.)

Diese Überlegungen machen es für Unterrichtende nicht unbedingt leichter – verdeutlichen sie doch die Komplexität einer Unterrichtsplanung. Viele orientieren sich daher an bereits bestehenden Unterrichtsvorhaben; von denen es unzählige Angebote gibt, leider auch von unterschiedlicher Qualität. Insbesondere zur eigenen Entlastung ist dies natürlich möglich. Auch Künstliche Intelligenz kommt inzwischen zur Planung zum Einsatz, Lehrerinnen und Lehrer müssen aber trotzdem in der Lage sein, diese Materialien kriteriengeleitet zu prüfen. Dazu gehört auch ein kritischer Blick, ob diese fachlich und didaktisch den Ansprüchen standhalten und ob sie in diesem Zuschnitt zu der Lerngruppe passen, die dieses Thema bearbeiten soll.

Wie aber kann man strukturiert ein Unterrichtsvorhaben planen und woran kann man sich orientieren?

BEGRIFFSKLÄRUNGEN

Im alltäglichen Gebrauch werden die Begriffe *Unterrichtsvorhaben* und *Unterrichtsreihe* fast synonym gebraucht. Beide bezeichnen die längerfristigen Unterrichtszusammenhänge, in denen eine konkrete Unterrichtseinheit (Unterrichtsstunde als Einzel- oder Doppelstunde) steht. Bei dem Begriff „Unterrichtsvorhaben" wird stärker als bei dem Begriff der „Unterrichtsreihe" deutlich, dass Unterricht ein dynamischer Prozess ist und die Planung gegebenenfalls im Laufe des Unterrichts einer Modifizierung bedarf.
Eine *Unterrichtssequenz* bildet den thematischen Zusammenhang mehrerer Stunden innerhalb eines Unterrichtsvorhabens ab. Die Ausweisung solcher Sequenzen ist vor allem bei umfangreichen Themen sinnvoll.

Folgendes Schaubild mag der Veranschaulichung dienen:

<table>
<tr><td>Unterrichts-vorhaben</td><td colspan="11"></td></tr>
<tr><td>Unterrichts-sequenzen</td><td>Ein-stieg</td><td>Einzel-thema</td><td colspan="4">Sequenz 1</td><td colspan="3">Sequenz 2</td><td colspan="2">Reihenab-schluss und Reflexion</td></tr>
<tr><td>Unterrichts-stunde</td><td>1</td><td>2</td><td>3</td><td>4</td><td>5</td><td>6</td><td>7</td><td>8</td><td>9</td><td>10</td><td>11</td></tr>
</table>

(Idee nach: Seminar GyGe Recklinghausen (o.J.) http://www.zfsl-recklinghausen.nrw.de/Seminar_GyGe/Seminarprogramm/Artikulationskonzept/Zur_Artikulation_einer_Unterrichtsreihe/index.html)

3.2 Unterrichtsvorhaben planen – strukturiert vorgehen

3.2.1 Ein Planungsschema als Strukturierungshilfe (nutzen)

Wie können Lehrerinnen und Lehrer bei der Planung eines Unterrichtsvorhabens strukturiert vorgehen, um den Erfordernissen einer sach- und schülergerechten Planung Rechnung zu tragen? Folgende Schritte haben sich in der Praxis bewährt:

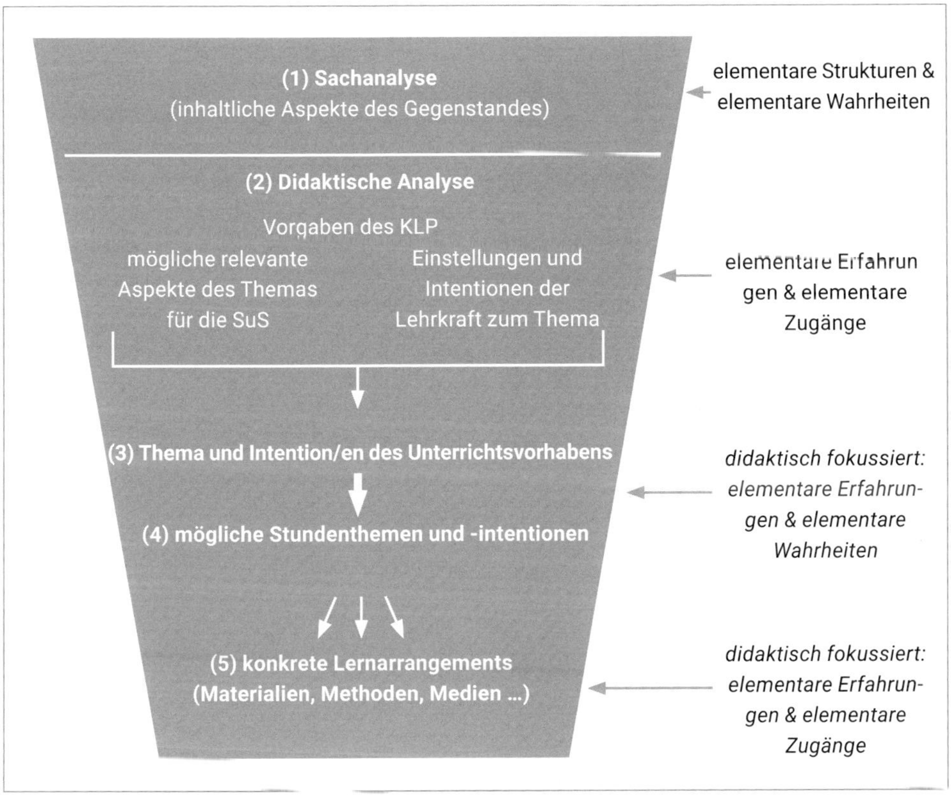

(1) Sachanalyse

Zunächst sollte eine gründliche Analyse des Unterrichtsgegenstandes vorgenommen werden, um sich in diesen (idealerweise unter Zuhilfenahme aktueller Fachliteratur) fachlich breit und vertieft einzuarbeiten. So lässt sich ermitteln, welche Aspekte und Dimensionen überhaupt zur Sache bzw. zum Themenfeld gehören und wie diese zusammenhängen. Von den vielen Aspekten müssen sich später nicht alle als unterrichtsrelevant erweisen. Im Laufe der

TIPP:
Notieren Sie spannende Gedanken oder Zitate. Diese können Sie im Unterricht als Impulse für Gespräche nutzen.

Analyse bzw. als Ergebnis der Einarbeitung sollte sich aber eine gewisse „Sachstruktur“ zeigen, mit der man das Thema sinnvoll fassen bzw. greifbar machen kann.

(2) Didaktische Analyse

Die gesammelten Aspekte werden nun aus didaktischer bzw. religionspädagogischer Perspektive betrachtet und in gewisser Weise durch die „Brille“ der curricularen Vorgaben zusätzlich gefiltert. Kernlehrpläne und schulinterne Curricula geben Orientierung, welche inhaltlichen Aspekte Lehrende thematisieren sollten – und welche sie getrost weglassen können.

Jetzt kommt dazu die Sicht der Schülerinnen und Schüler ins Spiel. Leitfragen sind hierbei beispielweise: *Welche Zugänge bringt meine Lerngruppe mit, um ‚ins Thema zu kommen‘? Was könnte die Lernenden besonders interessieren? Welche Aspekte sind für das Verständnis des Gegenstandes unverzichtbar, welche zweitrangig? Welche Inhalte können die Kinder oder Jugendlichen in ihrer Altersphase erschließen, welche nicht?*

Die Lehrkraft sollte zudem für sich selbst reflektieren, welche Haltung sie zu dem Thema hat und inwiefern diese ihre Zielsetzungen beeinflusst.

HINWEIS
Achten Sie beim Blick in den Kernlehrplan auch darauf, was in anderen Jahrgangsstufen vorgesehen ist, damit Sie wissen, worauf Sie aufbauen können, oder damit Sie thematisch nicht vorgreifen.

(3) Thema und Intention des Unterrichtsvorhabens

Was sollen die Schülerinnen und Schüler in diesem Unterrichtsvorhaben lernen und warum? Aus der Verschränkung aller Überlegungen sollte es nun möglich sein, diese (zentrale) Frage zu beantworten, aus dem *Gegenstand* ein *Thema* im didaktischen Sinne zu machen und eine inhaltliche Frage oder Intention zu formulieren, die deutlich macht, wo der Schwerpunkt des Unterrichtsvorhabens liegt. Dabei ist auch im Blick, welche Kompetenzerwartungen anvisiert werden.

(4) Mögliche Stundenthemen und -intentionen

Aus dieser Schwerpunktsetzung des Unterrichtsvorhabens erwächst die Struktur des Themas. Die Fokussierung auf diejenigen Aspekte, die sich aufgrund der Überlegungen in Schritt 1 bis 3 als unverzichtbar erwiesen haben, sollte in eine mögliche sinnvolle Abfolge von Lernschritten münden (Einzelstunden, Doppelstunden). Für jeden einzelnen Lernschritt ist dabei konsequent eine Intention zu formulieren, die in einem Zusammenhang mit der übergeordneten Intention des Unterrichtsvorhabens steht. Gleiches gilt für die Themen, die für die einzelnen Stunden und bzw. oder auch Sequenzen anzugeben sind.

ZUM UNTERSCHIED ZWISCHEN „GEGENSTAND“ UND „THEMA“ (→ 4.4)

„Verantwortung“ und „Schritte ethischer Urteilsfindung“ sind *Gegenstände*. Wenn didaktisch-methodische Akzentuierungen hinzukommen, wird aus dem *Gegenstand* ein *Thema* eines Unterrichtsvorhabens:

- „Der Mensch in der Verantwortung für sich, für andere und vor Gott – Erarbeitung, Anwendung und Reflexion methodischer und inhaltlicher Orientierungen zur Förderung der ethischen Urteilskompetenz“

oder auch Thema einzelner Unterrichtsstunden:

- „Ethisch argumentieren mit Methode – Einführung der Schritte ethischer Urteilsfindung anhand ausgewählter ethischer Dilemmata“ bzw.
- „Vieles ist abzuwägen, manches nie!“ – Auseinandersetzung mit den Grenzen unserer Verantwortung anhand des Textes „Kein Feldherrnhügel in Sicht: Thomas von Aquin und das Wissen um das letzte Beste“.

(5) Konkrete Lernarrangements

Auch wenn es oft schwerfällt: Erst nachdem die Intentionen bzw. Ziele und die gedanklichen Schritte klar sind, sollte über die Gestaltung der Stunden und Lernprozesse, d.h. über die weiteren didaktischen Konkretisierungen wie mögliche Medien und Materialien, Arbeits- und Sozialformen etc. nachgedacht werden. Hier bietet es sich auch an, gezielt die Elemente der Kompetenzorientierung (→ 2.2.2; 3.4) zu bedenken und in das Unterrichtsvorhaben insgesamt einzuflechten.

> TIPP:
> Lassen Sie sich nicht verleiten, von „schönen“ Methoden oder Medien aus zu planen. Ohne Passung zu Intention und Thema geht die Umsetzung häufig schief.

Das *Prinzip der Elementarisierung* (→ 2.1.2) kommt bei diesem Vorgehen zweimal zum Tragen:

(I) bei der Sachanalyse (Schritt 1) im Hinblick auf mögliche elementare Wahrheiten und Strukturen des Gegenstandes sowie bei der didaktischen Analyse (Schritt 2), bezogen auf elementare Erfahrungen und Zugänge. Dies führt zu einer Reduktion möglicher inhaltlicher Aspekte, die in eine thematische und intentionale Schwerpunktsetzung mündet (Schritt 3).

(II) Was Planende zuvor bezogen auf das „ganze Thema“ bedacht („elementarisiert“) haben, bedenken sie jetzt bezogen auf die einzelnen Lernschritte in den Schritten 4 und 5.

WAS SONST NOCH VOR BZW. BEI DER PLANUNG VON UNTERRICHTSVORHABEN ZU BEACHTEN IST

- Ein Blick in das schulinterne Curriculum zeigt, wie viele Unterrichtsvorhaben für ein Halb- oder Schuljahr vorgesehen sind. Machen Sie eine Überblicksplanung: Wie viele Wochen bzw. Unterrichtsstunden stehen in diesem Zeitraum zur Verfügung? Fallen durch Feiertage, Klausuren oder Klassenarbeiten, Wandertage oder sonstige schulische Veranstaltungen Unterrichtsstunden aus? Nehmen Sie dann eine ungefähre Verteilung von Unterrichtsstunden auf Ihre Vorhaben vor, so dass Sie einen zeitlichen Rahmen haben, an dem Sie sich orientieren können. (Das verhindert auch, dass Sie am Ende des Schuljahres feststellen müssen, dass Sie ein oder zwei Themen nicht „geschafft" haben.)

- Berücksichtigen Sie in Ihrer Überblicksplanung auch, wann und wie evtl. Lernerfolgskontrollen (Klausuren, Schriftliche Übungen o. Ä.) stattfinden sollen bzw. müssen oder können.
- Man kann Themen auch „überstrapazieren" oder „totreiten" – hier helfen die o. a. Planungsschritte, Wesentliches vom Unwesentlichen zu unterscheiden und sinnvolle Schwerpunkte zu setzen. Es gibt auch gute Gründe, bestimmte Aspekte eines Themas nicht zum Gegenstand des Unterrichts zu machen (Chancen der didaktischen Reduktion).
- Im Zweifelsfalle zählen Qualität und Intensität der inhaltlichen Auseinandersetzung mit einzelnen Aspekten mehr als die Quantität. Nehmen Sie sich die Zeit und arbeiten Sie lieber exemplarisch und an wenigen Beispielen, dafür aber intensiv und schüleraktivierend, das gilt insbesondere für die Arbeit mit biblischen Texten und Themenfeldern (Wunder, Gleichnisse, Gottesbilder etc.).
- Wenn es Parallelkurse zu Ihren Lerngruppen gibt: Entlasten Sie sich durch Kooperation mit dem Kollegen oder der Kollegin, der bzw. die parallel arbeitet.
- Bei manchen Themen ist es sinnvoll, sich bewusst dafür zu entscheiden, den Lernprozess eher induktiv (vom Exemplarischen zum Allgemeinen) oder deduktiv (vom Allgemeinen zum Exemplarischen) anzulegen. Reflektieren Sie, was ggf. für Ihre Planungen sinnvoll ist.
- Wenn an bestimmten Stellen des Unterrichtsvorhabens eine fächerverbindende Zusammenarbeit geplant wird oder außerschulische Lernorte bzw. ggf. auch Experten in den Unterricht einbezogen werden, führen solche Entscheidungen oft dazu, dass die Planungen langfristig daraufhin angelegt werden müssen, da diese ‚Fixtermine' oft Vorbereitungszeit brauchen.
- Überlegen Sie, je nach Thema, ob es bestimmte Unterrichtsvorhaben gibt, die zu bestimmten Zeitpunkten im Schuljahr mehr oder weniger sinnvoll erscheinen. Eine Thematik mit vielen persönlichen Themen und Bezügen erscheint beispielsweise oft sinnvoller, wenn sich Lerngruppe und Lehrkraft schon besser kennen.
- Wenn Sie bei der Materialsichtung auf interessante Texte stoßen, bedenken Sie, ob es sinnvoll sein kann, diese als mögliche Klausurtexte zurückzulegen und nicht vorschnell im Unterricht zu „verheizen".

3.2.2 Elementarisieren – am Beispiel eines Unterrichtsvorhabens zu Prophetie

Wie Elementarisierung aussehen kann, veranschaulicht ein Beispiel. Am Gegenstand „Prophetie" werden die Elementarisierungsebenen konkretisiert. Eine Übersicht über das auf der Basis der Prophetie entwickelte Unterrichtsvorhaben findet sich unter 3.5.1 und unter 2.2.2.

Die unterstrichenen Aspekte sind diejenigen, die im zweiten Schritt der didaktischen Reflexion (Schritte 3 bis 5 → 3.2.1) ausgewählt wurden, um in der Umsetzung des Beispielvorhabens berücksichtigt zu werden. Nicht-Unterstrichenes ist als eher zweitrangig eingestuft worden und hat daher weniger Eingang in die konkrete Planung gefunden.

Elementare Strukturen des Gegenstandes ‚Propheten / Prophetie' (beispielhaft, nicht vollständig)
• räumliche und zeithistorische Einordnung: Prophetie ist ein im Alten Orient bekanntes Phänomen, auch in anderen Religionen; zu verschiedenen Zeiten treten Menschen auf, die sich als Verkünder, z. T. auch als Seher oder Gottesmänner verstehen. • Das Wort Prophet kommt vom assyrischen ‚nabu' oder vom hebräischen ‚navi' und bedeutet so viel wie ‚Rufer'. • In der jüdischen Tradition erlangt Prophetie als geschichtliches Phänomen vor allem zwischen dem 8. und 5. Jh. v. Chr. große Bedeutung, es gibt auch einige wenige weibliche Prophetinnen in der Überlieferung. • Propheten verstehen sich wahrhaft als Sprachrohr Gottes, d. h., sie sprechen nicht selbst, sondern Gott spricht durch sie. Die sog. Botenspruchformel (‚So spricht JHWH') dient als Ausweis der Göttlichkeit. • Die Grundthemen prophetischer Rede sind vielfältig, z. B. Trost, Heils- oder Unheilsansagen, soziale (Un-)Gerechtigkeiten (z. B. bei Amos, ca. 750 v. Chr. im Südreich), Abfall vom JHWH-Glauben und seinen Geboten (z. B. bei Jeremia, ca. 600 v. Chr. in Jerusalem) → Im Buch Jeremia findet sich theologisch die Verarbeitung der drohenden Katastrophe des babylonischen Exils und ihre Deutung. • Propheten im biblisch-jüdischen Sinne sind Kritiker, Visionäre und Protestierende mit einem Gespür für die Entwicklungen der Gegenwart, sie sind keine Wahrsager oder Orakel, wie es sie z.T. an Königshöfen gab. • Die Redaktions- und Entstehungsgeschichte der Prophetenbücher ist vielschichtig und schwierig zu klären, i.d.R. werden erst durch spätere Schülerkreise Prophetenworte aufgeschrieben; bei vielen prophetischen Büchern spielt die Exilerfahrung eine wesentliche Rolle für die Weiter- und Endbearbeitung. • Im AT wird (nach dem Umfang der Bücher) zwischen den vier ‚Großen' (Jesaja, Jeremia, Ezechiel und Daniel) und 12 ‚Kleinen Propheten' unterschieden; Daniel ist als jüngstes Buch eigentlich der apokalyptischen Tradition zuzuordnen und verfolgt eine andere Theologie als die anderen Bücher. • Jona geht auf keinen Fall auf historische Vorlagen zurück, sondern ist eine theologische Lehrerzählung. • Propheten werden besonders durch die Frage der Glaubwürdigkeit (Unterscheidung von wahrer und falscher Prophetie) herausgefordert, ihre Gottesunmittelbarkeit ist der einzige Beweis ihrer Authentizität; sie wurden angefeindet von denjenigen, die ihnen nicht glaubten oder denen ihre bzw. Gottes Botschaft missfiel. • Propheten waren charismatische Persönlichkeiten mit Überzeugungskraft und sprachlicher Wortgewalt. • Die Berufung der biblischen Propheten erfolgt i.d.R. nach einem festen Schema, das als literarische Figur immer wieder in der Bibel auftaucht; besonders die ‚erste Zurückweisung' des göttlichen Auftrags ist bedeutsam, da sie als Beleg dienen soll, dass der göttliche Auftrag nicht dem eigenen Wunschdenken entspricht. • Jesus von Nazareth wird aus jüdischer Sicht den Propheten zugeordnet und nicht als Erlöser gesehen.

Elementare Wahrheiten im Themenfeld ‚Propheten / Prophetie' (beispielhaft, nicht vollständig)
• Die Welt braucht zu allen Zeiten Menschen, die anderen die Augen für Missstände öffnen. • Wahrer Glaube zeigt sich in der Einheit von Reden und Handeln, nicht am frommen Gerede. • Biblischer Glaube hat eine politisch-soziale Dimension und ist kein individuelles Heilsversprechen. • Das Einstehen für Wahrheiten und Überzeugungen ist evtl. schmerzhaft und mit Verachtung verbunden. • Der biblische Gott ist nicht nur der ‚liebe Gott', sondern zeigt alle Verhaltensweisen eines Liebenden, d.h. auch Zorn oder Eifersucht. • Der biblische Gott ist ein Gott der Freiheit und der Befreiung, verlangt aber auch die Einhaltung von Geboten, die diese Freiheit garantieren und die Anbetung anderer ‚Götzen' verhindern sollen. • Biblischer Glaube zeichnet sich durch den heilsgeschichtlichen Indikativ und Imperativ (Zuspruch und Anspruch) aus, d. h., er stärkt und ermutigt Menschen, aber mutet ihnen auch Aufgaben und Pflichten zu. • Es ist wichtig und nötig, sich mit Anfragen an das eigene Verhalten auseinanderzusetzen – gerade auch dann, wenn man sie nicht hören will. • Glaube hat auch mystisch-spirituelle Dimensionen (wie etwa die inneren Visionen der Propheten), die schwer zu fassen oder zu erklären sind. • Erzählungen der Bibel sind vor dem Hintergrund ihrer Zeit und als bewusste literarische Kunstwerke zu lesen und zu verstehen.

Elementare Zugänge zum Themenfeld ‚Propheten / Prophetie' (beispielhaft, nicht vollständig)
• Die SuS kennen die Begriffe ‚Prophet' / ‚Prophezeiung' möglicherweise aus Kontexten von Kinderfilmen oder -büchern wie ‚The Daily Prophet' (Harry Potter), ‚Die Prophezeiung von Narnia' (Der König von Narnia) oder aus Berichterstattungen über den Islam bzw. den Propheten Mohammed. • Die SuS kennen evtl. den Propheten Jona als Kindergeschichte aus der Grundschule oder dem Kindergarten, wissen aber nichts über die komplizierte Theologie, die hinter dieser Lehrerzählung steht. • Menschen, die behaupten, dass Gott durch sie sprechen würde, wirken eher suspekt oder geistig verwirrt auf heutige SuS. Erzählungen über innere Visionen werden für die SuS ebenfalls wenig plausibel erscheinen. • Grundsätzlich ist eher mit wenig Motivation zu rechnen, wenn ein biblisches Thema angekündigt wird. • Die biblische Sprache und die Propheten sind zum Teil sehr sperrig und anspruchsvoll in ihrer Bildsprache. • Die SuS kennen die historischen Hintergründe nicht (gesellschaftlich, politisch, religiös), die für das angemessene Verständnis der Texte wichtig sind. • SuS kennen das Phänomen, dass einzelne Menschen den Mut haben, öffentlich das Wort zu ergreifen und auf bestimmte Missstände hinzuweisen (z. B. durch Greta Thunberg oder andere Persönlichkeiten), was den meisten Schülerinnen und Schülern sympathisch sein dürfte. • Die SuS wissen, dass es auch heute soziale Missstände und Fehlentwicklungen gibt, sie kennen Beispiele. • Die Einhaltung religiöser Gebote zu fordern (z. B. bei Jeremia) ist ihnen aus ihrer Lebenswelt heraus eher fremd, die Forderung nach Authentizität in Wort und (!) Tat dürfte ihnen jedoch sympathisch sein, weil sie die elementare Erfahrung der Doppelmoral aus ihrer Lebenswelt kennen. • Die SuS haben in dieser Altersstufe (7.–9. Klasse) ein starkes Gerechtigkeitsempfinden und befinden sich entwicklungspsychologisch in einer Phase der (moralischen) Orientierung, die durch Suchbewegungen gekennzeichnet ist im Hinblick auf Normen, Konventionen und Prinzipien (vgl. Kohlberg). • Für das Gesamtverständnis bzw. den roten Faden des christlichen Glaubens ist es hilfreich zu wissen, dass Jesus vom AT her in der prophetischen Tradition gesehen wird und z. B. schon bei Jesaja angekündigt wird.

Elementare Erfahrungen im Themenfeld ‚Propheten / Prophetie' (beispielhaft, nicht vollständig)
• Es ist gut, wenn andere Menschen ein Korrektiv für bestimmte (auch eigene) Verhaltensweisen sind. • Es kann unangenehm sein, auf Fehlverhalten hingewiesen zu werden. • Soziale Ungerechtigkeiten führen zu Spannungen in der Gesellschaft. • Es braucht Mut, um sich allein gegen andere zu stellen und (unbequeme) Wahrheiten auszusprechen. • Man muss manchmal mit sich hadern, welche Meinung man nach außen hin vertritt. • Glaube kann eine innerlich bestärkende Kraft sein. • Es ist wichtig, stark und authentisch zu sein, um andere von etwas zu überzeugen. • Wenn jemand ein wichtiges Amt bzw. eine ‚Auserwählung' ablehnt, wirkt er oft ehrlicher und authentischer als derjenige, der etwas sofort an sich reißt, sich damit brüstet und zur Schau stellt (vgl. Berufungsschema). • (Gruppen-)Konformes Verhalten ist oft der Weg des geringeren Widerstands. • Gläubige Menschen können authentisch sein, es gibt aber auch religiöse Doppelmoral. • Es gibt Wahrheiten und Erfahrungen, von denen Menschen existenziell überzeugt bzw. überwältigt sein können.
Elementare Lernwege (beispielhafte Überlegungen für die spätere Gestaltung der Lernarrangements)
• Welche schülernahen aktuellen Beispiele finden sich für Menschen mit prophetischer Sendung/Aufgabe? • Wie kann die Arbeit mit Bibeltexten motivierend gestaltet werden? • Wo und wie kann eine vertrauensvolle Lernatmosphäre sichergestellt werden, wenn die SuS bei manchen Themen ggf. von eigenen Rollenkonflikten sprechen sollen? • Welche Methoden und Sozialformen sind in der 8./9. Klasse bzw. meiner Lerngruppe gut geeignet? • Welche ansprechenden Medien und Rezeption prophetischer Inhalte gibt es? • Welche konkreten Beispieltexte und -propheten kommen in die nähere Auswahl? • Welche Aspekte der o.a. Elementarisierungsgedanken bedürfen einer besonderen Vertiefung? • Wie können die Elemente der Kompetenzorientierung sinnvoll eingebunden werden?

3.3 Unterrichtsvorhaben sinnvoll anlegen und Lernfortschritt ermöglichen

Wie können die verschiedenen thematischen Komponenten eines Unterrichtsvorhabens so angeordnet werden, dass für die Schülerinnen und Schüler ein nachvollziehbarer Spannungsbogen (→ 3.1) bzw. roter Faden erkennbar und Lernzuwachs ermöglicht wird?

Grundsätzlich sind verschiedene Möglichkeiten denkbar, ein Unterrichtsvorhaben zu strukturieren. So stellten beispielsweise Bernhard Jendorff und Klaus König (1995, 206–209) verschiedene Möglichkeiten dar, ein Thema zu bearbeiten, von denen drei hier exemplarisch genannt seien:

- die zirkulierende Möglichkeit, bei der verschiedene Facetten eines Themas nacheinander – die Reihenfolge ist unerheblich – bearbeitet werden, bevor sie zusammengesetzt ein Ganzes ergeben (vergleichbar einem Puzzle, das aus verschiedenen Teilen zusammengesetzt wird),
- die linear-entwickelnde Möglichkeit, bei der zu Beginn eines Unterrichtsvorhabens eine Frage entwickelt wird, eine Antwort gegeben, eine neue Frage entwickelt wird usw.,
- die hermeneutische Möglichkeit, bei der Schülerinnen und Schüler zu Beginn ihre subjektiven Theorien gegenüber dem Unterrichtsgegenstand formulieren und den Mitlernenden ihre ‚Sehbrillen', ihre biografisch und geografisch geprägte Hermeneutik eines Problems, offenlegen, die einer Überprüfung zur Bestätigung oder Korrektur bedürfen.

TIPP:
Entscheidend sind der stimmige Gesamteindruck und die fachliche und fachdidaktische Kompetenz, die die Anlage Ihres Unterrichtsvorhabens widerspiegelt.

Entscheidend für die Bewertung von Unterrichtsreihen – z. B. im Rahmen von Unterrichtsbesuchen, Examensprüfungen oder weiteren Hospitationsanlässen – ist aber nicht, wie das Strukturprinzip benannt wird (dieses dient als Hilfe), sondern vorrangig, welchen Eindruck von der fachlichen und fachdidaktischen Expertise die vorgelegte Planung vermittelt, ob der Aufbau plausibel erscheint, ein roter Faden erkennbar ist und eine Lernprogression ermöglicht wird. Bezogen auf den Aufbau der Unterrichtsreihe heißt das z. B.,

- dass die *ausgewählten Lernschritte* (Unterrichtssequenzen bzw. -stunden) *funktional* sind, d.h. je für sich mit ihrem jeweiligen Schwerpunkt und den Materialien bzw. Methoden (sofern sie in der Planung ausgewiesen sind) einen Beitrag zum Erreichen der Intention bzw. des Schwerpunktziels leisten,
- dass die Stunden *sinnvoll aufeinander aufbauen* (z. B. Stunde 3 nichts voraussetzt, was erst in Stunde 5 Thema ist),
- dass die *Gewichtung* einzelner Aspekte plausibel erscheint (dass z. B. nicht über mehrere Stunden ein für das Erreichen der Intention nur nachrangiges Thema erarbeitet wird),
- dass die *Schrittfolge* der Unterrichtsstunden *logisch und nachvollziehbar* sein sollte. (Manchmal neigen Unterrichtende dazu, Unterrichtsreihen sehr stark allein nach sachanalytischen Gesichtspunkten aufzubauen. Das führt im Unterricht dazu, dass in einzelnen Stunden Themen bearbeitet werden, bei denen die Lernenden nicht wissen, warum sie sich jetzt an dieser Stelle damit beschäftigen („Vorratswissen"). Stattdessen sollten Planende mögliche Lern- und Denkprozesse von Schülerinnen und Schülern antizipieren, um auch entdeckendes Lernen und Lernspannung zu ermöglichen),

- dass die vorgelegte Struktur des Unterrichtsvorhabens nachvollziehbar der zuvor antizipierten bzw. zu Beginn diagnostizierten *Lernausgangslage* Rechnung trägt,
- dass am Ende eines Unterrichtsvorhabens ein *sinnvoller Abschluss* (Bündelung von Ergebnissen, Reflexion des Lernzuwachses und des Lernprozesses) steht.

Es ist für Schülerinnen und Schüler deutlich leichter, den Überblick über längerfristige, auch komplexere Unterrichtsvorhaben zu behalten, wenn die Lernwege und ggf. auch Lernmaterialien unterrichtsbegleitend visualisiert werden, z. B. in Form von „Advance Organizern" (vgl. Feldmann 2016, 47–50). Idealerweise wird diese Visualisierung bereits zu Beginn des Unterrichtsvorhabens mit den Schülerinnen und Schülern begonnen und gemeinsam ergänzt.

HINWEIS
Ein Advance Organizer ist eine visuelle Lern- und Orientierungshilfe, die dazu beiträgt, neue Lerninhalte gedanklich zu strukturieren und mit Wissen und Kompetenzen zu verbinden.

Am Schluss des Unterrichtsvorhabens oder auch schon nach einzelnen Lernschritten kann eine solche Visualisierung genutzt werden, um mit den Lernenden den Lernzuwachs und die Lernwege zu reflektieren. Beurteilungskriterien, die zur Überprüfung eigener Unterrichtsvorhaben genutzt oder auch zu einer kritischen Sichtung z. B. in Prüfungskontexten zugrunde gelegt werden können, ergeben sich aus dem Dargelegten:

- **Intentionalität:** Hat das Unterrichtsvorhaben einen klaren intentionalen Schwerpunkt? Stehen die einzelnen Sequenz- und Stundenthemen in einem nachvollziehbaren Zusammenhang mit dieser Intention? Verfolgt das Unterrichtsvorhaben einen klaren Lernzuwachs, dessen Sicherung Rechnung getragen wird?
- **Balance zwischen Sach- und Schülerorientierung:** Gelingt es, eine Brücke zwischen theologischen und theologisch relevanten Inhalten und der Lebenswelt der Lernenden zu schlagen?
- **Fachliche und fachdidaktische Fundierung und Anspruchsniveau:** Wird der Unterricht auf dem Stand der fachlichen und fachdidaktischen Diskussion geplant? Ist er kognitiv herausfordernd? Gibt es eine funktionale Methoden- und Medienvariation?
- **Weitere Beurteilungskriterien,** letztlich als Konkretisierung der (fach-)didaktischen Qualität der Planung, sind – manchmal auch mit wechselnden Akzentuierungen – Aspekte wie Heterogenitätssensibilität und Umgang mit Vielfalt, Wahrnehmung des Erziehungsauftrags, Förderung der Methodenkompetenz von Lernenden, Ermöglichung digitaler Bildung etc. Diese spiegeln sich in diversen Kompetenztableaus, in NRW z. B. dem jeweiligen Kerncurriculum für die Referendarsausbildung (Kerncurriculum 2016), oder entsprechenden Standards einer Qualitätsanalyse von Unterricht (Qualitätstableau 2017), wider.

In NRW legen Referendarinnen und Referendare zu ihrer Zweiten Staatsprüfung schriftliche Unterrichtsplanungen vor. Das Staatliche Prüfungsamt in Dortmund veröffentlicht regelmäßig – abgestimmt auf die jeweils gültige OVP (Ordnung des Vorbereitungsdienstes und der Staatsprüfung für Lehrämter an Schulen) – Hinweise für Prüferinnen und Prüfer sowie für Lehramtsanwärterinnen und Lehramtsanwärter, in denen Beurteilungskriterien für diese sog. „Schriftliche Arbeit" genannt werden. Dort heißt es bezogen auf das Unterrichtsvorhaben (Landesprüfungsamt 2018, 16):

> „Darstellung der zugehörigen längerfristigen Unterrichtszusammenhänge:
> Werden Leitgedanken und Intentionen für die längerfristigen Unterrichtszusammenhänge formuliert? Hierzu gehört beispielsweise eine Auseinandersetzung mit pädagogischen, psychologischen, lerntheoretischen und anderen Sichtweisen, mit fachdidaktischen Konzepten und Prinzipien, mit der Ausgestaltung des Erziehungsauftrages mit Konzepten zur individuellen Förderung.
> Werden die für die längerfristigen Unterrichtszusammenhänge vorliegenden schulischen Vereinbarungen (didaktische Jahresplanungen, schuleigene Lehrpläne, Förderpläne etc.) dargestellt und bei der Planung berücksichtigt?
> Wird die Einordnung der Unterrichtspraktischen Prüfung in die längerfristigen Unterrichtszusammenhänge durch eine Auflistung der Stundenthemen und eine kurze übersichtliche Darstellung des oder der jeweiligen didaktischen Schwerpunkte (ggf. durch ein Schaubild) veranschaulicht?
> Werden die längerfristigen Unterrichtszusammenhänge curricular legitimiert? Sind die längerfristigen Unterrichtszusammenhänge auf einen nachhaltigen Lern- und Entwicklungsprozess abgestellt?
> Ist eine Überprüfung des Lern- und Kompetenzzuwachses im Rahmen der längerfristigen Unterrichtszusammenhänge vorgesehen?
> Werden schulinterne Besonderheiten bei den längerfristigen Unterrichtszusammenhängen berücksichtigt?" etc.

3.4 Unterrichtsvorhaben nachhaltig anlegen – kompetenzorientiert unterrichten

Wenn von kompetenzorientiertem Unterricht die Rede ist, geht es im Grunde um zwei Ebenen. Zum einen soll der Unterricht dazu beitragen, dass die Schülerinnen und Schüler die in Lernplänen ausgewiesenen Kompetenzen erwerben, zum anderen soll Unterricht nachhaltig gestaltet werden, damit erreicht wird, dass diese Kompetenzen langfristig verfügbar und anwendbar sind. Beide Ebenen sind miteinander verwoben.

3.4.1 Unterricht an Kompetenzen ausrichten

> **HINWEIS**
> Fragen Sie sich: Auf welche Kompetenzen hin unterrichte ich? Was können SuS, die über diese Kompetenz(-en) verfügen? Welche Ziele und Lernschritte lassen sich daraus für das Unterrichtsvorhaben ableiten?

Die Lehrpläne der Bundesländer weisen das, was die Schülerinnen und Schüler am Ende von Lernabschnitten erreicht haben sollen, in Form von Kompetenzerwartungen aus. Oft findet sich dabei – wie beispielsweise in Nordrhein-Westfalen – eine Unterscheidung von *übergeordneten* Kompetenzen und *konkretisierten* (inhaltsfeldbezogenen) Kompetenzen.

An welchen Stellen aber kommen die Kompetenzerwartungen bei der Planung und Gestaltung von Unterricht ins Spiel?

- Kompetenzerwartungen dienen neben einer sachanalytischen Klärung als *Ausgangspunkt der Planung*. Sie geben Orientierung für die Planung des Unterrichtsvorhabens, für die Formulierung von Intentionen, an denen sich die zentralen didaktischen Entscheidungen ausrichten, für die Auswahl von Gegenständen, für die Wahl von Methoden etc. (→ 3.2).
- Sie sind der *Orientierungsrahmen während der Durchführung* von Unterricht. Sie dienen als Hintergrund für die Intention. Wer weiß, woraufhin er unterrichtet, kann z. B. in Auswertungsgesprächen besser bündeln, fokussieren, Ertrag deutlicher sichern.
- Zugleich sind Kompetenzen – wie die aus ihnen hervorgehenden Intentionen – ein *Bezugspunkt der Auswertung von Unterricht und der Reflexion des Lernzuwachses:* Was haben die Schülerinnen und Schüler gelernt? Welche Kompetenzen haben sie erworben?

Damit die Kompetenzerwartungen diese Funktion erfüllen können und sich aus ihnen konkrete Lernschritte mit ihren jeweiligen Intentionen ableiten lassen, bedarf es einer ‚Kompetenzexegese': Was können Schülerinnen und Schüler, die über eine bestimmte Kompetenz verfügen (→ 7.2.1; vgl. Ziener ^{2}2010, 46)?

3.4.2 Unterricht kompetenzorientiert gestalten

> „In den letzten Jahren hat sich in der Schulpädagogik die Erkenntnis durchgesetzt, dass in der Schule zu wenig Aufmerksamkeit auf die Anwendung erworbenen Wissens gelegt wird. Der Unterricht vermittelt zwar differenzierte Kenntnisse, die von den Schülerinnen jedoch nicht für die Bearbeitung neuer Herausforderungen nutzbar gemacht werden können. Vor diesem Hintergrund hat sich in den letzten Jahren die Kompetenzorientierung als neue didaktische Zielorientierung herausgebildet." (Feindt / Herbig (2011, 2)

Diese Hinwendung zum kompetenzorientierten Unterricht hat die Unterrichtspraxis grundlegend verändert. Schon früh waren Religionspädagoginnen und -pädagogen an Konzeptionen zur kompetenzorientierten Gestaltung von Unterricht beteiligt, so Gabriele Obst (2008), Wolfgang Michalke-Leicht ([3]2011) und Andreas Feindt (2010 u.a.). Während Gabriele Obst und Wolfgang Michalke-Leicht Unterricht stark von Lernanlässen oder Anforderungssituationen planten, also konkrete Planungsmodelle entwickelten, entwarf Andreas Feindt sechs Merkmale kompetenzorientierten Unterrichts (→ 2.2), die es bei der Planung und Gestaltung von Unterricht umzusetzen gilt.

Im Folgenden werden die von Andreas Feindt beschriebenen Merkmale mit Fragen versehen, die vielleicht bei der Umsetzung dieser Merkmale hilfreich sein können. Die Reihenfolge der Merkmale gibt keine Chronologie wieder:

Individuelle Lernbegleitung

Die Voraussetzung für eine individuelle Lernbegleitung ist eine systematische und kriteriengeleitete Ermittlung der verschiedenen Lernausgangslagen der Schülerinnen und Schüler (→ 6.4).

- Wie kann ich mir – im Hinblick auf den konkret anvisierten Kompetenzerwerb – einen Überblick über die Lernausgangslagen in meiner Lerngruppe verschaffen (vgl. Fischer 2011a und 2011b)?

Kompetenzorientierung zeigt sich hier in dem Anliegen, die Schülerinnen und Schüler gezielt in ihren individuellen Lernprozessen zu unterstützen, damit sie die konkret anvisierten Kompetenzen erreichen (→ 6.5).

- Welche zuvor ermittelten Stärken, Schwächen, Motivationen und Widerstände ... meiner Schülerinnen und Schüler sind für mein Unterrichtskonzept leitend? Was muss bzw. will ich in besonderer Weise fördern?
- Welche Möglichkeiten gibt es, mit unterschiedlichen Materialien und Methoden die konkret anvisierten Kompetenzen zu erreichen?
- Welche Formen der Differenzierung kann ich einsetzen? Wie kann ich die verschiedenen Lernwege anschließend wieder zusammenführen?

Metakognition

Das Anliegen hinter der Metakognition ist es, das Wissen der Lernenden um die eigenen Stärken und Schwächen im Lernprozess zu stärken, damit sie befähigt werden, Eigenverantwortung für Lernprozesse zu übernehmen. Dies kann erreicht werden, wenn

Lernprozesse mit ihren Hürden und Herausforderungen mit den Lernenden reflektiert und evaluiert werden.

- Wie kann ich die Verantwortung meiner Schülerinnen und Schüler für ihre Lernprozesse fördern – z. B. durch Transparenz des Vorgehens und Reflexion der Lernschritte, Methoden, Materialien ...?
- Mit welchen Methoden kann ich mit ihnen Lernwege und ihren Lernzuwachs reflektieren?

Vernetzung von Wissen und Fertigkeiten

Wissen kann überhaupt nur aufgebaut werden, wenn es mit bestehendem Wissen und bekannten Sinnzusammenhängen vernetzt werden kann. Unterschieden werden zwei Formen von Vernetzung: Vertikale Vernetzung zielt im Sinne spiralcurricularen bzw. kumulativen Lernens auf einen systematischen Aufbau von Wissensfeldern (Inhalten) und Fähigkeiten. Horizontale Vernetzung ist ausgerichtet auf den anwendungsbezogenen Transfer erworbenen Wissens und Könnens auf andere Bereiche.

- An welche Inhalte und Methoden aus vorangegangenem RU / an welche Kompetenzen der Schülerinnen und Schüler, die sie schon erworben haben, kann ich anknüpfen?
- In welchen (neuen) Zusammenhängen können sie das in diesem UV zu erwerbende Wissen / die zu erwerbenden Kompetenzen anwenden?

HINWEIS
Die Nutzung und Einbindung von Künstlicher Intelligenz erfordert an vielen Stellen eine neue Aufgabenkultur, besonders im Hinblick auf die kognitive Aktivierung. Das bloße Generieren von Antworten oder Erstellen eines Lernprodukts durch KI sorgt noch nicht für eine aktive Auseinandersetzung mit den Inhalten und den Aufbau von Wissen. Eine solche „KI-Bequemlichkeit“ darf nicht das Lernen ersetzen.

Üben und Überarbeiten

Dahinter steht die Einsicht, dass Üben und wiederholtes Anwenden (auch im Religionsunterricht) für einen nachhaltigen Kompetenzerwerb erforderlich ist. Der Begriff der Überarbeitung ist Zeichen einer veränderten Fehlerkultur, die durch einen produktiven Umgang mit Fehlern und vorläufigen Ergebnissen gekennzeichnet ist (→ 7.3).

- Welche Kompetenzen sind für mein UV leitend? / Welche Kompetenzen sollen nachhaltig erworben, „eingeübt“ werden?
- Wie kann ich meinen Unterricht so anlegen, dass die Kompetenzen „in Fleisch und Blut“ übergehen?
- Wie können diese Kompetenzen bei ähnlichen neuen Themen zur Anwendung kommen – inhalts-, aber auch methodenbezogen? Welche Fälle / Stoffgebiete bieten sich an?

Kognitive Aktivierung

Durch Aufgaben, die geeignet sind, vorhandenes Wissen und verfügbare Fähigkeiten auf neue Weise zu verbinden und so die Entwicklung von Lösungsstrategien ermöglichen, werden Lernende in besonderer Weise herausgefordert, sich mit einem Thema zu befassen.

- Wie kann ich meinen Unterricht so anlegen, dass die Schülerinnen und Schüler herausgefordert werden, vorhandenes Wissen einzubringen? Welche Aufgaben (Medien ...) sind dafür geeignet?

Lebensweltliche Anwendung

Neben dem kognitiven Anspruch wirkt sich auch die Erfahrung, dass ein Thema mit den Lernenden „zu tun" hat bzw. dass es in ihrer Lebenswelt relevant ist, aktivierend und lernförderlich aus. Dabei muss dieser Lebensweltbezug nicht unmittelbar gegeben sein, sondern kann auch mittelbar, z. B. über die Popkultur, in den Horizont gerückt werden.

- Welche Bedeutung hat das zu Lernende für die Schülerinnen und Schüler? Wo begegnet ihnen das „Thema"?
- Welche Anwendungssituationen (auch: Anforderungssituationen) sind geeignet, um eine lebensweltliche Anwendung zu erreichen?

HINWEIS
Nicht alle diese Merkmale müssen und können in jeder Unterrichtsstunde oder jedem Vorhaben in gleicher Weise berücksichtigt werden!

Wer kompetenzorientiert unterrichten will, kann anhand dieser Merkmale (und Fragen) seine Planung überprüfen und ggf. überarbeiten.

Kompetenzorientierte Unterrichtsvorhaben können auch ausgehend von Lernaufgaben (Anwendungssituationen) strukturiert werden (vgl. auch 7.2.3). Dies zieht eine bestimmte Unterrichtschoreographie nach sich, die im Vorfeld sorgfältig geplant werden muss. Wer auf eine herausfordernde Lernaufgabe stößt, die eine Auseinandersetzung lohnt, muss auch hier eine sorgfältige sachanalytische Klärung vornehmen und vom Ende her planen: Was sollen die Schülerinnen und Schüler daran lernen und warum? Die Planungsüberlegungen (→ 3.2) gelten auch hier.

Dabei bieten sich fünf Schritte an, die den Lernenden transparent gemacht werden sollen und auch zur Reflexion des Lernprozesses anregen können:

1. das Problem bzw. die Herausforderung erkennen und beschreiben,
2. erste Ideen zur Lösung und/oder zum Vorgehen entwickeln,
3. neues Wissen erwerben und ein Lernprodukt darstellen bzw. gestalten,
4. das neue Wissen in Form eines Lernproduktes präsentieren,
5. durch Metakognition und Vernetzung mit Bekanntem aus Wissen Kompetenzen machen (vgl. Balliet / Kliebisch 2016, 11).

Die Struktur des Unterrichtsvorhabens kann sich dann aus dieser Schrittfolge ergeben.

3.5 Aus der Praxis für die Praxis – die Konzeption von Unterrichtsvorhaben in den Blick nehmen

3.5.1 Praxisbeispiel 1: „Wer die Wahrheit sagt, den verabscheut ihr“ – Unterrichtsvorhaben zur Prophetie (Kl. 8/9)

<table>
<tr><td colspan="2">Thema des Unterrichtsvorhabens: „Wer die Wahrheit sagt, den verabscheut ihr“: Prophetisches Reden und Handeln als Herausforderung und Gabe – damals wie heute?!</td></tr>
<tr><td colspan="2">Die Themenformulierung deutet an, wo intentionale Schwerpunkte des UVs liegen: Die SuS sollen sich vorrangig damit auseinandersetzen, inwiefern der Einsatz für Wahrheit und eigene (Glaubens-)Überzeugungen herausfordernd sein kann und Widerstand hervorruft. Sie sollen dies anhand der bibl. Propheten (damals) und aktueller Persönlichkeiten (heute) untersuchen und dabei reflektieren, inwiefern prophetisches Reden und Handeln auch als wichtige Fähigkeit bzw. Gabe gesehen werden kann – persönlich und für die Gesellschaft.</td></tr>
<tr><td>1
ES</td><td>Was würdest du sagen, wenn dir die ganze Welt zuhört? – Spielerische Annäherung an das Phänomen der Prophetie durch Positionierungen zu vorgegebenen Fragen rund um den Bereich der Gesellschaftskritik zur Evaluation der Lernausgangslage und Einführung eines Advance Organizers</td></tr>
<tr><td colspan="2">Um eine mögliche Abwehrhaltung gegenüber biblischen Themen zu umgehen, wird kein direkter Bezug zu den Propheten hergestellt, sondern zuerst Interesse für die Frage nach Kritik an gesellschaftlichen Zuständen (vgl. elementare Wahrheiten und Erfahrungen → 1.2.2) geweckt. Die Evaluation der Lernausgangslage erfolgt nicht im Hinblick auf Vorwissen zu Propheten (dies wäre vermutlich gering), sondern im Hinblick auf die Interessen, das Gerechtigkeitsempfinden und die eigene Wahrnehmung von Missständen. Der spielerische Zugang dient der Motivationssteigerung. Bezüge zur Prophetenthematik werden später durch die Lehrkraft hergestellt, um Transparenz zu schaffen. Ein Advance Organizer sorgt für Verlaufs- und Zieltransparenz in den Folgestunden und zeigt den SuS das weitere Vorgehen (im Sinne der Metakognition) an.</td></tr>
<tr><td>2
ES</td><td>Gott spricht durch Menschen – Was ist überhaupt ein Prophet? Erarbeitung eines ersten Verständnisses von Propheten als von Gott ‚gerufene Rufer‘ mithilfe eines Sachtextes und einer Karikatur</td></tr>
<tr><td colspan="2">Zunächst erfolgt im deduktiven Sinne eine allgemeine Erarbeitung des Phänomens der ‚Prophetie‘, da kaum Hintergrundwissen vorhanden sein dürfte. Die Schwerpunktintention liegt darauf, dass biblische Propheten als ‚Sprachrohr‘ Gottes und aufmerksame Beobachter ihrer Gegenwart zu verstehen sind, nicht jedoch als Wahrsager oder Hellseher (in Abgrenzung von Magie, Hexerei oder sonstigen Fehl-Vorstellungen).</td></tr>
<tr><td>3
DS</td><td>Amos, Jeremia und die Wirrnisse ihrer Zeit – Arbeitsteilige Erschließung der religiösen und sozialgeschichtlichen Hintergründe in Israel bzw. Juda zur Zeit der Propheten Jeremia und Amos, erarbeitet mitilfe von Schulbuchtexten und der Struktur-Lege-Technik</td></tr>
<tr><td colspan="2">Nach der allgemeinen Einführung in der Vorstunde folgt in dieser Stunde die exemplarische Vertiefung mit zwei bewusst ausgewählten Propheten, die jeweils unterschiedliche Akzente in ihren Botschaften betonen: Amos verweist vor allem auf soziale (Un-)Gerechtigkeit, Jeremia beklagt fehlende Gottestreue bzw. Scheinfrömmigkeit</td></tr>
</table>

(Unterrichtseinheit ES: Einzelstunde; DS: Doppelstunde)

	(elementare Erfahrungen → 1.2.2.). Obwohl das Buch Jona einigen SuS bekannt sein könnte, wird es hier – ebenso wie das Buch Daniel – bewusst nicht aufgegriffen, weil in beiden keine „klassische Prophetentheologie" und Entwicklungsgeschichte zugrunde liegt. Der Einsatz der Struktur-Lege-Technik sichert nachhaltige Lernergebnisse und sorgt für Schüleraktivierung.
4 DS	**„Tage kommen über euch, da holt man euch mit Fleischerhaken weg" – Erarbeitung der Sozialkritik des Amos, von den SuS vorwegnehmend verfasst und anschließend mit exemplarischen Textauszügen aus dem Buch Amos verglichen**
	Im Sinne eines tieferen Verständnisses folgt die genauere Analyse der Kritik des Amos': Mit dem Wissen aus der Vorstunde können die SuS begründet und zielgerichtet Vermutungen darüber aufstellen, die zunächst in einem kreativen Schreibauftrag verarbeitet werden sollen, bevor weitere Informationen folgen. Das dient u.a. auch der Sicherung und erhöht zusätzlich die Spannung für die Auseinandersetzung mit dem biblischen Text im Anschluss. Die Textauszüge werden im Hinblick auf Inhalt und Sprache bewusst durch die Lehrkraft ausgewählt, um die Lerngruppe nicht zu überfordern.
5 ES	**‚Amos 2020 – er kommt zurück' – Auseinandersetzung mit der Frage nach der Übertragbarkeit der Amos-Figur in die Gegenwart und der Anforderungen an Propheten, durch das Erstellen eines Drehbuchsettings für einen fiktiven Kinofilm über Amos in der Gegenwart**
	Mit dem bisherigen Wissen können die SuS abstrahierend reflektieren, welche Fähigkeiten prophetisches Reden und Handeln braucht – und inwiefern Propheten für die Gegenwart von Bedeutung sein könnten (Transfer der elementaren Wahrheiten und Erfahrungen). Das Aufgabenformat ‚Erstellen eines (einfachen) fiktiven Drehbuchsettings' mithilfe eines Arbeitsblattes und vorgegebenen Elementen (Besetzung, Drehort, Requisiten, Themen usw.) ermöglicht die Abstraktion und den Transfer in einem Schritt und ist für die SuS motivierend, da das Format Spielfilm vertraut bzw. anschaulich und sympathisch ist. Durch die Anlage im Think-Pair-Share-Verfahren wird die Schüleraktivität zusätzlich gesteigert.
6 DS	**Fake News – oder wahre Prophetie? – Auseinandersetzung mit dem prophetischen Berufungsschema und Erarbeitung seiner formgeschichtlichen Bedeutung als Legitimation für wahre Prophetie mithilfe eines Sachtextes und einer Sortier- bzw. Zuordnungsaufgabe zu Jer 1, 4-9**
	Im prophetischen Legitimationsproblem zeigt sich die elementare Frage nach Glaubwürdigkeit, die die SuS aus eigenen Kontexten (z. B. der Fake-News-Debatte) kennen. Die Erarbeitung der Funktion des Berufungsschemas zeigt ihnen exemplarisch die literarische Bedeutung und Komposition biblischer Texte, was einer historisierenden Lesart vorbeugt. Das Format der Sortieraufgabe erleichtert die ansonsten sehr anspruchsvolle Analyse. Jeremias Berufung eignet sich gut, weil sie alle Formen-Elemente aufweist und zudem als ‚Brücke' von Amos zu Jeremia, dem zweitem Beispielpropheten, dient. Die elementare Erfahrung, dass Menschen an Glaubwürdigkeit gewinnen, wenn sie Respekt vor der Größe ihres Auftrags haben und nicht mit ihrem Amt prahlen (vgl. ‚Zurückweisung' im Berufungsschema) bietet sich für einen Transfer durch die SuS auf eigene Beispiele an.
7 ES	**Wie hat Jeremia seinen Auftrag erfüllt? – Vorwürfe und Forderungen der Tempelrede, erarbeitet anhand Jer 7,4-13 und vorgetragen in Form eines Texttheaters**
	Die Auseinandersetzung mit Jeremia vertieft den Zusammenhang von Prophetie, Gerechtigkeit und Glaube, da Jeremia stärker als Amos die religiöse Dimension bzw. eine falsche Frömmigkeit zur Sprache bringt. Die SuS kennen eine solche ‚Scheinheiligkeit' als elementare Erfahrung (aus religiösen wie nicht-religiösen Kontexten) und können Jeremias Anliegen vermutlich nachvollziehen. Das Texttheater dient nicht nur der Schüleraktivierung, sondern ermöglicht auch eine emotionale Identifikation und Bewertung der Kritik Jeremias.

<table>
<tr><td>8
ES</td><td>Der Prophet – ein unglücklicher Mensch?! Erarbeitung der Schwierigkeiten und Widerstände prophetischen Redens und Handels am Beispiel von Textauszügen aus dem Buch Jeremia</td></tr>
<tr><td colspan="2">Um die elementare Erfahrung und Wahrheiten der Zurückweisung bzw. des Widerstands prophetischer Rede zu thematisieren, wird dem energischen Auftreten Jeremias aus der Vorstunde nun ein Blick ins Innere der Prophetenseele entgegengesetzt. Die SuS arbeiten aus seinen Klagen den Zweifel, die Niedergeschlagenheit und die Enttäuschung heraus. Sie sollen reflektieren, inwiefern auch solche Erfahrungen und (Gott- und Selbst-)Vertrauen dazugehören, wenn Menschen aus Konformität ausbrechen und mutig gegen den Strom schwimmen.</td></tr>
<tr><td>9
ES</td><td>Kraft der Worte, Kraft der Bilder – Untersuchung exemplarischer Symbolhandlungen der Propheten mithilfe einer Memory-Erschließung sowie Diskussion der Frage nach der Wirkmächtigkeit unterschiedlicher Kommunikationsmedien auf Menschen damals und heute</td></tr>
<tr><td colspan="2">Ausgehend von der eigenen Erfahrung, dass wichtige Botschaften andere Menschen überhaupt erst erreichen und überzeugen müssen, bevor sie etwas auslösen, reflektieren die SuS, wie dies den Propheten in ihrer Zeit ohne Netzwerke oder Medien gelungen sein könnte. Sie analysieren dazu ausgesuchte Beispiele verschiedenster Symbolhandlungen und Aussprüche und ordnen sie verschiedenen Deutungen zu. Durch die Methode eines Memorys können sie spielerisch üben, die teils schwierige biblische Sprache und Metaphorik zu deuten.</td></tr>
<tr><td>10
DS</td><td>Greta Thunberg, Rupert Neudeck – moderne Propheten? Arbeitsteilige und kriteriengeleitete Untersuchung moderner Aktivisten im Hinblick auf die Frage, wie viel Prophetisches in ihnen steckt</td></tr>
<tr><td colspan="2">Nachdem zentrale Aspekte aus der Tradition der Prophetie im Verlauf der Vorstunden klar geworden sind, folgt nun ein Transfer auf Personen der Gegenwart. Greta Thunberg bietet sich wegen ihrer Aktualität und der großen Nähe zu den SuS an, bei Rupert Neudeck hingegen zeigen sich in seinem Engagement für die Rettung von Flüchtlingen noch stärker soziale Facetten. Er bezieht sich auch deutlicher als Greta auf seinen Glauben als Motivation. Beide Beispiele lassen Züge prophetischen Handels, aber auch Unterschiede zu den biblischen Propheten erkennen: Hier sollten Ähnlichkeiten nicht mit einer 1:1-Korrelation von damals und heute verwechselt werden. Die zuvor im Organizer erstellen Kriterien sollen den Vergleich mit den biblischen Propheten erleichtern.</td></tr>
<tr><td>11
DS</td><td>Gehören die Propheten zum ‚Alten Eisen‘? – Diskussion der Frage nach einer bleibenden Bedeutung von Propheten heute vor dem Hintergrund der Ergebnisse im Advance Organizer sowie abschließende Sicherung zentraler Gedanken der Unterrichtsreihe in Form eines Logicals</td></tr>
<tr><td colspan="2">Zum Abschluss des Unterrichtsvorhabens wird im Sinne der Metakognition und des zirkulären Planens der Advance Organizer ausgewertet und diskutiert. Anschließend wird anhand vorgegebener Statements und in Form von Positionierungsspielen gezielt nach Einschätzungen der SuS zur Bedeutung von Prophetie für die Gegenwart gefragt. Im spielerischen Aufgabenformat eines „Logicals“ finden abschließend noch einmal zentrale Begriffe und Gedanken des Unterrichtsvorhabens Platz und können zum Zwecke der Übung wiederholt werden.</td></tr>
</table>

LITERATURTIPPS PROPHETIE (EXEMPLARISCH)

- Adam, Klaus-Peter: Prophetenerzählung. Auf: https://www.bibelwissenschaft.de/stichwort/31312/ (Stand: 14.04.2020).
- Berges, Ulrich et al. (2018): Die Bücher der Propheten. In: Dohmen, Christoph (Hg): Die Bibel. Einheitsübersetzung. Kommentierte Studienausgabe. Stuttgarter Altes Testament Band 2. 2. Auflage. Stuttgart: Verlag Katholisches Bibelwerk, 1675 – 2204.
- Breitmaier, Isa (2013): Amos. In: Zimmermann, Mirjam / Zimmermann, Ruben (Hg.): Handbuch Bibeldidaktik. Tübingen: Mohr Siebeck, 322 – 327.

- Dorn, Klaus (2015): Basiswissen Bibel: Das Alte Testament. Paderborn: Schöningh, 217– 299.
- Fiß, Ann-Cathrin / Neebe, Gudrun (2013): Prophetie. In: Zimmermann, Mirjam / Zimmermann, Ruben (Hg.): Handbuch Bibeldidaktik. Tübingen: Mohr Siebeck, 127–133.
- Halbfas, Hubertus ([4]2003): Die Bibel – erschlossen und kommentiert. Düsseldorf: Patmos Verlag, 203 – 274.
- Krispenz, Jutta: Prophetische Redeformen. Auf: https://www.bibelwissenschaft.de/stichwort/31384/ (Stand: 14.04.2020).
- Leuenberger, Martin (2017): Prophetie. In: Dietrich, Walter (Hg.): Die Welt der hebräischen Bibel. Stuttgart: Kohlhammer, 136 –149.
- Propheten – Themenheft. Welt und Umwelt der Bibel 13 (2013).
- Schart, Aaron: Prophetie (AT). Auf: https://www.bibelwissenschaft.de/stichwort/31372/ (Stand: 14.04.2020).

3.5.2 Praxisbeispiel 2: „Wer bzw. wie ist Gott?" – Didaktisch-methodische Begründungen zu einem Unterrichtsvorhaben für Kl. 6

TIPP: Bedenken Sie, dass die sprachliche Form und Richtigkeit bewertungsrelevant sind.

In ihrem Entwurf zu Examensstunden, der in NRW „Schriftliche Arbeit" heißt, müssen Referendarinnen und Referendare ihre zentralen didaktisch-methodischen Entscheidungen begründen (→ Anhang). Diese Begründungen werden im Laufe des Referendariats in mündlichen Stellungnahmen zum geplanten und gehaltenen Unterricht eingeübt (→ 9.2). Im Folgenden findet sich ein Beispiel, wie eine solche schriftliche Begründung aussehen kann.

Thema des Unterrichtsvorhabens

„Wer bzw. wie ist Gott?" – Erschließung der Frage nach Gott, Entwicklung eigener Antworten und Auseinandersetzung mit verschiedenen Antwortversuchen aus Bibel, Theologie und Kinderliteratur

Themen der einzelnen Unterrichtseinheiten	(Eine Unterrichtseinheit umfasst jeweils eine Einzelstunde.)
UE 1	„Wenn man einen Pinguin fragt, wer Gott ist ..." – Bewusstmachung eigener subjektiver Theorien zur Gottesfrage durch ein Schreibgespräch zu einem Textauszug zu Ulrich Hubs „An der Arche um Acht" und Planung weiterer Unterrichtsschwerpunkte (Einführung eines Advance Organizers)
UE 2	„Wie siehst du aus, Gott?" – Annäherung an verschiedene Gottesbilder durch individuelle und begründete Wahl von Aussagen aus dem Kinderbuch „Wie siehst du aus, Gott?" von Marie-Hélène Delval
UE 3	„Gott, du bist rätselhaft" oder: „Wie kann man etwas über Gott herausfinden?" – Annäherung an den Gedanken der Rätselhaftigkeit Gottes anhand eines Schreibgespräches zur Kinderbuchseite und Erarbeitung möglicher Erkenntnisquellen (Nachdenken über Gott, Erfahrungen von Menschen mit Gott)

UE 4	„Gott, du bist eine Festung" oder: „Beschützt Gott?" – Erschließung und Deutung des Bildwortes von Gott als Festung und Auseinandersetzung mit der Frage, ob und wie Gott beschützt, anhand eines Videoclips zum Kinderbuch „Opas Engel"
UE 5	Von Gott in Bildern sprechen – arbeitsteilige Erschließung, Deutung und Gestaltung der Bildworte „Gott, du bist Licht / Weg / Liebe / König"
UE 6	„Gott geht den Verlorenen nach" (Lk 15,4-7) – Erschließung des Bildes vom guten Hirten anhand eines Stuhltheaters und Informationen zum „Sitz im Leben" des Gleichnisses Jesu
UE 7	„Gott bleibt unvorstellbar, unanschaubar, unaussprechbar" (Delval) – Erarbeitung der Begrenztheit, aber auch Notwendigkeit von Gottesbildern anhand einer arbeitsteiligen Erschließung verschiedener Sachtexte und erste Überlegungen zu Konsequenzen für die Rede von Gott
UE 8+9	„Gott, du bist klein" oder „Die Geschichte von dem Menschen, der Gott sichtbar machte" (Rainer Oberthür) – Erarbeitung der Bedeutung des Glaubens an die Menschwerdung Gottes für das christliche Gottesbild und Auseinandersetzung mit der Frage, was es für Menschen bedeuten kann, wenn sie glauben, dass Gott ihnen nahegekommen ist (Erstellung von Mini-Podcasts)
UE 10	„Gott, du bist …" oder: „Wirken Gebete?" – Annäherung an die Bedeutung des Betens zu Gott anhand des Gebets der Esmeralda im Disney-Film „Der Glöckner von Notre Dame" und Erschließung der Voraussetzungen, Formen und Funktionen des Gebets anhand eines Schulbuchtextes
UE 11	„Experimente mit Gott: Welche Gedanken, Fragen … uns noch bewegen" – „Speed-Dating" zu Gottes-Fragen, ggf. anhand von Gedankenexperimenten aus Susanne Niemeyer (2015)
UE 12+13	Wenn mich jemand fragt, wer Gott ist …: unsere Ausstellung in Bild und Wort – Reflexion des Lernzuwachses zur Gottesfrage anhand der Auswertung des Advance Organizers und Gestaltung von Ausstellungsplakaten für eine Ausstellung zum Thema „Gott"

Zentrale didaktisch-methodische Begründungen zum Unterrichtsvorhaben

Die Frage nach Gott („Wer bzw. wie ist Gott?") gehört zu den zentralen Themen von Theologie und Religionsunterricht. Unter „Gottesfrage" wird dabei im Wesentlichen die Auseinandersetzung mit charakteristischen Aspekten „eines monotheistischen und insbesondere christlichen Gotteskonzeptes" (Englert 2015, 94) verstanden, auch wenn dieses Konzept nicht von allen geteilt wird. Orientiert man sich an Ergebnissen diverser Erhebungen wie z. B. den Shell-Studien, so wird man bei vielen Jugendlichen von einer expliziten Leugnung jeglicher Existenz Gottes ausgehen müssen, auch personale Gottesüberzeugungen sind schwindend (vgl. dazu Porzelt / Werbick (2015, 1). 2019 war nur noch „für 39 % der katholischen und 24 % der evangelischen Jugendlichen […] der Glaube wichtig" (Shell 2019, 26).

Als Herausforderung kommt hinzu, dass die Frage nach Gott letztlich unbeantwortbar bleibt: „Gott entzieht sich notwendig und unvermeidlich all unseren Vorstellungen und all unseren Versuchen, ihn zu begreifen." (Benk 2008, 9) Dieser Ansatz der „negativen

Theologie“ (vgl. Porzelt/Werbick 2015, 6f.) bedeutet aber nicht, dass überhaupt keine plausiblen Aussagen über Gott getroffen werden können: Das Thema Gott lädt zum Denken ein. In diesem Unterrichtsvorhaben soll einerseits der Versuch unternommen werden, sich mit verschiedenen Aussagen zur Gottesfrage auseinanderzusetzen und die Berechtigung und Verantwortbarkeit dieser Positionen zu beleuchten, damit Antworten auf die Gottesfrage nicht beliebig erscheinen. Andererseits geht es darum, die Schülerinnen und Schüler dazu anzuregen, eigene Fragen und Antworten zu formulieren und diese in Auseinandersetzung mit theologischen Inhalten weiterzuentwickeln. Damit bietet sich als didaktisches Prinzip des Unterrichtsvorhabens der Ansatz der Kindertheologie an (vgl. dazu u.a.: Kropac →ˇ^{6}2010, 63–65; Roose (2014), 140f.).

Inhaltlich wird das Unterrichtsvorhaben mit ganz grundsätzlichen Fragen angelegt: Wer und wie ist eigentlich Gott? Wie kommt man dazu, Aussagen über Gott zu treffen? Weiß man etwas über das Verhältnis Gott – Mensch? Dabei soll es neben Gottesbildern und -vorstellungen auch darum gehen, Schülerinnen und Schüler in elementarer Form mit dem Anliegen der negativen Theologie bekannt zu machen und mit ihnen zu thematisieren, dass Antworten auf die Gottesfrage(n) einer gewissen „Plausibilitätsprüfung“ standhalten müssen. Dazu gehört es auch, „Bezeugungen des Gottesglaubens als Zeugnisse lesbar und hörbar zu machen“ (Porzelt / Werbick 2015, 11), die Erfahrungen von Menschen mit Gott widerspiegeln. Hier gilt: Reden von Gott kann letztlich nur metaphorisches Reden sein (vgl. Werbick 1992, 70ff.), nicht definitorisches.

Nach dem in der Religionspädagogik immer noch rezipierten Modell von James Fowler ist bei den Lernenden davon auszugehen, dass sie teils Gott „wie einen Menschen“ denken („Mythologisierung des Unsichtbaren“), teils schon im Übergang zum Jugendalter sind und Gott eher im Herzen und Inneren des Menschen verorten und von der Beziehungsebene her denken (vgl. Kuld 2018, 108 und Mendl ^{6}2018, 40f.). Dieses Unterrichtsvorhaben leistet also einen Beitrag zur (Weiter-)Entwicklung von Gottesbildern, indem es Bilder zum Gegenstand macht, die Grenzen von Bildern reflektiert und über Gott in Beziehung nachdenkt (u.a. anhand des Bekenntnisses zur Menschwerdung Gottes).

Dieser Ansatz entspricht den im Kernlehrplan (2019, 21) beschriebenen Anliegen des Inhaltsfeldes 2: „Die Frag-Würdigkeit des Glaubens an Gott“ und „Bildliches Sprechen von Gott“ sind die obligatorischen Schwerpunkte.

Die Fachkonferenz KR des Gymnasiums Y in N. hat beschlossen, die Thematisierung der Gottesfrage zu Beginn der Klasse 6 zu verorten (vgl. Schulinterner Lehrplan, Angabe der jeweiligen Seitenzahl). Dabei kann auf ein Unterrichtsvorhaben der Klasse 5 zurückgegriffen werden, in dem Jesu Umgang mit Menschen und sein damit gelebtes Gottesbild thematisiert wurden. Der inhaltliche Schwerpunkt „biblische Gottesbilder“ ist vom Kernlehrplan für die Stufen 7–10 vorgesehen (Kernlehrplan 2019, 29), deswegen soll das Thema zwar vorbereitet, aber nicht vorweggenommen werden, auf Exodus-Texte wird daher verzichtet. Ebenso werden Fragen nach Gott als Schöpfer und damit nach der Vereinbarkeit von Schöpfungsglauben und Evolutionstheorie ausgeklammert, weil im Anschluss an dieses Unterrichtsvorhaben ein weiteres zum Thema „Schöpfung“ vorgesehen ist.

In der Unterrichtsreihe sollen wesentlich ausgewählte biblische Bildworte von Gott erschlossen werden, eingespielt über das Buch „Wie siehst du aus, Gott?“ von Marie-Hélène Delval (2018), um eine einfachere Zugänglichkeit zu erreichen. Dabei ist zu bedenken, dass nicht alle Schülerinnen und Schüler Gott als ein „Du“ denken. So werden zu Beginn des Unterrichtsvorhabens diese Aussagen erst in die 3. Person Singular abgewandelt werden, bevor reflektiert ist, was Menschen dazu bringt, von Gott als einem „Du“ zu sprechen. Verschiedene Sacherläuterungen werden aus Materialsammlungen für kindertheologisches Arbeiten herangezogen, z. B. von Julia Knop (2014) und Rainer Oberthür ([2]2002), oder auf der Basis theologischer Kenntnisse von der Lehrerin selbst verfasst (Autorentexte). Um den Schülerinnen und Schülern deutlich zu machen, dass die im Unterricht thematisierten Fragen nicht überholt sind und nicht nur in „alten“ Texten vorkommen, wird auf Auszüge aus Kinderliteratur zurückgegriffen: Delval ([4]2018), Hub ([3]2007) und Bauer (2003). Über die unmittelbarere Zugänglichkeit dieser Texte können die Lernchancen literarischer Texte (Langenhorst 2011, 60–63), z. B. Erfahrungserweiterung, Wirklichkeitserschließung und Möglichkeitsandeutung, auch für dieses Unterrichtsvorhaben fruchtbar gemacht und (weitere) Korrelationsmöglichkeiten geschaffen werden. Die Auseinandersetzung mit den Fragen des kleinen Pinguins, der zum ersten Mal von Gott hört (Hub [3]2007) bildet den Rahmen für das Unterrichtsvorhaben, das Buch von Delval ist das zentrale Medium zu Gottesbildern, um „gemeinsam an dem großen Bild des unendlichen Gottes weiter[zu]malen“ (Delval [4]2018, 9).

Das Unterrichtvorhaben berücksichtigt Prinzipien der Kompetenzorientierung nach Andreas Feindt (2010, 86–89). Die in der Einstiegsstunde durch ein Schreibgespräch (Matthes 2011, 251) zu einem Buchauszug von Hubs „An der Arche um Acht“ ermittelte

Lernausgangslage ergab durchaus ein Interesse an der Gottesfrage, aber auch eine große Bandbreite an (vorläufigen) Schülerinnen- und Schülerantworten zur Frage, wer Gott eigentlich ist. Auf der Basis dieser Antworten wurden Fragen zum Unterrichtsvorhaben gesammelt und dienten als Orientierung für die Anlage der Unterrichtsreihe. Differenzierter war die Lernausgangslage nach der 2. Stunde zu beschreiben, in der die Lernenden aus verschiedenen Aussagen über Gott, die auf DIN-A4-Blättern im Klassenraum ausgelegt waren, eine auswählten (*Gott ist Licht / Wort/ Stille / in den Tränen der Menschen / Freude / die Wurzel eines Baumes / Weg für Menschen / eine Festung / rätselhaft / Gerechtigkeit / Liebe / Hirte / König / groß / klein / Leben*). Angelehnt waren diese an ausgewählte Überschriften der Seiten aus dem Kinderbuch von Marie-Hélène Delval. Dabei wurden die persönlichen Formulierungen (z. B. „Gott, du bist Weg für uns") durch distanziertere Aussagen („Gott ist Weg für Menschen") ersetzt, um Schülerinnen und Schüler, die nicht religiös sozialisiert sind und ggf. keine Glaubenshaltung heben, nicht zu Lippenbekenntnissen zu nötigen. Persönliche Aussagen zu eigenen Gottesbildern sind trotzdem möglich. Dabei konnte man – entsprechend dem erwarteten Entwicklungsstand – zwischen abstrakten und anthropomorphen Bildern wählen, auch die Wahl eines Fragezeichens war möglich, um die Frage nach Gott hier bewusst offen (und voraussetzungslos) zu halten. Beide Sorten von Bildern wurden gewählt, dazu auch mehrfach das Fragezeichen. Nach der Präsentation und dem Feststellen von Trends in der Lerngruppe (Clustern) wurden die Fragen aus der 1. Stunde aufgegriffen und z.T. modifiziert. Folgender „Arbeitsplan" für das Unterrichtsvorhaben stand also am Ende der 2. Stunde (der Übersichtlichkeit halber sind hier die Unterrichtseinheiten hinzugefügt):

- Wie kann man etwas über Gott wissen? (UE 3)
- Kümmert sich Gott um Menschen? (UE 4)
- Wie sieht Gott aus? Wie ist Gott? (UE 2,5,6)
- Darf man sich Bilder von Gott machen? (UE 7)
- Ist Jesus Gott? (UE 8 + 9)
- Hört Gott Gebete? (Wieso beten Menschen zu Gott?) (UE 10)
- (Raum für weitere, im Laufe des UV entstehende Fragen: UE 11)

Zugleich war den Lernenden transparent, dass es zum Abschluss des Unterrichtsvorhabens eine Klassenausstellung geben sollte, in der sie ihre (überarbeiteten) Antworten auf die Frage des kleinen Pinguins, wer Gott sei, präsentieren sollten.

Die gesammelten Fragen wurden in einen Advance Organizer übertragen, eine Visualisierung im DIN-A3-Format (im Heft einklappbar), in dem die Schülerinnen und Schüler ihre Ergebnisse und eigenen Gedanken reihenbegleitend dokumentieren sollen (Überschrift: Über Gott nachdenken – unsere Fragen; Impulsfragen: Was ich gelernt habe / Was ich darüber denke). Dieser Advance Organizer verschafft Transparenz bezüglich des Vorgehens und des jeweiligen Arbeitsstandes, ermöglicht aber auch eine Metakognition über den erreichten Lernzuwachs. Diesen bewusst zu machen, ist gerade angesichts dessen, dass die Gottesfrage an sich ja nicht zu beantworten ist, von Bedeutung.

Beim Zuschnitt des UV wurde darauf geachtet, aufbauendes Lernen zu ermöglichen: So wird z. B. als Basis für die weitere Arbeit erst darüber nachgedacht, wie man denn überhaupt etwas von Gott wissen kann (Nachdenken über Gott, Erfahrungen von Menschen mit Gott, Glaubenszeugnisse – vgl. Porzelt / Werbick 2015, 11).

In der dritten Unterrichtseinheit wird beispielhaft das Bildwort von Gott als Festung erschlossen, in der vierten deuten die Schülerinnen und Schüler selbstständig weitere Bildworte. Dabei werden Unterrichtsergebnisse aus der Klasse 5 reaktiviert: Bildworte vom Verlorenen und das Bekenntnis zu Gott als jemand, der den Verlorenen nachgeht, um sie zu retten und zu ihm zurückzubringen, gedeutet als Antwort Jesu auf die pharisäische Kritik an seinem Umgang mit Sündern (vgl. Eisele ^{2}2019, 286).

4 Unterrichtsstunden intentional aufbauen

Marcus Hoffmann

4.1 Grundsätzliche Überlegungen

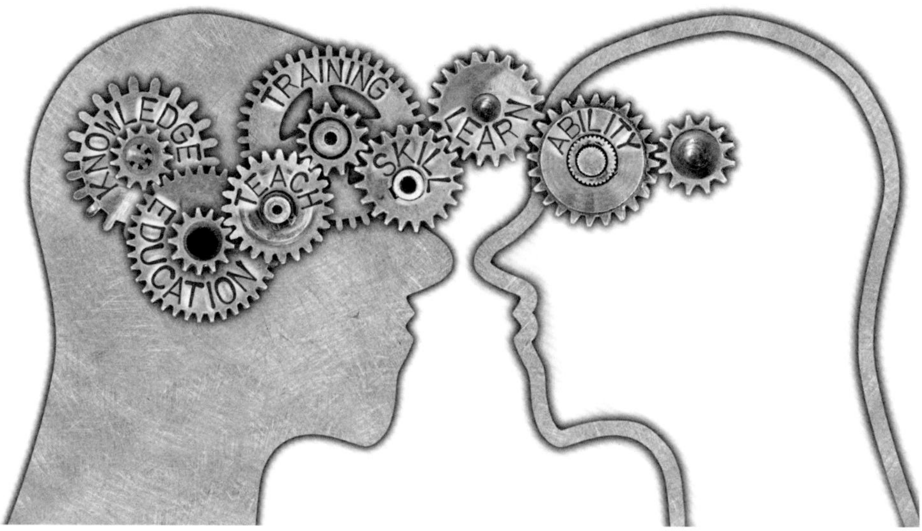

Das Unplanbare planen

Im Rahmen eines Unterrichtsvorhabens oder einer thematischen Sequenz bildet die Unterrichtsstunde für gewöhnlich die nächstkleinere Lerneinheit, die es zu planen gilt. Die Aufgabe, Lernprozesse (oder sinnvolle Teile davon) auf das Format von 45, 60 oder 67,5 Minuten hin zu konzipieren, macht zweifelsohne einen Großteil der schulischen Arbeit aus und gehört zum Kerngeschäft des Lehrerberufs schlechthin.

Gleichwohl stellt eine gelungene Stundenplanung eine durchaus herausfordernde Aufgabe dar, denn Unterricht im Klassenverband ist ein komplexes Geschehen, dessen Gelingen am Ende von einer

Vielzahl möglicher Faktoren abhängt. Gerade zum Berufseinstieg fällt es oft schwer, die vielen verschiedenen Elemente, die hierbei eine Rolle spielen bzw. spielen können, bereits vor der Durchführung in den Blick zu nehmen und hinsichtlich ihrer Bedeutung abzuschätzen. Zu nennen wären neben der konkreten *Themen-, Methoden-* und *Materialauswahl* etwa das *Sozialgefüge* der Lerngruppe, die *individuellen Befindlichkeiten* der beteiligten Personen, die *technischen Abläufe,* die *Tageszeiten* oder sonstige *Rahmenbedingungen* – all dies kann sich wechselseitig aufeinander auswirken und den späteren Verlauf des Unterrichtsgeschehens beeinflussen.

Auch wenn sich mit zunehmender Berufserfahrung der Blick für solche (und andere) Faktoren weitet und die eigenen Planungskompetenzen wachsen, ändert sich daran im Grundsatz nichts: Lehr- und Lernprozesse bleiben in der konkreten Durchführung situative und dynamische Gebilde, die im wahrsten Sinne des Wortes als Prozesse ablaufen. Als solche entziehen sie sich zwangsläufig einer Planbarkeit bis ins letzte Detail.

HINWEIS
Erlauben Sie sich Entwicklungszeit: Starten Sie zu Beginn mit weniger komplexen Lernarrangements, die sich durch eine klare Zielsetzung auszeichnen. Variieren Sie Ihren Unterricht dann sukzessive mit anspruchsvollen Medien und Methoden.

Wenn es nun im Folgenden um die Konzeption konkreter Einzelstunden oder Lernschritte geht, soll damit keinesfalls gesagt sein, dass auf eine gründliche Planung verzichtet werden könnte, im Gegenteil. Allerdings gilt es, sich vor Augen zu halten, dass jedes (zeitliche oder inhaltlich-formale) Raster, das einer Unterrichtsstunde schablonenartig zugrunde gelegt wird, immer nur als Strukturierungs- und Orientierungshilfe verstanden werden kann, jedoch niemals als ‚1:1-Anleitung', die es unter allen Umständen so abzuarbeiten gilt.

Lehren, Lernen und (erst recht) erzieherisches Handeln sind *keine Tätigkeiten, die nach Standardrezepten oder im Minutentakt einfach so ‚funktionieren'.* Ein solches skriptartiges bzw. ‚technisches' Verständnis von Unterricht (wie es in der angloamerikanischen Didaktik mitunter zu finden ist) ist aus lerntheoretischer wie praktischer Sicht nicht haltbar. Gleiches gilt auch für die gegenteilige Forderung, dass wahrhaft schülerorientierter Unterricht am besten gar nicht zu planen sei (vgl. dazu etwa die Diskussion bei Weingarten 2019, 26ff.).

Zielgerichtet planen und Offenheit bewahren

Für Lehrerinnen und Lehrer ergibt sich aus diesen Überlegungen ein zweifacher Anspruch: Sie müssen zum einen die Kompetenz entwickeln, Lernarrangements und Lernprozesse intentional und weitsichtig zu planen. Gleichzeitig müssen sie aber auch die Bereitschaft und Fähigkeit zeigen, sich in der Durchführung ihres Unterrichts immer wieder neu auf die Dynamik des Geschehens und die Lernenden einzulassen, um ihr Handeln ggf. anzupassen. *Ein durchdachtes Stundengerüst mit klaren Zielen ist also ebenso notwendig wie „Spielraum für elastische Feinabstimmungen“* (Weingarten 2019, 26). Dieser Balanceakt macht das Unterrichten einerseits anspruchsvoll und anstrengend, andererseits interessant und abwechslungsreich. Doch wie sieht eine Stundenplanung konkret aus und welches Vorgehen ist bei der Planung sinnvoll?

A

1. Setzen Sie sich mit der Karikatur auf S. 72 bzw. dem dort gezeigten Verständnis von Unterricht auseinander und nehmen Sie – ggf. mit Bezügen zu Ihnen bekannten Lerntheorien – Stellung.
2. Stellen Sie in einem eigenen Schaubild oder einer Grafik dar, welche Vorstellung Sie vom Lehren und Lernen im Klassenverband haben und welche Rolle der (Religions-)Lehrkraft hierbei zukommt. Tauschen Sie sich darüber in Ihrer Fachgruppe aus.

4.2 Strukturierungsmodelle für Unterricht verstehen und sinnvoll nutzen

4.2.1 Unterscheidung von Unterrichtsstunde und Lernprozess

Es gibt eine ganze Reihe an bewährten Modellen für die Strukturierung und den Ablauf von Lernprozessen – mit je eigenen Benennungen *(Artikulationen)* der einzelnen Phasen. Je nach Ausbilder/Ausbilderin oder Fachdidaktik zeigen sich hier unterschiedliche Präferenzen. Oft werden die Modelle auch herangezogen, um an ihnen zu verdeutlichen, wie eine Stunde idealtypisch (z.B. problemorientiert) aufgebaut sein könnte.
Bevor darauf näher eingegangen wird, ist es jedoch sinnvoll, eine Unterscheidung vorzunehmen, die für das grundsätzliche Verständnis der Stundenplanung von Bedeutung ist, nämlich die Unterscheidung zwischen einem *Lernschritt* bzw. *-prozess* als inhaltlich-thematischer Einheit und einer einzelnen Unterrichtstunde als zeitlicher Lerneinheit. In manchen Fällen erweist sich das eine deckungsgleich mit dem anderen, in anderen Fällen unterscheidet sich jedoch beides voneinander, so dass ein Lernschritt mehr (oder weniger) als eine Schulstunde beanspruchen kann. Zum besseren Verständnis hilft ein Rückgriff auf die zuvor angestellten Überlegungen zum Unterrichtsvorhaben und die Grafik auf S. 75.

Lernschritte bzw. -prozesse als Sinnabschnitte eines Unterrichtsvorhabens

In Kapitel 3 ist bereits deutlich geworden, dass die Sachanalyse und die didaktischen Reflexionen der Reihenplanung dazu führen, dass sich am Ende bestimmte Inhalte und Kompetenzen als Schwerpunkte herauskristallisieren (→ 3.2, 3.3). Dazu gehören all jene Aspekte und Fragestellungen, die für die Gesamtthematik unverzichtbar sind und/oder bewusst aufgegriffen werden sollen (vgl. → 2.2.2, 3.2.2). Sie müssen anschließend von der Lehrkraft in eine sinnvolle Reihenfolge gebracht und nach einer stimmigen (Sach-)Struktur, d. h. einem ‚roten Faden', angeordnet werden, der das Grundgerüst des Unterrichtsvorhabens bildet. Auf diese Weise wird eine Abfolge gedanklicher Schritte (Themen) deutlich, die mit den Schülerinnen und Schülern erarbeitet werden sollen und eine Lernprogression ermöglichen.

Die erwähnten Planungsschemata für Lernprozesse beziehen sich in der Regel auf die *Strukturierung dieser Schritte bzw. Sinneinheiten in Form konkreter einzelner Lernarrangements.*

In einigen Fällen zeigt sich bei der Feinplanung, dass es gut möglich ist, einen solchen (kompletten) Schritt auf das zeitliche Format einer Schulstunde ‚herunterzubrechen', d.h. ein Lernarrangement so zu gestalten, dass alle Phasen – vom Einstieg bis zur Sicherung oder Vertiefung – in den zur Verfügung stehenden 45, 60 oder 90 Minuten durchlaufen werden können. Doch Inhalte, Aufgabenstellungen und Denkprozesse sind von ihrer Struktur, ihrem Umfang und ihrem Komplexitätsgrad nicht so beschaffen, dass sie nach Belieben auf die organisatorische Taktung des Stundenplans zurechtgeschnitten werden können.

HINWEIS
Mit zunehmender Berufserfahrung wird es leichter fallen, den Umfang und Zeitaufwand für Inhalte, Methoden und Arbeitsschritte abzuschätzen.

Deshalb liegt es in der Verantwortung der Lehrkraft, bei der Planung immer wieder neu zu entscheiden, ob und wie die intendierten Schritte (unter realistischen Bedingungen) sinnvoll mit dem zeitlichen Raster des Stundenplans in Einklang gebracht werden können. Daraus folgt: Auch wenn jede Stunde selbstverständlich einen Stunden*beginn*, eine Stunden*mitte* und einen *Abschluss* hat, die es in irgendeiner Weise sinnvoll zu gestalten gilt (→ 5.1), kann es sein, dass eine Einzelstunde selbst nur ein Teil (z. B. der Einstieg oder der Abschluss) eines thematischen Lernschrittes oder -prozesses innerhalb des Unterrichtsvorhabens ist (vgl. zu diesen Überlegungen Seminar GyGe Recklinghausen).

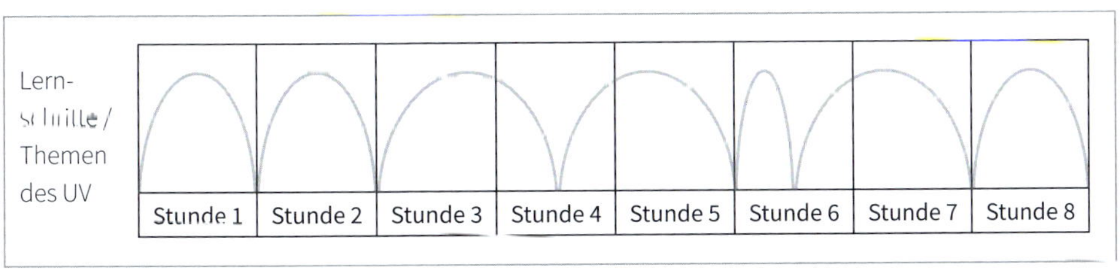

B

In der Sekundarstufe II kommt es oft darauf an, dass Schülerinnen und Schüler theologische Sachtexte gründlich erschließen. Je nach Text und gewählter Methode kann das eine 30- bis 40-minütige Arbeitsphase erforderlich machen. Für einen motivierenden Einstieg, eine Problematisierung und eine tiefergehende Auswertung bleiben in diesem Fall in einer 45-Minuten-Stunde keine Zeit. Der Lernschritt, der die gesamte Auseinandersetzung mit dem Text umfasst, muss folglich so aufgeteilt werden, dass eine inhaltliche Hinführung und Auswertung anderweitig in einem sinnvollen zeitlichen Rahmen erfolgen.
Genauso kann es sein, dass eine Lehrkraft eine Bibelperikope mit den SuS szenisch nachstellen lassen will, so dass eine entsprechende Vor- und Nachbereitung sowie eine Übungs- und Präsentationsphase nötig sind. Auch in diesem Fall müsste der gesamte Lernschritt wahrscheinlich auf ein Zeitraster angelegt werden, das nicht nur eine, sondern zwei oder drei Einzelstunden umfasst.

Doch wie und nach welchen Modellen können Lernschritte bzw. -prozesse und ggf. Unterrichtsstunden überhaupt aufgebaut werden?

4.2.2 Strukturierungsmodelle im Überblick

Eine Schwierigkeit im Referendariat besteht oft darin, dass je nach Ausbildungsstandort, Fach oder Seminarausbilderin und Seminarausbilder, unterschiedliche Modell herangezogen werden, um Lernprozesse und Stunden zu strukturieren. Zu den bekanntesten zählen:

- das „Phasenmodell“ (nach J. Grell),
- das „Modell der Lernstufen“ (vgl. H. Roth 1976),
- das „AVIVA-Modell“ (vgl. Städeli 2013),
- das „Lehr-Lern-Modell“ (vgl. Leisen 2020),
- das „Bonbon-Modell“ (vgl. Sistermann 2016).

Aus Platzgründen werden hier nicht alle Konzepte näher vorgestellt. Dies ist jedoch entbehrlich, da sie trotz unterschiedlicher Phasenanzahl, Benennungen und inhaltlicher Akzentuierungen (z.B. Handlungsorientierung) im Wesentlichen auf dem „EEE“-Grundmuster des klassisch problemorientierten Unterrichts beruhen (vgl. Meyer 2014, 70 ff.):

Einstieg Hinführung zu einer Thematik
Erarbeitung aktive Arbeitsphase(n) zum gegebenen Thema
Ergebnisphase Bündelung, Vertiefung, Festigung, Beurteilung, Transfer

Auch wenn darüber hinaus noch ganz andere „Grundformen" des Unterrichts existieren, die jeweils wieder neue Organisations- oder Strukturierungsweisen erforderlich machen (etwa *Projektarbeit, Werkstattlernen, Exkursionen usw.* – vgl. dazu Meyer 2007), so zählt der klassisch problemorientierte Unterricht nach dem EEE-Muster sicherlich zu den Standardformen des Unterrichts in der Sekundarstufe. Er steht folglich auch in der Ausbildung und an dieser Stelle im Fokus.

Die zuvor erwähnte Logik, die ihm (und allen o.g. Strukturmodellen) zugrunde liegt, lässt sich wie folgt veranschaulichen:

4.2.3 Aufbau und Phasierung des Lernprozesses nach dem „Bonbonmodell"

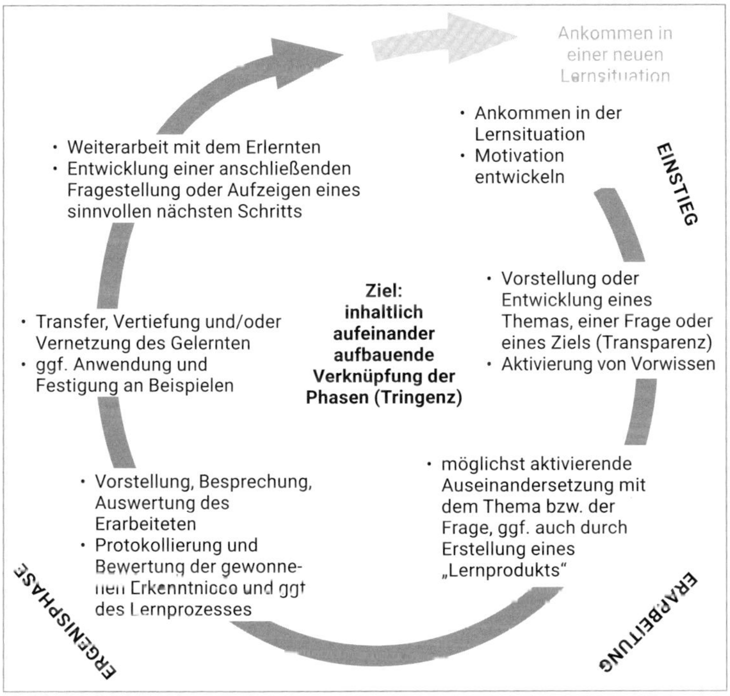

Das Durchlaufen eines solchen Zyklus mit den Schülerinnen und Schüler kann sich – je nach Intensität und Umfang der einzelnen Phasen – über eine oder mehrere Schulstunden hinziehen. Hier ist eine realistische Planung wichtig, damit inhaltlich ertragreich gearbeitet werden kann (s. Seite 82).
Da sich für den Religionsunterricht über viele Jahre das sog. „Bonbonmodell" (nach R. Sistermann) und das „Modell der Lernstufen" (nach H. Roth) etabliert haben, sollen sie im Folgenden noch einmal ausführlicher erläutert werden. Man kann den o.g. Aufbau des Lernprozesses bei ihnen leicht wiederfinden.

4.2.4 Checkliste: Passung und Stringenz des Stundenaufbaus

Unabhängig davon, nach welchem Modell der Lernprozess geplant

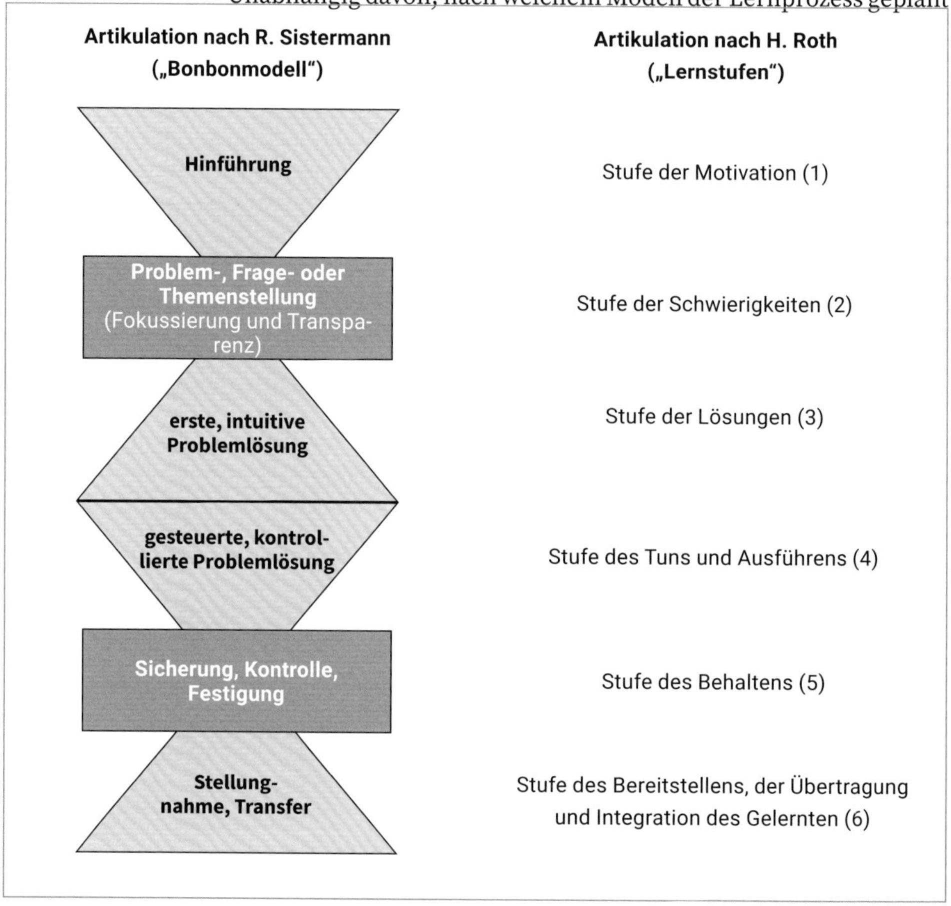

Beschreibung der Phase	Erklärung der Phasen in Anlehnung an H. Roth (1976)
Hinführung Der Aufbau der Lernsituation soll die Lernenden abholen und zu einem Thema, einer Frage oder einem Problem hinführen, das den Kern der unterrichtlichen Auseinandersetzung darstellt. Sie sollen in ein Thema oder eine Frage „verwickelt" werden, was oft mit Hilfe von motivierenden Medien oder anderen Impulse geschieht. Die Phase soll zudem Ziel-Transparenz schaffen: Was soll im Folgenden geklärt oder bearbeitet werden?	• Eine Handlung kommt zustande. • Ein Lernwunsch erwacht. • Ein Lernprozess wird angestoßen. • Eine Aufgabe wird gestellt. • Ein Lernmotiv wird geweckt.

Beschreibung der Phase	Erklärung der Phasen in Anlehnung an H. Roth (1976)
Problem-/Frage-/Themenstellung Das Thema, die (Leit-)Frage oder das Problem werden gemeinsam formuliert (ggf. durch steuernde Impulse der Lehrkraft), herausgearbeitet und festgehalten.	• Eine Handlung gelingt nicht. Das zur Verfügung stehende Wissen, die Kompetenzen reichen nicht aus oder sind nicht mehr präsent, um eine Herausforderung zu lösen. • Ein Problem wird benannt. • Die Lehrkraft lässt die SuS die Schwierigkeit einer Aufgabe erfassen.
Erste intuitive Problemlösung Um die Lernenden zu aktivieren, sie gedanklich in den Prozess einzubinden und ihr mögliches Vorwissen aufzugreifen, folgt eine erste Spontanphase der intuitiven Problemlösung. Hier können neben Hypothesen und ersten Ideen ggf. auch gemeinsame Überlegungen zum weiteren Vorgehen (Arbeitsschritte) angestellt werden.	• Ein neuer Lösungsweg zur Lösung der Aufgabe wird entdeckt oder entwickelt. • Für die Übernahme oder den Neuerwerb der gewünschten Kompetenz wird auf Bekanntes zurückgegriffen. • Die Lehrkraft zeigt den zu gehenden Lösungsweg oder lässt ihn finden.
Gesteuerte kontrollierte Problemlösung Im zentralen Erarbeitungsschritt erfolgt die kontrollierte Bearbeitung und Auseinandersetzung mit der Fragestellung, dem Problem oder Thema. Dies kann durch die Analyse oder Erarbeitung von Texten oder anderen Informationsquellen erfolgen, muss aber nicht zwangsläufig materialgebunden sein. U.U. werden hier auch andere Lernprodukte erstellt oder bereits vorhandenes Wissen wird systematisiert oder angewendet, z. B. in Form einer Diskussion.	• Der angedachte Lösungsweg wird aus- und durchgeführt. • Die neue Kompetenz oder das Wissen wird aktiv erworben, erarbeitet, ggf. auf die beste Form gebracht. • Die Lehrkraft lässt die neue Kompetenz durchführen und ausgestalten.
Sicherung, Kontrolle, Festigung Die Ergebnisse und Erkenntnisse der Erarbeitung werden gesammelt, ausgewertet und festgehalten. Das anfangs aufgeworfene Thema, die Frage oder das Problem wird wieder aufgegriffen und im Sinne einer Bündelung beantwortet.	• Die neue Kompetenz oder das erworbene Wissen wird verfestigt und/oder bewusst eingeübt. • Die Lehrkraft sucht die neue Kompetenz durch Variation der Anwendungsbeispiele einzuprägen und im Gebrauch einzuüben. • Eine Automatisierung des Gelernten wird angestrebt.
Stellungnahme, Transfer Es erfolgt ein bewertender (Rück-)Blick auf das Erlernte, die neu gewonnenen Erkenntnisse und ggf. auch auf den Arbeitsprozess. Eine persönliche Stellungnahme oder Einschätzung sowie ein möglicher Ausblick werden gegeben. Das Thema oder die zentralen Erkenntnisse werden im Sinne der Vertiefung auf andere Kontexte oder Beispiele angewendet.	• Die Kompetenz bzw. das Wissen steht für künftige Situationen bereit oder wird in bewussten Lernakten bereitgestellt. • Die eingeübte Kompetenz wird im Hinblick auf die Übertragung in andere Lebenssituationen geprüft. • Es wird überlegt, wie die neue Kompetenz mit der Persönlichkeit verwachsen ist und im Leben zur Verfügung steht.

wird und welche Phasen im Einzelfall vorkommen, sollten folgende Kriterien immer überprüft werden:

1. Ist der Lernprozess bzw. -schritt in sinnvolle, d.h. stimmige Teile mit einer realistischen Dauer angelegt?
2. Gibt es einen erkennbaren Zusammenhang bzw. roten Faden sowie eine Lernprogression über den Verlauf der Phasen?
3. Sind Transparenz und (Ziel-)Klarheit für die Schülerinnen und Schüler vorhanden, sodass diese stets wissen, was sie gerade tun und mit welchem Ziel?
4. Gibt es eine inhaltliche Passung der Stundenelemente:
   - Themenformulierung,
   - Zielformulierung,
   - Leitfrage / Thema / Problem,
   - Arbeitsphase?

   → Das heißt: Beziehen sich Thema, Ziel und Leitfrage im Kern wirklich auf ein und denselben Aspekt? Führt der Einstieg stringent zu diesem Problem? Lässt sich die Frage bzw. das gewählte Thema mithilfe der ausgesuchten Materialien, Methoden, Arbeitsaufträge stimmig beantworten und bearbeiten?

4.2.5 Planungsraster für Unterrichtsstunden

Wie bereits erwähnt, beschreiben diese Schemata Grundakte bzw. Grundstrukturen von Lernprozessen, d. h., sie sind modellhaft zu verstehen. Begründete Abweichungen sind u. U. ebenso nötig und möglich wie die bereits erwähnte Anpassung der Phasen auf das zeitliche Format der Unterrichtsstunden.

Das Planungsraster für eine Stundenplanung könnte wie auf S. 81 gezeigt gestaltet werden.

Was sonst noch bei der Strukturierung von Unterrichtsstunden zu beachten ist

Gerade bei Lehrproben und Unterrichtsbesuchen versuchen Referendarinnen und Referendare oft, einen kompletten Lernschritt – vom „Einstieg“ bis zur „Vertiefung“ – innerhalb einer Einzelstunde zu zeigen. Dies ist verständlich, weil ein solch zirkulärer Durchlauf gewissermaßen die Idealvorstellung von Unterricht darstellt. Zudem wollen Ausbilderinnen und Ausbilder auch beurteilen, inwiefern Lehramtsanwärterinnen und -anwärter alle Phasen eines Unterrichtsprozesses planen und gestalten können. Doch hier lauert eine Gefahr: In vielen Fällen ist es nicht möglich, in einer einzelnen Stunde alle Elemente sinnvoll unterzubringen, d.h. sowohl einen ausführlichen Einstieg, eine schüler-

<table>
<tr><th>Phase
(mögliche Benennungen)</th><th>Unterrichtsgeschehen / Inhalte</th><th>Sozialform / Methoden
(Abkürzungen)</th><th>Medien und Material</th><th>Didaktische Begründung</th></tr>
<tr><td>Hinführung
Einstimmung
Anknüpfung
Wiederholung
Motivation
Konfrontation
Aufbau der Lernsituation</td><td>...</td><td rowspan="6">LI
(Lehrerimpuls)

SB
(Schülerbeitrag)

LV
(Lehrervortrag)

Plenum

LV / LB
(Lehrervortrag/ Lehrerbeitrag)

gUG
(gelenktes Unterrichts-gespräch

oUG
(offenes Unterrichts-gespräch

EA
(Einzelarbeit)

PA
(Partnerarbeit)

GA
(Gruppenarbeit)</td><td rowspan="6">MI
(Medienimpuls)

Beamer

OHP
(Overheadprojektor)

Tablets / PC

AB
(Arbeitsblatt)

Buch

Tafel</td><td rowspan="6">Eine solche Kommentarspalte ist i.d.R. nicht obligatorisch, kann aber für die eigene Vergewisserung und Reflexion hilfreich sein, um die einzelnen Planungsentscheidungen begründet zu treffen.</td></tr>
<tr><td>Problematisierung,
Fokussierung
Zielbeschreibung.
sacherschließende Frage
Themenstellung</td><td>...</td></tr>
<tr><td>Intuitive Lösung
Spontanphase
Hypothesenbildung
Planungsphase</td><td>...</td></tr>
<tr><td>Erarbeitung
Darstellung
Anwendung
Analyse
Gestaltung
Problemlösung</td><td>...</td></tr>
<tr><td>Präsentation
(Zwischen-)
Sicherung
Kontrolle
Auswertung
Beurteilung
Bündelung</td><td>...</td></tr>
<tr><td>Vertiefung
Transfer
(Meta-)Reflexion
Anwendung
Übung
Ausblick</td><td>...</td></tr>
</table>

aktivierende Erarbeitung und eine ertragreiche Sicherung bzw. Beurteilung durchzuführen. Das gilt erst recht, wenn inhaltsstarke Medien (Bilder, Texte etc.) oder komplexere Sozialformen zum Einsatz kommen und der Stundentakt nur 45 Minuten beträgt. Erfahrungsgemäß bleibt der Lernertrag einzelner Stundenphasen dann „auf der Strecke" und die Lehrkraft gerät unter Zeitdruck. Halten Sie deshalb Rücksprache mit Ihren Ausbilderinnen und Ausbildern, wie Sie in Lehrproben verfahren sollen. Planen Sie im Zweifelsfall lieber so, dass Sie in verschiedenen Unterrichtsbesuchen unterschiedliche Akzente setzen, d.h. in einer Stunde mal eine ausführliche Hinführung und Problematisierung und ein anderes Mal eine längere Auswertungsphase oder einen Transfer zeigen.

Auch hier sei noch einmal daran erinnert, dass diese Modelle keine Patentrezepte für guten Unterricht sind. Wenn es z. B. bei bestimmten Fragestellungen keinen Sinn macht, gemeinsam mit den Schülerinnen und Schülern über das weitere Vorgehen nachzudenken (Phase der ersten Problemlösung), weil diese dazu (noch) gar kein Vorwissen oder keine Kriterien haben, sollte ein solcher Schritt wegfallen. Eine begründete Anpassung ist also auch hier wichtig.

Immer wieder kämpfen Lehramtsanwärterinnen und -anwärter in Unterrichtsbesuchen mit der Herleitung einer Stundenfrage (dem Übergang von Phase 1 und zu Phase 2), so dass die Leitfrage zeitweise als „Leidfrage" empfunden wird (5.2). Es gibt verschiedene Auffassungen darüber, ob jeder Lernprozess eine solche (didaktische) Problemfrage braucht. Während manche Fächer und Fachdidaktiken strikt darauf bestehen, den Unterricht immer nach einer solchen auszurichten, sollte im Fach Religion von Fall zu Fall geprüft werden, wo dies wirklich sinnvoll und machbar ist – auch ohne eine allzu aufgesetzte ‚Überdidaktisierung'. Nicht jedes Thema oder jeder Stundeninhalt lässt sich im Sinne eines didaktischen Problems formulieren. Bedeutsamer als die Art der Herleitung erweist sich in Schritt 2 vor allem die klare Herausstellung des Stundenthemas. Die Schülerinnen und Schüler sollten im Sinne der Transparenz in jedem Fall erkennen, worum es in der Stunde geht.

Auch in diesem Kontext zeigt sich, wie sinnvoll der Einsatz eines lernbegleitenden Elements (Advance Organizer, Fragenspeicher, Mindmap etc.) sein kann. Viele Stundenthemen und Fragestellungen müssen so gar nicht erst aufwendig hergeleitet oder erklärt werden, da sie (z. B. in der ersten Stunde des Unterrichtsvorhabens) in einem solchen Medium bereits strukturiert gesammelt wurden.

4.3 Stundenziele finden und festlegen

4.3.1 Stundentypen

In Abhängigkeit von der Verortung bzw. Funktion einer Einzelstunde innerhalb eines Unterrichtsvorhabens und eines Lernschritts lassen sich unterschiedliche Stundentypen ausmachen, die jeweils spezifische Gestaltungsformen erkennen lassen (vgl. Seminar GyGe Recklinghausen). Zu den am häufigsten im Religionsunterricht anzutreffenden Stundentypen gehören:

Eröffnungsstunden	In der ersten Stunde eines Unterrichtsvorhabens, einer Sequenz oder einer Lernaufgabe → 7.2) liegt der Fokus i. d. R. darauf, die SuS zu einem neuen Thema hinzuführen, ihr Interesse zu wecken und mit ihnen im Sinne einer Problematisierung zu erarbeiten, warum es lohnenswert ist, sich mit einer bestimmten Fragestellung auseinanderzusetzen. Neben der Erhebung der Lernausgangslage ist es u. U. sinnvoll, einen ersten Überblick über das Themenfeld zu geben und/oder das weitere Vorgehen mit ihnen zu besprechen, ggf. auch unter Nutzung lernbegleitender Materialien wie einem Advance Organizer, Fragenspeicher o. Ä.
Problem- / fragen-orientierte Stunden	Hiermit sind Einzelstunden gemeint, die sich im zuvor beschriebenen (klassischen) Sinne mit einer Fragestellung auseinandersetzen, die als Problem in den Unterricht geholt wird. Die Erarbeitungsphase dient dazu, neue Inhalte, Methoden oder Argumente zu erschließen, mit deren Hilfe die Ausgangsfrage später beantwortet oder gelöst werden kann.
Handlungs-orientierte Stunden	So können alle Stunden bezeichnet werden, in denen die Aufgabenstellungen und Methoden auf ein hohes Maß an aktiver Aneignung und handelnder Auseinandersetzung abzielen, etwa indem kreative Lernprodukte (Präsentationen, Standbilder, Talk-Shows, Collagen, Poster etc.) erstellt oder Projekte (Interviews, Umfragen etc.) durchgeführt werden. Neben der rein kognitiven Aktivierung spielen hier weitere Lernkanäle und Lerndimensionen (Soziales, Methodisches, Ästhetisches etc.) eine Rolle.
Fortsetzungs-stunden	Intensive und ausgiebige Erarbeitungsphasen (etwa als Teil eines problemorientierten Lernschritts) erstrecken sich manchmal über mehrere Stunden. Die Planung und Choreografie des Unterrichts muss in solchen Folge- oder Fortsetzungsstunden deshalb so abgestimmt werden, dass die SuS möglichst zügig und motiviert in den bereits bekannten Arbeitsprozess einsteigen und weiterarbeiten können. Auch in längeren Projekt- oder Freiarbeitsphasen (Stationenlernen o. Ä.) finden sich Stunden dieses Typs.
Vertiefungs-, Übungs- oder Anwendungsstunden	Manchmal müssen bereits bekannte Inhalte weiter vertieft oder differenzierter diskutiert werden. Vor allem die Kompetenzorientierung hat deutlich gemacht, dass es auch im Religionsunterricht immer wieder Übungen und Anwendung des bereits Gelernten braucht. Einzelstunden können somit bewusst darauf abzielen, vorher erarbeitete Erkenntnisse, Theorien und Kompetenzen zu wiederholen und zu üben.
Abschlussstunden	Am Ende einer Lernsequenz oder einer längerfristigen (Projekt-)Aufgabe stehen fast immer die Auswertung und Besprechung der Ergebnisse im Fokus. Im Sinne der Metakognition kann hier mit den SuS sowohl der Lernertrag als auch der Lernprozess als solcher reflektiert werden. Vielleicht findet auch noch einmal eine Sammlung offener Fragen oder eine Lernerfolgskontrolle statt.

4.3.2 Komplexität der Zielfindung

Aus einigen der oben dargestellten Stundenbeschreibungen lassen sich bereits bestimmte formale Zielsetzungen ablesen (etwa bei Eröffnungs- oder Abschlussstunden). Doch natürlich müssen innerhalb eines Unterrichtsvorhabens die einzelnen Lernschritte und Stunden auch inhaltlich gefüllt werden, so dass sich die Frage nach der genauen Zielfestlegung im Bereich der (Einzel-) Stundenplanung stellt. Diese gestaltet sich im Fach Religion am Ende nicht selten schwieriger und voraussetzungsreicher als anfangs gedacht. Von Referendarinnen und Referendaren wird dieser Schritt als besondere Hürde der fachlichen Ausbildung empfunden.

Ausgangspunkt für alle weiteren Überlegungen muss auch hier die Frage sein:
Was sollen die Schülerinnen und Schüler in der zu planenden Unterrichtsstunde bzw. dem zu planenden Lernschritt lernen und warum?

HINWEIS
Eine ungenaue oder falsche Festlegung des Stundenziels wirkt sich oft auf alle weiteren Schritte der Planung und Durchführung aus: Angefangen von der Auswahl passender Materialien bis hin zur zielgerichteten Gesprächsführung.

Wie in Kapitel 3 deutlich geworden ist, zeichnen sich als Antwort auf diese Frage durch die Verschränkung der Kompetenzvorgaben mit den Elementarisierungsgedanken bereits im Vorfeld erste inhaltliche Schwerpunkte ab. Besondere Herausforderungen ergeben sich jedoch trotzdem auf mehreren Ebenen:

1. Der KLP gibt zwar vor, welche Kompetenzen von den Schülerinnen und Schülern in den jeweiligen Jahrgangsstufen zu erwerben sind, doch bietet er trotz der Ausweisung bestimmter Inhaltsfelder allenfalls eine grobe Orientierung darüber, an welchen *Inhalten* und *Beispielen* diese Kompetenzen genau im Unterricht festgemacht werden sollen. Diese Entscheidungen liegen – sofern es hierzu keine weiteren Vereinbarungen im schulinternen Curriculum gibt – in der Freiheit und Verantwortung der jeweiligen Lehrkraft. Sie muss entweder bei der Planung des Vorhabens oder (spätestens) bei der Konzeption der einzelnen Stunden aufgrund ihrer fachlichen und fachdidaktischen Expertise bestimmen, welche inhaltlichen Akzente und Konkretisierungen sie vornehmen will. Dafür braucht sie ein breites und gleichermaßen fundiertes *Orientierungswissen*, das durch die universitäre Ausbildung nur in Teilen grundgelegt wird. Viele Themenbereiche und Inhalte müssen somit zum Berufseinstieg erst noch fachlich erschlossen werden, bevor entschieden werden kann, welche Inhalte sich wofür eignen (vgl. → 2.1.2).

B

Der KLP SI GY sieht vor, dass Schülerinnen und Schüler bis zum Ende der Klassenstufe 5/6 „Namen und Bildworte von Gott deuten" können (Kernlehrplan 2019, 4). Nicht festgelegt ist hingegen, wie viele und welche der unzähligen Namen oder Bildworte dies sein sollen: Soll beispielsweise das Gottesbild des *Hirten*, das Bild des *brennenden Dornbuschs* oder das des *Richters* (oder alle drei?) thematisiert werden? Welche Deutungen dieser Bilder sind *theologisch verantwortbar*? Außerdem wäre zu überlegen: Ist es sinnvoll, auch *außerbiblische Gottesbilder* zur Sprache kommen zu lassen? Wenn ja, warum? Wenn nein, warum nicht? Und: Was genau sollen bzw. können Schülerinnen und Schüler an den Deutungen dieser unterschiedlichen Bilder eigentlich lernen? Solche (und weitere) Fragen muss die Lehrkraft zunächst fachlich reflektieren, bevor Unterrichtsziele für einzelne Lernschritte und Stunden formuliert werden können.

2. Wie in Kapitel 2 und am Modell der Elementarisierung deutlich geworden ist, fließen in die Planung neben sachlich-fachlichen Aspekten auch zahlreiche fachdidaktische Überlegungen ein. Dies ist in anderen Fächern ähnlich, gestaltet sich im Fach Religion dennoch oft komplexer, da die zu bedenkenden Faktoren nicht nur Auswirkungen auf methodische Herangehensweisen haben, sondern auch auf die Inhalte und Zielsetzungen. Dies ist auf die domänenspezifische Eigenheit des Religionsunterrichts zurückzuführen. Es geht ihm eben nicht nur um die Vermittlung religiösen Sachwissens, sondern auch um den persönlichen Sinnhorizont der Schülerinnen und Schüler, d. h. die lernenden Subjekte werden explizit als ‚inhaltliche Variablen' in die Ziele des Unterrichts mit einbezogen.

B

Wenn Schülerinnen und Schüler im Englischunterricht die Anwendung des present perfect erlernen, findet auch dies nicht im ‚luftleeren Raum' statt, d.h., auch hier beeinflussen bestimmte didaktische Überlegungen die Planungen der Lehrkraft. Gleichwohl ist das Ziel des Unterrichts losgelöst von der Frage, welche persönliche Bedeutung der Lerngegenstand für die Lernenden hat. Ebenso ist die Beherrschung des Bruchrechnens im Mathematikunterricht als Kompetenz unabhängig davon gesetzt, zu welcher Jahreszeit das Thema durchgenommen wird, oder mit welchen Identitätsfragen die Jugendlichen gerade beschäftigt sind. Wenn es im Religionsunterricht jedoch darum geht, dass über Fragen des Erwachsenwerdens gesprochen wird, spielen die eigenen Erfahrungen für die inhaltliche Ausgestaltung und die Ziele der Stunden sehr wohl eine Rolle. Themen, Personen und Rahmenbedingungen sind hier ungleich stärker miteinander verknüpft. Genauso kann beispielsweise eine Unterrichtsstunde zu Gottesbildern – je nach Lerngruppe – sehr unterschiedliche Ziele verfolgen, je nachdem in welcher Entwicklungsphase sich die Kinder gerade befinden, ob die Thematik in die Oster- oder Weihnachtszeit fällt, ob es sich um eine Stunde am bischöflichen Mädchengymnasium handelt oder an einer Schule im sozialen Brennpunkt. Die Frage, welche Kompetenzen und Inhalte für diese Schülerinnen und Schüler relevant sind, ist also nicht losgelöst von den Subjekten zu betrachten (→ 2.1.1).

HINWEIS
Auch ein Blick in aktuelle fachdidaktische Literatur ist hier – je nach Thema – unbedingt erforderlich. So stehen etwa beim biblischen Lernen andere Aspekte und Kriterien im Fokus als beim kirchengeschichtlichen oder interreligiösen Lernen.

3. Eine dritte (wenn auch weniger fachspezifische) Herausforderung bei der Festlegung von Stundenzielen stellt sich im Hinblick auf die Frage der *Reduzierung*: Wer sich erst einmal in einen Themenkomplex eingearbeitet und unterschiedlichste Materialien gesichtet hat, der wird feststellen, dass es gleich eine ganze Reihe von Themen und Fragestellungen gibt, die sich (theoretisch) für den Unterricht eignen und legitimieren lassen. Doch während die Menge unterrichtlicher Inhalte prinzipiell unbeschränkt ist, ist die Unterrichtszeit dies nicht (vgl. Berner / Zumsteg 2011). Folglich muss jede Lehrkraft aus der Stoff-, Material- und Methodenfülle eine begründete Auswahl an Schwerpunkten treffen, die im Rahmen ihres Unterrichtsvorhabens und in einer Einzelstunde von Bedeutung sein sollen. Dabei muss abgewogen werden, welche Sachaspekte und welche didaktischen Kriterien (z.B. exemplarischer Wert, elementare Wahrheit) von besonderem Gewicht sind, und was weniger relevant ist. In vielen Themen, Materialien und Medien, die für eine Einzelstunde ausgewählt werden, verstecken sich außerdem noch zahlreiche komplexe Unteraspekte und weiterführende Fragestellungen, über die gesprochen werden könnte. Auch hier muss die Lehrkraft klar fokussieren können und entscheiden, um welche es gehen soll und um welche nicht, ggf. auch, welche in eine eigene Stunde „ausgelagert“ werden sollten.

B

Denkt man an ein Unterrichtsvorhaben im Bereich der Gottesbilder, könnte dieses theoretisch ein ganzes Schuljahr beanspruchen. Neben der Frage der persönlichen Entwicklung von Gottesvorstellungen könnte hier in etlichen Stunden zu Gottesbildern aus dem Alten und Neuen Testament gearbeitet werden. Das Motiv des brennenden Dornbuschs könnte als Gegenstand allein fünf Unterrichtsstunden füllen – je nachdem auf welche thematische Facette die Stunde abzielt. Ebenso wäre es möglich, klassische Kunst, aktuelle Musikstücke oder Spielfilme im Hinblick auf Gottesbilder untersuchen – oder aber mit den Schülerinnen und Schülern eine Umfrage durchzuführen, die dann vermutlich einen Umfang von drei Schulstunden beanspruchen würde. So oder so ist am Ende eine begründete Auswahl und Reduktion vorzunehmen, um dann konkrete Lernarrangements zu treffen und bestimmte Ziele zu fokussieren.

4.3.3 Kompetenzen, Stundenthemen und Zielformulierungen in Entwürfen

Die formale Zuordnung von Kompetenzen und die Ausformulierung von Stundenthemen und -zielen wird von vielen Referendarinnen und Referendaren zunächst als „Wissenschaft für sich“ empfunden. Zur Verwirrung trägt bei, dass es auch hier fach- und standortspezifische Traditionen gibt. Doch die Frage nach dem Vorgehen oder dem konkret verwendeten Formulierungsalgorithmus ist letztlich formaler Natur. Für die Qualität und Bewertung der Unterrichtsplanung sind Kriterien wie die inhaltliche Stimmigkeit und Klarheit viel entscheidender.

Da sich Ziele und Stundenthemen aus der Verschränkung von Kompetenzen und inhaltlichen Überlegungen (→ 2.2, 3.1.2, 3.4) ergeben, werden – analog zum Unterrichtsvorhaben – zu jeder Unterrichtsstunde Kompetenzen, Themen und Ziele ausgewiesen.

Lehrplankompetenzen: In welcher Form werden sie formal ausgewiesen bzw. zugeordnet?
Je nach Fach und Bundesland gibt es unterschiedliche Handhabungen, was die formale Ausweisung von Kompetenzen aus dem Lehrplan angeht.

- In NRW gilt für das Fach Religion, dass die jeweils passenden Kompetenzformulierungen wortwörtlich aus dem Kernlehrplan zitiert und einzelnen Stunden zugeordnet werden. Kompetenzerwerb wird hier so verstanden, dass er sich immer über einen längeren Zeitraum (also über mehrere Unterrichtsstunden oder -vorhaben) erstreckt. Nur in Ausnahmefällen lässt sich eine Kompetenz mit einer einzigen Stunde erwerben.
- Aus den übergeordneten und konkretisierten Kompetenzformulierungen werden diejenigen (i.d.R. zwei bis vier) Kompetenzen ausgewiesen, zu denen die jeweilige Stunde besonders beiträgt (vgl. Beispielplanung → 4.5).
- Es gibt hierbei keine obligatorische Verteilung der Kompetenzarten: Je nach Stunde können übergeordnete und konkretisierte Kompetenzen oder auch nur eins von beidem passend erscheinen.

Stundenthemen: Wie werden Stundenthemen formuliert?
Um die Formulierung eines Stundenthemas besser zu verstehen und zu erleichtern, ist es sinnvoll, zunächst noch einmal auf die Unterscheidung von *Gegenstand* und *Thema* im fachdidaktischen Kontext einzugehen (vgl. → 3.2).

WAS IST EIN GEGENSTAND?

Als ‚Gegenstände' werden Inhalte und Sachverhalte bezeichnet, die noch keine Struktur, keine pädagogische Zielvorstellung und/oder Präzisierung erkennen lassen, z. B.

- der Prophet Amos
- der kategorische Imperativ
- die erste (priesterschriftliche) Schöpfungserzählung
- Nostra aetate

WAS IST EIN THEMA?

Das Unterrichtsthema gibt an, unter welcher Fragestellung und mit welcher Zielvorstellung ein bestimmter Gegenstand im Unterricht in den Blick genommen werden soll: Was genau soll an ihm gelernt werden und wozu? Worin liegt das Lernenswerte in der Auseinandersetzung mit ihm? Oft wird dem eigentlichen Thema noch eine zentrale Aussage, ein passendes Zitat oder eine Frage vorangestellt, die den Kern der Stunde erfasst. Ggf. kann auch die pädagogische Bedeutung und/oder eine Methode ergänzt werden, falls diese für das Verständnis der Stunde von großer Bedeutung ist.

B

Beispiele für Themenformulierungen:

- Erarbeitung der Kerngedanken des kategorischen Imperativs als Beispiel für eine deontologische ethische Position
- Anwendung des kategorischen Imperativs an Fallbeispielen aus der Alltagswelt der SuS sowie Beurteilung seiner Funktion als Handlungsrichtlinie
- Untersuchung zentraler Aussagen aus Nostra Aetate als Grundlage der aktuellen Haltung der katolischen Kirche gegenüber anderen Religionen
- „Tage kommen über euch, da holt man euch mit Fleischerhaken weg“ (Am 4) – Auseinandersetzung mit dem Propheten Amos und seiner Sozialkritik als Beispiel für die politische Dimension des Glaubens im AT
- „Als Abbild Gottes schuf er sie“ (Gen 2) – Untersuchung der priesterschriftlichen Schöpfungserzählung im Hinblick auf das Verhältnis von Gott und Mensch mithilfe der Methode des Texttheaters

MÖGLICHES FORMULIERUNGSSCHEMA

optional: [Leitfrage / Zitat / Problem / These]

+

Auseinandersetzung / Erarbeitung / Diskussion / Untersuchung /
Analyse / Einführung / Vertiefung / Anwendung / Beurteilung von ...

+

[Gegenstand / Inhalt]

+

optional: [Erweiterung]

als Beispiel für ... (exemplarische Bedeutung)   mithilfe der Methode ... (Makromethode)

zur ... (Zielvorstellung / Kompetenz)

Stundenziele: Wie wird die Intention einer Stunde formuliert?

Die Zielformulierung für die Stunde gibt an, was die Schülerinnen und Schüler genau am Ende gelernt haben sollen. Das kann durchaus individuell und in unterschiedlicher Ausprägung passieren bzw. gemeint sein.

- Ziel- und Themenformulierung können sich in manchen Fällen stark ähneln. Erstere sollte im Zweifelsfall aber deutlicher erkennen lassen, worin das gewünschte Resultat oder die zentrale Erkenntnis der Stunde besteht.
- Stundenziele beschreiben in den meisten Fällen kognitive Prozesse, für deren Zustandekommen es in der durchgeführten Stunde Indikatoren gibt, z. B. die Arbeitsergebnisse oder bestimmte Schüleräußerungen. Ziele können sich aber auch auf andere Dimensionen und Kompetenzen beziehen, z. B. im affektiven oder psychomotorischen Bereich.
- Ziele werden fast immer unter Zuhilfenahme von Operatoren formuliert, weil diese eine gewisse Überprüfbarkeit garantieren. Vorgänge wie „verstehen“, „erkennen“ oder „einsehen“ sind zu subjektiv, als dass diese beobachtbar und beurteilbar sind.

- Durch die Verwendung der Operatoren geben Zielformulierungen auch Aufschluss darüber, in welchen Anforderungsbereichen gearbeitet werden soll. Diese werden dem Anspruchsniveau nach hierarchisch (AFB I – III) gestuft in die Formulierung aufgenommen.
- Es gibt in vielen Fächern auch verlaufsorientierte Zielformulierungen mit Teillernzielen, diese führen jedoch schnell dazu, dass lediglich Arbeitsschritte der einzelnen Stundenphasen aufgezählt werden. Das eigentliche (inhaltliche) Schwerpunktziel bzw. Kernanliegen der Stunde ist dann oft nicht mehr erkennbar. Für die Beurteilung des Lernertrags und der inhaltlichen Qualität ist dieses jedoch unverzichtbar.
- Selbstverständlich ist auch darauf zu achten, dass die Ziele inhaltlich und sachlich korrekt sind.
- Eine Zielformulierung, die nicht nur mehrere Operatoren, sondern auch Unterrichtsgegenstände enthält und nur sehr kompliziert zu formulieren ist, deutet oft darauf hin, dass kein klarer inhaltlicher Schwerpunkt ins Auge gefasst wurde.

Die ‚Kardinalfrage' zur Überprüfung eines Stundenziels (aus Sicht einer Schülerin bzw. Schülers formuliert) lautet: „Was haben wir heute gelernt?" Eine sinnvolle Zielformulierung kann auf diese Frage eine Antwort geben. Sie antwortet NICHT auf die Frage „Was haben wir heute gemacht?"

B

Beispiele für Zielformulierungen:

- Die SuS arbeiten anhand ausgewählter Textstellen die Sozialkritik des Amos heraus und erläutern den Zusammenhang zwischen religiösem Glauben und gelebter sozialer Gerechtigkeit.
- Die SuS untersuchen Auszüge aus der Erklärung Nostra Aetate und belegen an ihnen die Veränderung der kath. Position von einer exklusivistischen zu einer inklusivistischen Haltung gegenüber anderen Religionen.
- Die SuS stellen den Gedankengang sowie zentrale Argumente Kants zur Begründung des kategorischen Imperativs in Form eines Schaubildes dar, erläutern dieses und nehmen ggf. in ersten Ansätzen Stellung zu seiner Argumentation (optional).
- Die SuS stellen die Schöpfungserzählung in Form eines Texttheaters dar, arbeiten zentrale Aussagen zur Beziehung zwischen Gott und Mensch heraus und erläutern insbesondere, inwiefern sich hier Zuspruch und Anspruch des biblischen Glaubens wiederfinden.

A

1. Untersuchen Sie die folgenden Themen- und Zielformulierungen im Hinblick auf die genannten Anforderungen und nehmen Sie notwendige Korrekturen oder mögliche Optimierungen vor

A

- Was ist aktive Sterbehilfe? – Die SuS verfassen einen argumentativen Brief an die Ethikkommission zur Stärkung des Werturteils.
- „Was du nicht willst, das man dir tu', das füg' auch keinem anderen zu" – Erarbeitung der Bedeutung der Goldenen Regel anhand von Ausschnitten aus der Bergpredigt zur Klärung der Frage, was die Bibel ausmacht.
- Die SuS setzen sich mit dem Verständnis von Freiheit in Philosophie, eigener Lebenswelt sowie Bibel, Religion und Kirche auseinander, indem sie sich mit diesen Sichtweisen vertraut machen und sie kritisch hinterfragen.
- Die SuS lernen den Begriff des Propheten kennen und verstehen, dass er ein Bote Gottes ist.
- Die SuS können die Symbolik und literarische Funktion des Garten Eden in der priesterschriftlichen Schöpfungserzählung erklären.
- Die SuS erarbeiten das Holi-Fest als hinduistisches Fest.
- Die SuS sollen sich in Form einer Talkshow mit positiven und negativen Argumenten zur Präimplantationsdiagnostik auseinandersetzen und sich am Ende für die christliche Position entscheiden.

Operatoren

Da sich die Operatoren im Fach Religion je nach Bundesland unterscheiden können, werden hier die bundesweit einheitlichen Operatoren der Einheitlichen Prüfungsanforderungen in der Abiturprüfung (EPA) aufgeführt (vgl. KMK 2006, 12–14). Sie können immer zur Formulierung von Zielen und Themen benutzt werden.

ANFORDERUNGSBEREICH I: REPRODUKTIONSLEISTUNGEN

Nennen, Benennen	ausgewählte Elemente, Aspekte, Merkmale, Begriffe, Personen etc. unkommentiert angeben
Skizzieren	einen bekannten oder erkannten Sachverhalt oder Gedankengang in seinen Grundzügen ausdrücken
Formulieren, Darstellen Aufzeigen	den Gedankengang oder die Hauptaussage eines Textes oder einer Position mit eigenen Worten darlegen
Wiedergeben	einen bekannten oder erkannten Sachverhalt oder den Inhalt eines Textes unter Verwendung der Fachsprache mit eigenen Worten ausdrücken
Beschreiben	die Merkmale eines Bildes oder eines anderen Materials mit Worten in Einzelheiten schildern
Zusammenfassen	die Kernaussagen eines Textes komprimiert und strukturiert darlegen

ANFORDERUNGSBEREICH II: REORGANISATIONS- UND TRANSFERLEISTUNGEN

Einordnen, Zuordnen	einen bekannten oder erkannten Sachverhalt in einen neuen oder anderen Zusammenhang stellen oder die Position eines Verfassers bezüglich einer bestimmten Religion, Konfession, Denkrichtung etc. unter Verweis auf Textstellen und in Verbindung mit Vorwissen bestimmen
Anwenden	einen bekannten Sachverhalt oder eine bekannte Methode auf etwas Neues beziehen
Belegen, Nachweisen	den Gedankengang oder die Hauptaussage eines Textes oder einer Position mit eigenen Worten darlegen
Begründen	Aussagen durch Argumente stützen
Erläutern, Erklären, Entfalten	einen Sachverhalt, eine These etc. ggf. mit zusätzlichen Informationen und Beispielen nachvollziehbar veranschaulichen
Herausarbeiten	aus Aussagen eines Textes einen Sachverhalt oder eine Position erkennen und darstellen
Vergleichen	nach vorgegebenen oder selbst gewählten Gesichtspunkten Gemeinsamkeiten, Ähnlichkeiten und Unterschiede ermitteln und darstellen
Analysieren, Untersuchen	unter gezielter Fragestellung Elemente, Strukturmerkmale und Zusammenhänge systematisch erschließen und darstellen
in Beziehung setzen	Zusammenhänge unter vorgegebenen oder selbst gewählten Gesichtspunkten begründet herstellen

ANFORDERUNGSBEREICH III: REFLEXION UND PROBLEMLÖSUNG

Operator	Erklärung / Definition
Sich auseinander-setzen mit	ein begründetes eigenes Urteil zu einer Position oder einem dargestellten Sachverhalt entwickeln
Beurteilen, Bewerten, Stellung nehmen, einen begründeten Standpunkt einnehmen	zu einem Sachverhalt unter Verwendung von Fachwissen und Fachmethoden sich begründet positionieren (Sach- bzw. Werturteil)
Erörtern	die Vielschichtigkeit eines Beurteilungsproblems erkennen und darstellen, dazu Thesen erfassen bzw. aufstellen, Argumente formulieren, nachvollziehbare Zusammenhänge herstellen und dabei eine begründete Schlussfolgerung erarbeiten

4.3.4 Häufige Fragen zur Planung von Stunden

Muss jede Religionsstunde einen explizit theologischen Bezug oder ein religiöses Thema haben?
Hierzu sollten Sie Rücksprache mit Ihren Ausbilderinnen und Ausbildern halten. Wir vertreten die Ansicht, dass dies für den

Religionsunterricht, der nicht nur die Lebenswelt der Schülerinnen und Schüler, sondern auch anthropologische und philosophische Fragen berücksichtigen soll, kein sinnvolles Kriterium sein kann. Wenn beispielsweise im Rahmen eines Unterrichtsvorhabens über Fragen der Identitätsentwicklung gesprochen wird oder im Kontext der Freiheitsthematik Grundlagen der Hirnforschung erarbeitet werden, ist es notwendigerweise so, dass hier Stunden ohne direkte theologische Bezüge stattfinden. Allerdings sollte aus dem Verlauf und den Zielen des Unterrichtsvorhabens – auch für die Schülerinnen und Schüler – erkennbar sein, warum ein bestimmtes Stundenthema für den Religionsunterricht von Bedeutung ist.

Müssen in einer guten Religionsstunde immer alle drei Anforderungsbereiche berücksichtigt werden?
Nach den Ausführungen zur Dynamik und zeitlichen Strukturierung von Lernprozessen (→ 4.2.1) wäre es ein Widerspruch zu fordern, dass in jeder Unterrichtsstunde alle Anforderungsbereiche berücksichtigt werden könnten. In Stunden, die beispielsweise auf eine umfassende und vertiefte Texterarbeitung ausgerichtet sind oder der Übung und Anwendung von bereits erworbenen Kompetenzen dienen, sollten die Schülerinnen und Schüler zunächst sorgfältig und korrekt das tun, was im Kern der Stunde steht. Hier Oberflächlichkeit in Kauf zu nehmen, um aus formalen Gründen eine (vermutlich ebenso oberflächliche) Phase des AFB III einzuplanen, kann keine gute Option sein. Auch hierbei sollte aus der Gesamtanlage des Unterrichtsvorhabens hervorgehen, dass alle drei Anforderungsbereiche ausgewogen berücksichtigt werden.

Wie gehe ich vor, wenn ich den Schülerinnen und Schülern bei bestimmten ethischen Themen christliche Positionen vermitteln soll/will?
Hierzu sei nicht nur auf Kapitel 1 (→ 1.3) verwiesen, sondern auch auf die unterschiedlichen fachdidaktischen Ansätze zum „ethischen Lernen“ im RU (vgl. z. B. Mendl 2018, 122ff.). In aller Kürze sei gesagt: Nach allem, was wir aus Lerntheorie, Psychologie, Pädagogik etc. wissen, lassen sich Werte oder bestimmte weltanschauliche Positionen ohnehin nicht einfach so vermitteln. Außerdem fordert niemand, dass der Religionsunterricht im Sinne einer „Glaubensbelehrung“ bestimmte Haltungen hervorbringen muss. Sie können (und sollten) allerdings dafür sorgen, dass Sie Ihren Unterricht nach den Prinzipien der sogenannten „Werterhellung“ und „Wertekommunikation“ anlegen, was (grob zusammengefasst) bedeutet, dass sich die Schülerinnen und Schüler hier mit unterschiedlichen Sichtweisen und deren Begründungszusammenhängen auseinan-

dersetzen. Auf diese Weise können sie auch Argumente für christliche Positionen prüfen, was wiederum die Chance erhöht, dass sie diese als sinn- und wertvoll annehmen (vgl. Sajak 2020, 114f.).

Was kann ich tun, wenn ich bereits bei der Planung einer Stunde nicht sicher bin, wie weit ich mit den SuS in der Stunde komme?
Eine erste legitime (und ohnehin sinnvolle) Möglichkeit, mit diesem Problem umzugehen, besteht darin, bereits bei der Planung verschiedene alternative Stundenenden anzudenken und auszuweisen. Überlegen Sie, bis zu welchem Teil des Lernprozesses sie unbedingt gekommen sein sollten und mit hoher Wahrscheinlichkeit kommen können. Weisen Sie dieses (auch im schriftlichen Entwurf) als Minimalziel aus und kennzeichnen Sie die weiterführenden Schritte als optionale Ziele für den Idealfall.

4.3.5 Praxisbeispiel: Eine Unterrichtsstunde für die Kl. 8 (Prophetie)

Thema der Stunde: Der Prophet – ein unglücklicher Mensch?! Erarbeitung der Schwierigkeiten und Widerstände prophetischen Redens und Handelns am Beispiel von Textauszügen aus dem Buch Jeremia

Intention der Stunde: Die SuS arbeiten die Schwierigkeiten und Widerstände des prophetischen Redens am Beispiel eines Textauszuges aus dem Buch Jeremia heraus und nehmen in Ansätzen Stellung zu der Frage, inwiefern Glaube auch Zweifel zulässt und bestärkende Funktion für nonkonformes Handeln haben kann.

ANVISIERTER KOMPETENZERWERB (LT. KERNLEHRPLAN 2019)

Die SuS ...

Sachkompetenz:
- erläutern den Anspruch von Prophetinnen bzw. Propheten, in ihrer Kritik für Gottes Gerechtigkeit einzustehen,

Methodenkompetenz:
- analysieren in Grundzügen religiös relevante Texte,
- analysieren kriteriengeleitet religiös relevante künstlerische Darstellungen und deuten sie,

Urteilskompetenz:
- erörtern die mögliche Wirksamkeit prophetischen Handelns,
- beurteilen an einem konkreten Beispiel die Bedeutsamkeit einer Gewissensentscheidung für das eigene Leben und das Zusammenleben mit anderen

<table>
<tr><th>Phasen</th><th>Unterrichtsgeschehen und -inhalte</th><th>Sozial-formen / Methoden</th><th>Medien und Material</th></tr>
<tr><td>Einstieg

Wiederholung/ Reaktivierung

Aufbau der Lernsituation

(1)

Problematisierung</td><td>Präsentation des bereits bekannten Bildes „Der Prophet“ von E. Barlach aus der vorangegangenen Stunde: Die SuS wiederholen zentrale Aspekte von Jeremias Auftritt im Tempel (Vorstunde).
Die Lehrkraft hält aussagekräftige Begriffe neben dem Bild fest.

Einblendung einer zweiten, den SUS unbekannten Darstellung direkt daneben: „Jeremia“ von Michelangelo, Sixtinische Kapelle (als reduzierter SW-Ausschnitt); stummer Impuls

Die SuS beschreiben das Bild: Gedankenversunken; Traurigkeit, Niedergeschlagenheit, nachdenkliche Haltung (Kopf- und Arm-Haltung); zusammengesunken, wirkt kraftlos trotz des kräftigen Körpers, Moment des Rückzugs und des Zweifels (Blick nach unten). Die Lehrkraft hält auch hier aussagekräftige Begriffe neben dem Bild fest.

→ Erzeugung einer kognitiven Dissonanz bzw. eines Problems (zorniger Prophet vs. niedergeschlagenen und traurigen Propheten)
„Vergleicht die beiden Darstellungen und eure Eindrücke im Hinblick darauf, welche Vorstellung eines Propheten hier erweckt wird.“</td><td>Plenum

MI, LI,
SB (Meldekette)

MI, SB

SB

LI</td><td>Laptop,
Beamer,
PPT
MI (Folie 1)</td></tr>
<tr><td>Problemstellung (Leitfrage)

(2)</td><td>Entwicklung einer Leitfrage durch die SuS, mögliche Formulierungen, z. B.:
Sind Propheten in Wahrheit arm dran?
Was ist Jeremia widerfahren?
Wieso hat Michelangelo eine ganz andere Vorstellung von Propheten vor Augen?
Die Lehrkraft hält eine passende Frage über den beiden Bildern fest.</td><td>SB</td><td>

PPT (Folie 1)</td></tr>
<tr><td>Spontanphase

(3)

Hinweise zur Arbeit</td><td>Die SuS äußern erste Ideen (Deutungshypothesen): Vielleicht hat er nichts erreicht mit seiner Rede im Tempel, vielleicht ist er verzweifelt über das Verhalten der Leute, er könnte beschimpft worden sein, das Bild zeigt eine Bibelstelle, wo es ihm so schlecht geht.

„Wir werden anhand eines Blicks in Jeremias Gedanken eine mögliche Antwort erarbeiten.“</td><td>SB

LI</td><td></td></tr>
</table>

Erarbeitung (4)	Das Arbeitsmaterial wird verteilt, der Arbeitsauftrag wird vorgelesen, es gibt Gelegenheit zu Rückfragen.	LI	
	Die SuS erarbeiten anhand des Textauszuges Gründe für Jeremias' Verzweiflung. Sie arbeiten zudem heraus, dass Jeremias Gottesbeziehung die Klage aushält und er trotzdem auf Gott vertraut bzw. Kraft aus dem Glauben schöpft.	EA, PA	AB1 Textauszug AB 2 Bild und AA
	Einfache Binnendifferenzierung für schnelle SuS („Sprinteraufgabe"): Zuordnung einer Textaussage zum Bild (AB1) Falls nötig: Diagramm mit Transferaufgabe (AB3) „Gegen den Strom schwimmen"		ggf. AB 3 Pfeildiagramm
Präsentation und Auswertung	Zwei unterschiedliche Lösungen werden durch Losverfahren ausgewählt und vorgestellt. Es gibt Gelegenheit zu Verständnisfragen, Rückmeldungen und Korrektur, die ggf. unter der Dokumentenkamera von den SuS ergänzt werden. Falls wichtige Aussagen fehlen, behält sich die Lehrkraft vor, entsprechende Impulse zu geben.		AB 1/2 Loskarten Dokumenten-kamera
Sicherung (5)	Alle SuS bekommen den Auftrag, fehlende oder falsche Aspekte bei der eigenen Lösung zu ergänzen bzw. zu korrigieren. Die Einstiegsfolie und ggf. das gewählte Zitat der Sprinteraufgabe werden wieder aufgegriffen. Die SuS setzen ihre Ergebnisse in Beziehung zu den Vermutungen vom Beginn und zur Leitfrage. Möglicher Bündelungsimpuls: „Welches der beiden Bilder stellt eurer Meinung nach treffender dar, wie es sich anfühlt, Prophet zu sein?" **Minimalziel (1. mögliches Stundenende)**	SB, gUG	
Vertiefung (6)	Impulse zur weiteren Vertiefung im UG werden gestellt, z. B. *„Es ist doch erstaunlich, dass Jeremia Gott bei alledem auch noch lobt!", „Das Verhältnis von Jeremia zu Gott ist doch irgendwie widersprüchlich!", „Wenn Jeremia richtig gläubig wäre, dürfte er doch nicht solche Zweifel haben!?"*	UG	Folie 1

Ggf. Beurteilung	Eine Stellungnahme zur Frage nach der stärkenden Bedeutung des Glaubens könnte spontan durch eine Positionslinie eingeholt werden (falls ausreichend Zeit vorhanden ist) oder durch Impulse wie *„Gott bzw. der Glaube scheint Jeremia einerseits zur Verzweiflung zu treiben, ihn aber auch zu bestärken. Haltet Ihr das für realistisch? Kann der Glaube wirklich bestärken, auch solche Widerstände zu ertragen?“*	evtl. Positionslinie	
Didaktische Reserve Hausaufgabe	Ggf. wird die Grafik des AB3 besprochen (s. auch Sprinteraufgabe) und ausgewertet, alternativ kann diese als Hausaufgabe und in der Folgestunde als Einstieg dienen. Die SuS können aus zwei möglichen Aufgaben zur Vertiefung und zum Transfer wählen.		PPT Folie 2 AB3

5 Unterrichtsphasen begründet gestalten

Marcus Hoffmann

5.1 Grundsätzliche Überlegungen

Jeder, der selbst schon vor der Aufgabe stand, Unterricht zu planen, weiß, dass dies in jedem Fall mit „kreativen Suchbewegung(-en)“ im Vorfeld einhergeht: Unterschiedliche Materialbände werden zur Hand genommen, Methoden werden ausgesucht, Texte überflogen, Bilder und Internetlinks werden ausgewertet (und wieder verworfen) – und nach etlichen Abwägungen und Überlegungen entsteht aus einem bunten Sammelsurium an Medien und Ideen schlussendlich ein Gesamtprodukt, das (hoffentlich) ein stimmiges Ganzes ergibt.

Es wäre praxisfremd zu behaupten, dass Unterrichtsvorbereitung ohne solche – mitunter spannenden, aber auch anstrengenden – Such- und Auswahlphasen auskommt. Sie dienen dazu, Ideen zu entwickeln und sich einen Überblick zu verschaffen. Doch so normal und notwendig dieser Schritt als Teil der Vorbereitung auch ist: Die Erfahrung zeigt, dass daraus schnell ein zermürbendes Unterfangen werden kann, wenn vorher nicht klar abgesteckt wurde, worin genau das eigentliche Ziel liegt, auf das alles hinauslaufen soll. Ist die Intention der Stunde oder der Einheit, die geplant werden soll, nicht klar, wird aus der motivierten Suche schnell ein Hin und Her bzw. Gedankenchaos verschiedenster Aspekte, Methoden und Medien, das kein Ende finden will.

Vom Ziel her planen

Dass die Frage nach der konkreten Ausgestaltung von Unterrichtsstunden bzw. Stundenphasen in diesem Band erst jetzt, d.h. nach den grundsätzlichen Gedanken aus den Kapiteln 1 bis 4, aufgegriffen wird, hat einen guten Grund: Es soll einmal mehr unterstreichen, dass *Überlegungen im Hinblick auf die Ziele, den anvisierten Kompetenzerwerb und die fachdidaktischen Kriterien* unbedingt vor allen weiteren Planungsschritten stehen sollten.

Auch wenn es in der Praxis schwierig und im Einzelfall nicht immer sauber zu trennen sein mag: Grundsätzlich sollten alle Entscheidungen hinsichtlich der genauen Gestaltung von Lernarrangements (Medien, Methoden, Arbeits- und Sozialformen etc.) erst getroffen werden, *nachdem* das Schwerpunktlernziel für die jeweilige Stunde bzw. den Lernschritt festgelegt wurde. Denn am Ende sollten sich alle Optionen daran messen lassen, inwiefern sie zu dessen Erreichung beigetragen haben oder nicht. Die Frage danach, ob dieses eher mit klassischen oder modernen Methoden (oder einer bestimmten Sozialform) geschieht, tritt da eher in den Hintergrund. Wie die Erfahrung ebenfalls zeigt, wirkt sich gerade im Fach Religion eine ungenaue oder falsche Festlegung des Stundenziels oftmals auf alle weiteren Schritte der Planung und Durchführung aus oder erschwert diese – von der Auswahl der passenden Materialien bis hin zur zielgerichteten Gesprächsführung. Insofern gilt es, das Stundenziel bzw. ein Schwerpunktziel besonders sorgfältig festzulegen und zu formulieren.

EXKURS: FALSCH VERSTANDENE KOMPETENZORIENTIERUNG

Im Rahmen der großen Bildungsdebatten um PISA, Kompetenzorientierung, individualisiertes Lernen und Co. ist in den vergangenen Jahren immer wieder darauf hingewiesen worden, dass der Klassenunterricht in Deutschland und anderen europäischen Ländern zu frontal, zu „verkopft" und zu wenig an der Individualität der Kinder ausgerichtet ist. Diese (in weiten Teilen berechtigte) Kritik hat dazu geführt, dass gerade solche Unterrichtsformate gestärkt und entwickelt wurden, die auf mehr Schüleraktivierung und Eigenverantwortung als zentrale Prinzipien setzen. Auch hat sich gezeigt, dass die Rolle der Lehrerin bzw. des Lehrers hier nicht mehr im Sinne eines bloßen Wissensvermittlers zu verstehen ist, wie es im klassischen

Frontalunterricht des letzten Jahrhunderts der Fall war. Anstöße wie diese haben viel bewirkt und sind überaus wichtig. Leider haben sich im Fahrwasser dieser Diskussionen jedoch auch einige Fehlvorstellungen bzw. Fehlinterpretationen verselbstständigt, die beispielsweise zu dem Eindruck geführt haben, Unterricht dürfe nur noch kooperativ sein und die Lehrerin bzw. der Lehrer als „Moderatorin" bzw. „Moderator" solle am besten gar nicht mehr in einer Stunde in Erscheinung treten. Eine solche Sichtweise verkürzt Ansätze wie die Kompetenzorientierung unangemessen und entspricht nicht dem, um was es dort im Kern geht (vgl. Kap. 2). Überproportional stark haben Interpretationen wie diese jedenfalls auch dazu geführt, dass Unterricht im Vorbereitungsdienst verstärkt von Methoden (z. B. dem Think-Pair-Share-Prinzip) her geplant wird. Hier möchten wir ausdrücklich zur Vorsicht raten: Schüleraktivierende Methoden, ansprechende Medien und abwechslungsreiche Sozialformen sind zweifelsohne wichtig, am Ende sollten sie aber nicht als Selbstzweck zum Einsatz kommen, sondern dem Ziel der Stunden dienen. Unabhängig davon, in welchem Kompetenzbereich dieses angesiedelt ist, sollten die Intentionen und anvisierten Kompetenzen der Prüfstein für alle weiteren Entscheidungen sein.

Stundenabschnitte und Phasen des Lernprozesses unterscheiden

Entsprechend der Unterscheidung zwischen der Unterrichtsstunde und einem *Lernschritt* bzw. *Lernprozess* in Kapitel 4, knüpft dieses Kapitel daran an, dass die zeitliche Einheit des Lernens nicht immer identisch ist mit dem inhaltlichen Sinnabschnitt, aus dem ein Lernprozess bzw. -schritt besteht. Das bedeutet konkret, *jede* Stunde hat

einen Stundenbeginn	Phase des Ankommens, Herstellung der Lernatmosphäre, Vorbereitung der Arbeit, ggf. Wiedereinstieg in einen bereits begonnenen Lernprozess/Arbeitsschritt usw.
eine Stundenmitte	zentrale Phase der Arbeit, des inhaltlichen Denkens und des aktiven Aneignens
einen Stundenabschluss	Phase des sinnvollen Abschlusses oder Zwischenstopps, die ggf. die spätere Weiterarbeit vorbereitet

Diese sind aber nicht in jedem Fall gleichzusetzen mit den inhaltlich-funktionalen Bezeichnungen der Phasen eines Lernprozesses:

Einstieg	als Phase des inhaltlichen Aufbaus einer Frage- oder Problemstellung, als Annäherung an ein Thema/eine Lernaufgabe, die für folgende (oder mehrere!) Stunden leitend sein wird
Erarbeitung	als Phase der aktiven Auseinandersetzung mit dem gewählten Thema oder der Problemstellung bzw. zur Herstellung eines Lernprodukts
Sicherung	als Phase, die der Sichtung und Auswertung des Erlernten oder Erarbeiteten dient, die eine Bewertung und Dokumentation sowie eine mögliche Vertiefung der Erkenntnisse ermöglicht

Vor allem im 45-Minuten-Modell ist es oft so, dass sich ein (in sich geschlossener) Lernprozess nicht auf eine Schulstunde abbilden lässt, wenn alle Phasen inhaltlich ergiebig sein sollen. (→ vgl. 4.2.1).

Mögliche Abläufe eines vollständigen Lernprozesses bzw. -schrittes

Einstieg – Erarbeitung – Sicherung	Einstieg	Erarbeitung	Sicherung

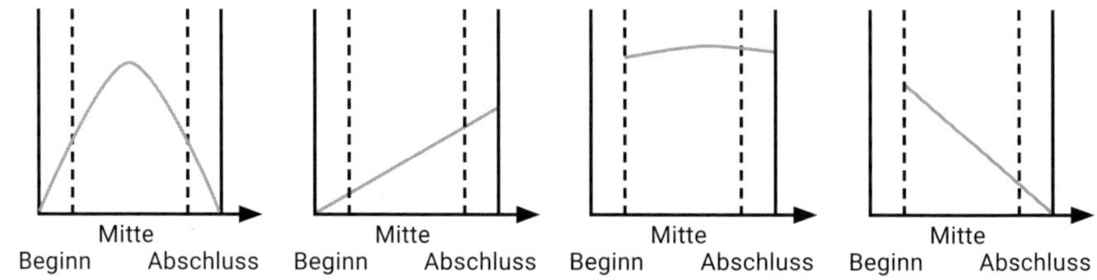

Mo. 1. Std.	Mo. 1. Std.	Mi. 5. Std.	Fr. 3. Std.

(in Anlehnung an: Seminar GyGe Zfsl Recklinghausen, 13)

Beides *kann* deckungsgleich sein, muss es aber nicht in jedem Fall, wie die Beispiele auf der folgenden Seite noch einmal verdeutlichen sollen.

Wenn es also im Folgenden um die Funktion und Ausgestaltung der einzelnen Stundenphasen und -abschnitte geht, so ist diese Differenzierung bei allen Ausführungen mitzudenken und wird auch dadurch kenntlich gemacht, dass die Bezeichnungen *Stundenbeginn, Stundenmitte* und *Stundenabschluss* bewusst von den „klassischen" Phasenbezeichungen *Einstieg, Erarbeitung* und *Sicherung* unterschieden werden (vgl. Seminar GyGe Zfsl Recklinghausen, 12–19).

Als zentrales und übergeordnetes Kriterium für die Ausgestaltung der einzelnen Phasen sei neben der erwähnten Zielfokussierung auch hier noch einmal auf die sogenannte „Passung" verwiesen (→ 4.2.4). *Alle Phasen und Elemente einer Stunde sollten einen inneren Zusammenhang bzw. einen stimmigen roten Faden erkennen lassen, der sich vom Anfang bis zum Ende zieht.*

5.2 Stundenbeginn und Einstiege zielführend konzipieren

Wie sollte eine Stunde beginnen? Wie eröffnet man sinnvoll einen Lernprozess und bringt eine Gruppe von Kindern und Jugendlichen einem Thema oder einem Problem näher? Versucht man, die Lernenden über einen Einstiegsimpuls herauszufordern, zum Nachdenken zu motivieren, so dass sie selbstständig Fragestellungen entwickeln, oder reicht eine Information, worum es gehen soll? An der Frage nach der Bedeutung und Gestaltung des Einstiegs in den Unterricht scheiden sich mitunter die (didaktischen) Geister, wie die beiden folgenden Statements zeigen:

„So wie bei einem Schachspiel bereits die Eröffnung oft schon etwas darüber auszusagen vermag, ob eine Partie im Hinblick auf ihren späteren Ausgang erfolgversprechend begonnen wurde, so scheint auch der Erfolg einer Unterrichtsstunde nicht unwesentlich von der Art und Weise abzuhängen, wie der Unterricht eröffnet wurde.“

(Schneider 1999, 12)

Hinter raffinierten Unterrichtseinstiegen steht die Absicht, „ein bestimmtes Thema zu implantieren, von dem angenommen wird, dass die Betroffenen es bei vorzeitiger Bekanntgabe ablehnten. Möglicherweise resultiert dieses Bemühen aus den enttäuschenden Erfahrungen, am Haupteingang wiederholt abgewiesen worden zu sein. Unterrichtseinstiege dieser Art sind didaktische Kuckuckseier, weil fremde Themen als eigene ausgewiesen werden“. (Grell und Grell 2000, 135)

A

1. Setzen Sie sich mit den beiden in den Zitaten deutlich werdenden Positionen und deren Begründungen auseinander und tauschen Sie sich ggf. mit Kolleginnen und Kollegen darüber aus.
2. Ziehen Sie aus der Perspektive der beiden Positionen jeweils Konsequenzen für die konkrete Gestaltung und Planung von Einstiegen.
3. Positionieren Sie sich selbst und legen Sie ggf. eigene Kriterien dafür fest, wann Ihnen ein Einstieg für Ihren Unterricht mehr oder weniger wichtig und sinnvoll erscheint.

Mögen die Haltungen auch noch so kontrovers sein, letztlich sind keine Lernprozesse oder Stunden denkbar, die nicht auf die eine oder andere Weise beginnen und eine Zielrichtung gewinnen müssen – sei es durch eine kurze und „knackige“ Instruktion oder eine breit angelegte Hinführung, die Medien verschiedenster Art einbezieht.

Und zweifelsohne dürfte es schwierig sein, Schülerinnen und Schüler für etwas zu begeistern oder zu interessieren, wenn das Lernen immer wieder auf ein und dieselbe (monotone) Art eingeleitet wird wie etwa eine Hausaufgabenabfrage oder eine Wiederholung der Ergebnisse der letzten Stunde.

Für die konkrete Planung ist es hilfreich, zunächst auf die erwähnte Differenzierung zwischen dem Stundenbeginn und dem eigentlichen (didaktischen) Einstieg einzugehen.

5.2.1 Der Stundenbeginn

Mit dem Stunden*beginn* bzw. der Stunden*eröffnung* ist jene Phase gemeint, die zwischen der Pausenklingel und dem Beginn der eigentlichen inhaltlichen Arbeit liegt. Sie könnte auch als „Vorphase" bezeichnet werden (vgl. Schmid 2012, 21) und ist zwangsläufig Teil einer jeden Unterrichtsstunde. Im Rahmen der Gesamtkonzeption und der Dramaturgie eines Lernprozesses kommt auch ihr eine nicht zu unterschätzende Bedeutung zu.

Um ein Gespür dafür zu entwickeln, worum es in diesen wenigen Minuten geht, ist es hilfreich, sich in eine Schülerin oder einen Schüler zu versetzen, der gerade von zu Hause, aus der Pause oder aus dem Bus kommt und nun den Klassenraum betritt. Möglicherweise ist sie oder er gedanklich und emotional noch mit ganz anderen Dingen beschäftigt – trägt vielleicht einen Streit mit Freunden oder Sorgen um die Klassenarbeit mit sich herum – und soll nun in die Gedankenwelt und das Thema der vorbereiteten Religionsstunde eintauchen. Was ist nötig und sinnvoll, damit dies gut gelingen kann?

Funktion und Kriterien

Die Funktion und das Anliegen dieser Phase dürften mit einer solchen kleinen Gedankenübung schnell klar werden: Der Stundenbeginn bildet in gewisser Weise das „Fundament" (vgl. Schmid 2012, 21) für die folgende Arbeit und sichert die Voraussetzungen für alles Kommende. Er sollte

- es den Schülerinnen und Schülern (aber auch der Lehrkraft) ermöglichen, sich auf die neue Situation einzustellen und emotional im Klassenraum „anzukommen",
- für einen Kontaktaufbau zwischen den Unterrichtenden und der Lerngruppe sorgen,
- potenzielle Störfaktoren oder Probleme (organisatorischer, inhaltlicher oder persönlicher Art) möglichst beiseite räumen,
- eine „Lernatmosphäre" sichern, d.h. Aufmerksamkeit und Bereitschaft für die anstehenden 45 oder 60 Minuten anbahnen.

Zu den Aspekten und Faktoren, die hierbei konkret bedacht werden sollten und möglicherweise eine Rolle spielen, zählen:

- **die Gestaltung und der Zustand des Klassenzimmers:** Sind die räumlichen Voraussetzungen so, dass gut und konzentriert gelernt und gearbeitet werden kann? Oder liegt Müll auf dem Boden, ist die Luft stickig oder die Tafel noch von der Vorstunde vollgeschrieben?

- **die materialen und medialen Voraussetzungen:** Haben alle Schülerinnen und Schüler ihre Arbeitsmaterialien auf dem Platz? Ist die Technik einsatzbereit? Sind alle benötigten Materialien und Medien vorhanden?
- **die Aufmerksamkeit und der Kontakt zu den Personen:** Sind alle Beteiligten – sowohl die Schülerinnen und Schüler als auch die Lehrkraft – gedanklich und organisatorisch in der Lage zu sein, in die inhaltliche Arbeit zu starten? Oder gibt es Ungeklärtes, das eventuell später in der Stunde den Arbeitsprozess stören könnte, wie z. B. Streit unter den Schülerinnen und Schülern?
- **die gesundheitlichen und körperlichen Voraussetzungen:** Geht es allen – soweit beurteilbar – gut? Werden alle in der Lage sein, ohne Probleme mitzuarbeiten? Oder ist es ungewöhnlich heiß im Klassenraum, kommen die Kinder gerade gehetzt aus der Sportstunde oder sind sie anderweitig erschöpft?

Damit kein falscher Eindruck entsteht: Nicht immer ist es möglich, alle Aspekte dieser Art im Auge zu behalten und abzuklären. Insbesondere wäre es ein Missverständnis, wenn allein für den Stundenbeginn als „Warming-Up" jedes Mal die Hälfte der Unterrichtsstunde benötigt würde. Dennoch darf man – vielleicht gerade im Hinblick auf den Religionsunterricht – sagen, dass die innere und äußere Bereitschaft wichtige Faktoren für gelingendes Lernen sind: Wer über existenzielle Themen wie den *Sinn des Lebens*, die *Theodizeefrage, ethische Probleme* oder die *eigenen Gottesvorstellungen* nachdenken und reden soll, der wird dies umso intensiver und ergiebiger tun, wenn auch der entsprechende Rahmen und die Voraussetzungen dafür stimmen.

Gestaltung

Nicht immer ist es nötig, den Beginn in besonderer Weise zu gestalten, zu den unverzichtbaren Präliminarien gehören jedoch

- die Begrüßung und ein geordnetes „Ankommen-Lassen" im Klassenraum,
- die Herstellung von Ruhe und Aufmerksamkeit, ggf. mit Unterstützung durch mimische, optische oder akustische Impulse,
- ggf. die Klärung dringender Fragen und offensichtlicher Probleme,
- die Beseitigung von Störfaktoren,
- die Bereitstellung der wichtigsten Arbeitsmaterialien

Es kann auch sinnvoll sein, insbesondere bei jüngeren Schülerinnen und Schülern, ritualisierte Handlungen oder Impulse einzusetzen, um innerlich wie äußerlich das Eintauchen in die Lernatmosphäre zu ermöglichen. Infrage kommen hierfür beispielsweise

- das Vorlesen eines kurzen Impulses,
- das Entzünden eines Lichts,
- das gemeinsame Klatschen eines Rhythmus' oder Singen eines Liedes,
- das Aufsagen eines ritualisierten Spruchs oder Reims,
- das Schlagen einer Klangschale,
- das Zeigen eines Bildes (z. B. auch einer Emotions- oder Lärmampel) oder
- die Durchführung einer kurzen Stille- oder Meditationsübung.

HINWEIS
Besonders in der Sek II sind Themen so komplex, dass eine Unterrichtsstunde nicht ausreicht, um eine Erarbeitung sinnvoll zu initiieren, durchzuführen und die Ergebnisse zu sichern. Folglich können dann in einer Stunde nicht alle drei Anforderungsbereiche bedient werden.

5.2.2 Der Einstieg

Nachdem die Voraussetzungen für ein konzentriertes Arbeiten sichergestellt sind und ein erster Kontakt zur Lerngruppe aufgebaut wurde, folgt nun der eigentliche Einstieg in einen neuen gedanklichen Lernprozess oder eine Anknüpfung an eine bereits bestehende Aufgabe bzw. Arbeitsphase.

Funktionen und Kriterien

Für die Konzeption dieser Phase lässt sich gleich eine ganze Reihe an Funktionen und möglichen Kriterien benennen. Besonders oft wird in der fachdidaktischen Literatur erwähnt, dass ein guter Einstieg im Idealfall

- die Schülerinnen und Schüler neugierig macht und Interesse weckt,
- die Aufmerksamkeit bündelt,
- auffordernden oder motivierenden Charakter hat oder eine herausfordernde Anwendungssituation aufgreift,
- an die Lebenswelt bzw. Sinnhorizonte der Kinder und Jugendlichen und deren Lernausgangslage anknüpft, indem er beispielsweise Vorkenntnisse, Vorwissen und Ideen abruft,
- mit einer neuen Sichtweise oder verfremdenden Perspektiven überrascht und Bekanntes infrage stellt,
- ggf. neben rein kognitiven auch ganzheitliche Dimensionen berücksichtigt,
- zu einem klar bestimmten Thema oder einer Problemstellung für die Stunde hinführt oder dafür sorgt, dass dazu zügig weitergelernt und weitergearbeitet werden kann,
- Transparenz schafft bezüglich des Ziels der Stunde und der anstehenden Arbeit,
- Genderperspektiven berücksichtigt.

Alle Aspekte dieser Zusammenstellung zu berücksichtigen, ist in der Realität wohl kaum einlösbar. Hier wird deutlich, dass die Frage nach der Gestaltung des Einstiegs letztlich auch von der Intention der Stunde und seiner Funktion innerhalb des Lernarrangements abhängt (→ 4.3.1). So kann es beispielsweise in manchen Stunden sinnvoll sein, in aller Ausführlichkeit ein didaktisches Problem (z. B. aus einem Bild oder einer Kurzgeschichte) herauszuarbeiten, während es in anderen Stunden – etwa wenn eine Fragestellung bereits gegeben ist – wichtiger erscheint, dass die Lerngruppe zügig und mit klaren Aufgaben in den Arbeitsprozess starten kann. Insofern sollte diese Kriterienliste als Reflexionsfolie zur Hand genommen werden, um jeweils situativ zu überlegen, welche Punkte für die jeweilige Stunde besonderer Relevanz sind.

HINWEIS
Nehmen Sie Medien, die Sie einsetzen möchten, vorher inhaltlich gründlich unter die Lupe, um nicht in der Stunde von Aspekten überrascht zu werden, die Sie gar nicht thematisieren wollen oder können.

In welcher Form ein Einstieg am Ende auch immer gestaltet wird, seine zentrale Bedeutung und Funktion liegt darin, auf das Thema bzw. die zentrale Frage- oder Aufgabenstellung hinzuführen, die in dem aktuellen Lernschritt von Bedeutung ist (vgl. dazu → 4.2.3).

Gestaltung

Das Verhalten und die Präsenz der Lehrkraft in Einstiegsphasen hängen natürlich maßgeblich davon ab, welche methodischen Umsetzungen konkret gewählt werden. Erzählt die/der Unterrichtende beispielsweise eine Geschichte oder führt etwas vor, so ist hier eine hohe Präsenz unabdingbar bzw. auch sinnvoll.

Grundsätzlich lassen sich im Hinblick auf die Gesprächsführung und -lenkung jedoch einige Merkmale und Aspekte festhalten, auf die es in dieser Phase in aller Regel ankommt. Dazu zählt vor allem, den vielfältigen Gedanken der Schülerinnen und Schüler Raum zu geben und eine „kognitive Öffnung“ für den beginnenden Lernprozess (vgl. Leisen 2015, S. 16) zu erreichen.

Aufgabe der Lehrkraft ist es somit,

- das Denken durch Impulse (nonverbaler wie verbaler Art) anzustoßen, um die Lernenden in ein Thema zu „verwickeln“,
- für gedankliche Aktivierung zu sorgen,
- Beiträge zu sammeln und ggf. schriftlich festzuhalten für eine mögliche Weiterarbeit,
- sich zunächst zurückzunehmen, wenig zu kommentieren,
- Ideen und Eindrücke (etwa zu einem Bild oder einem Filmclip) (ergebnisoffen) einzuholen,
- Meinungen und Vorwissen verbalisieren zu lassen,
- Zeit zum Nachdenken zu geben,

TIPP:
Um eine geplante Leitfrage mit den SuS zu fokussieren, ist oft ein lenkender Impuls nötig, damit die Lernenden erkennen, um welche Frage es genau gehen soll. Impulse wie „Welche Frage(n) können wir uns stellen?“ sind i. d. R. zu offen.

- gut zuzuhören, um später zu entscheiden, welche Aspekte und Ideen aufgenommen werden sollen bzw. können,
- ggf. aufkommende Aspekte und Fragen zu ordnen und zu systematisieren.

Erst gegen Ende des Einstiegs ist es dann für die Bündelung und genauere Problematisierung wichtig, dass die Lehrkraft lenkend eingreift, um die unterschiedlichen Gedanken oder Beiträge auf ein Thema oder eine zentrale Fragestellung hin zu fokussieren. Das didaktische Problem oder Thema der Stunde soll sich genauer herauskristallisieren. Deshalb sollten die Impulse dafür sorgen, dass

- eine Frage oder ein Thema extrahiert wird,
- sich ein Bewusstsein für das gewünschte Problem herausbildet,
- deutlich wird, worauf die Auseinandersetzung oder der Arbeitsprozess hinauslaufen soll (Zieltransparenz).

Für die konkrete Gestaltung eines Einstiegs kommen zahlreiche Möglichkeiten in Frage. Hier ist Ideenreichtum gefragt und erlaubt. Eine sinnvolle Systematisierung unterschiedlicher Formen des Einstiegs findet sich bei Hilbert Meyer (vgl. 1994), siehe Abbildung unten:

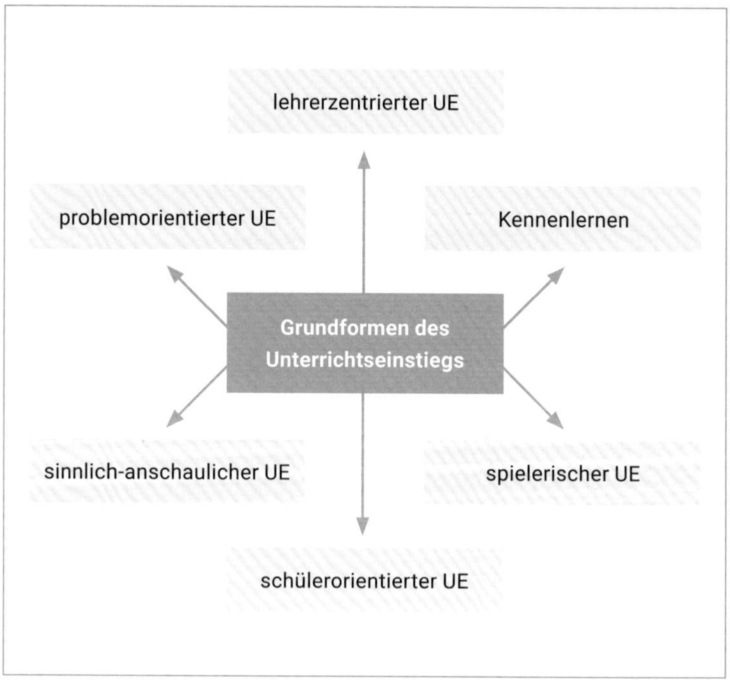

Differenziert man diese im Hinblick auf den Religionsunterricht weiter aus, so lassen sich die in der folgenden Tabelle dargestellten Konkretisierungen nennen:

problemorientierter Unterrichtseinstieg	• sich mit einem Medium bzw. medial vermittelten Inhalten auseinandersetzen, z. B. Foto, Gemälde, Karikatur, Darstellung, Videoclip, Film(-ausschnitt) Lied, Liedtext, Zeitungsmeldung, Schlagzeile, Nachrichten, Diagramm, Landkarte, Aussage, Zitat, Meinung, Sprichwort, Bibelzitat, Gedicht oder eine Geschichte, Teil(e) einer Ganzschrift • mit Bilderkarten oder Begriffen assoziieren • sich einer Anforderungssituation oder Lernaufgabe stellen
sinnlich-anschaulicher Unterrichtseinstieg	• einen religiösen oder liturgischen Gegenstand erkunden (z. B. Kippa, Kelch, Koran, Rosenkranz …) • ein Kunstwerk ansehen (Skulptur, Installation …) • eine Mitte gestalten mit Gegenständen • bedeutungsreiche Gaben schmecken, riechen oder fühlen (z. B. Matze-Brot, Weihrauch, Samt …) • eine Körperhaltung einnehmen (z. B. gekrümmt sein …) • einen Lernort besuchen (z. B. Mahnmal, Gedenktafel o. Ä.)
schülerorientierter Unterrichtseinstieg	• eine Umfrage / Befragung durchführen und auswerten • verschiedene (kontroverse) Statements zu einem Thema diskutieren • ein Brainstorming zusammentragen (z. B. an der Tafel) • eine Kartenabfrage durchführen • ein Akrostichon oder Elfchen schreiben • ein Schreibgespräch führen (Placemat, 6-3-5-Methode …)
spielerischer Unterrichtseinstieg	• Aufstellungen oder Positionierungen einfordern (Meinungslinie, 4-Ecken-Spiel, Line-Up-Sortierung …) • ein gruppendynamisches Spiel durchführen und auf eine bestimmte Frage hin auswerten (z. B. nach Vertrauen, Vorurteilen …) • verfälschte Zitate, Bilder oder ein Textpuzzle entschlüsseln
Kennenlernen	• ein Partner- oder Gruppeninterview durchführen • einen Experten befragen, ggf. auch per Videokonferenz • eine thematische Visitenkarte erstellen lassen • Pressemeldungen und Zeitungen sichten • eine erste Internetrecherche zu einem neuen Themenfeld durchführen • einen Gegenstand von zu Hause mitbringen
lehrerzentrierter Unterrichtseinstieg	• eine Geschichte erzählen oder vorlesen • Informationen zu einem Gegenstand oder Thema geben • von einer Erfahrung erzählen • über den nächsten Arbeitsschritt bzw. den Inhalt und das Ziel der Stunde informieren • auf ein lernbegleitendes Medium (Advance Organizer, Fragenspeicher etc.) hinweisen, um den nächsten Schritt transparent zu machen

5.3 Stundenmitte und Erarbeitungsphasen ertragreich gestalten

Funktion und Kriterien

Fast immer stellt die zentrale Erarbeitungsphase die Stundenmitte dar und nimmt auch zeitlich einen großen Anteil der Stunde ein. Dies gilt nicht nur dann, wenn ein kompletter Lernprozess (vom Einstieg bis zur Sicherung) innerhalb der Unterrichtsstunde vollzogen und abgewandelt wird, sondern auch, wenn er sich über mehrere Stunden erstreckt. Hier sollten die Schülerinnen und Schüler aktiv werden und Neues erarbeiten, Erkenntnisse anwenden oder in neuen Zusammenhängen vertiefen. Unter mehr oder weniger direkter Instruktion gilt es hier, die angestrebte Kompetenz oder das Stundenziel zu erreichen. So kann es in dieser zentralen Stundenphase beispielsweise darum gehen, ein Problem oder einen Fragenkatalog herauszuarbeiten (etwa aus einem komplexen Bild oder einem Film) oder auch bisher herausgearbeitete Argumente zu gewichten und zu vertiefen (etwa im Rahmen einer Podiumsdiskussion). Was im Kern bzw. der Mitte der jeweiligen Stunde passiert, hängt von der Intention der Stunde und der zuvor formulierten Problemfrage oder dem festgelegten Thema ab.

HINWEIS
Gelegentlich finden sich in Unterrichtsentwürfen mehrere Erarbeitungs- und Sicherungsphasen. Hiervon ist abzuraten!

Als zentrale Kriterien für diesen Abschnitt bzw. diese Phase lassen sich vor allem solche anführen, die auch allgemein als Gütekriterien guten Unterrichts in verschiedenen Kontexten herangezogen werden, etwa:

- eine größtmögliche Transparenz im Hinblick auf das Ziel der Arbeit und Stunde,
- ein hoher Anteil an echter Lernzeit,
- ein hoher Grad an Eigenaktivität der Schülerinnen und Schüler,
- eine von gegenseitigem Respekt und Wertschätzung geprägte Arbeitshaltung,
- verständliche und klare Aufgabenstellungen,
- Materialien, die vom Umfang und Niveau her der Situation und Lerngruppe angemessen sind,
- eine gut vorbereite und funktionale Lernumgebung,
- ein zweckdienlicher Einsatz von Methoden, Materialien und Medien (in Anlehnung an Meyer 2007).

Gestaltung

Konkret können in einer solchen Arbeitsphase beispielweise folgende Handlungen durch- oder ausgeführt werden:

- Die Schülerinnen und Schüler planen weitere Arbeitsschritte in einem Lernprozess (so weit wie möglich) mit,
- Vorwissen, spontane Ideen oder Hypothesen werden gesammelt und systematisiert,
- eine Situation oder ein Problem wird genauer untersucht und präzisiert,
- Materialien und Medien (Texte, Filme, Bilder, Gegenstände etc.) werden analysiert und befragt,
- eine Lernaufgabe wird weiterbearbeitet,
- ein Versuch oder Experiment wird durchgeführt,
- vorher bereits erarbeitete Ergebnisse werden präsentiert und bewertet,
- ein Experte oder eine Expertin wird befragt,
- zuvor Erlerntes (auch eine Methodenkompetenz) wird erprobt und angewendet oder auf einen neuen Kontext transferiert,
- ein Lernprodukt – auch digitaler Art – wird erstellt,
- ein außerschulischer Lernort wird besucht,
- eine Recherche oder eine Umfrage wird durchgeführt,
- ein handlungsorientierter Arbeitsauftrag wird umgesetzt,
- eine Frage wird im Unterrichtsgespräch diskutiert,
- ein Lernweg wird kritisch reflektiert.

Es gibt so viele Möglichkeiten, wie die Arbeitsphasen in der Mitte einer Stunde aussehen können, dass es kaum möglich ist, diese hier aufzulisten. Erst recht würde es den Rahmen dieser Publikation sprengen, auch noch genauer auf alle Arbeitsformen, Medien und Methoden einzugehen, die im Religionsunterricht Verwendung finden können. Die Literaturtipps am Ende dieses Kapitels geben jedoch zahlreiche Ideen und Hinweise, wie Arbeitsphasen und -prozesse gestaltet werden können. Diese reichen von der „klassischen" Textarbeit bis hin zum kreativeren Bibliodrama. Vieles kann zum Einsatz kommen, um religiöse Themen und anthropologische oder ethische Fragestellungen zu bearbeiten und zu erschließen.

Die einzelnen Methoden und Lernwege, die zum Einsatz kommen, lassen sich – trotz aller Vielfalt – in der Regel einer der folgenden Sozialformen zuordnen:

- Frontalunterricht
- Einzelarbeit
- Gruppenarbeit
- Partnerarbeit

Ansätze wie etwa das kooperative Lernen nach dem Think-Pair-Share-Prinzip können als Misch- oder Sonderform betrachtet werden, da sie mehrere Elemente (Einzel-, Partner und Gruppenarbeit) vereinen.

Bei der konkreten Entscheidung für oder gegen einen dieser Ansätze (oder eine bestimmte Methode) sollte vor allem die Frage im Mittelpunkt stehen: Auf welchem Weg lässt sich das in der Stunde angestrebte Lernziel am sinnvollsten erreichen? Auch hier sei noch einmal darauf verwiesen, dass stets die Funktionalität ein entscheidendes Kriterium bei der Konzeption eines Lernarrangements sein muss.

Typische Vor- und Nachteile der oben erwähnten Kommunikationsformen sind nach Pukas (2003) in den folgenden Grafiken zusammengefasst.

Entlastend für die Frage, welcher dieser Ansätze am besten geeignet ist, kann mit H. Gudjons festgehalten werden, dass die Unterrichtsforschung in den letzten Jahren sehr klar belegen konnte, dass es kein Patentrezept und keinen „Königsweg für gelingendes Lernen" gibt:

> „Weder Gruppenarbeit, Stationenlernen, Wochenplan, Freiarbeit oder Projektunterricht sind Garanten für den Aufbau von Wissen, Kompetenz und Motivation. Keine Sozialform allein macht effektiven Unterricht aus." (Gudjons 2006, 93)

Frontalunterricht

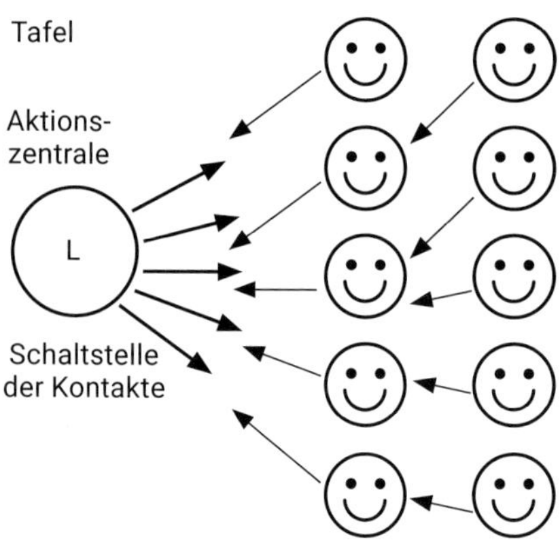

Frontalunterricht

Vorteile:

- rationelle Stoffvermittlung
- Erwerb von Grundwissen
- einfache Unterrichtsvorbereitung
- konzentrierte Unterrichtsdurchführung

Nachteile:

- passives, rezeptives Lernverhalten
- Nivellierungseffekt auf Kosten der Schwachen
- Frustration und Isolation in der Großgruppe
- Gefahr der Fehleinschätzung des Unterrichtserfolges
- bequem für inaktive Schüler

Prinzipien: Lehrer-Zentrierung (Modifizierung möglich)

Gruppenarbeit

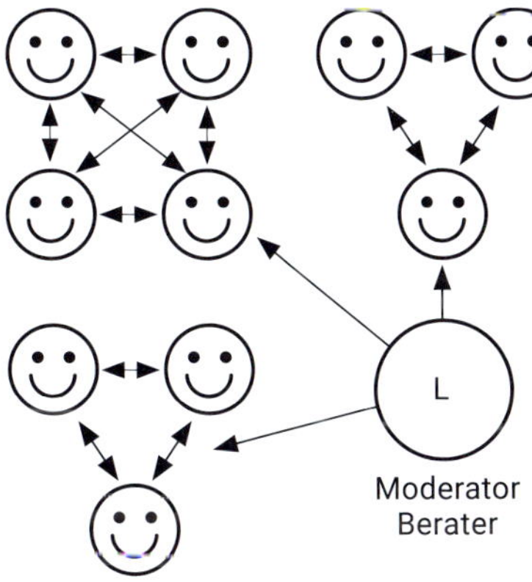

Gruppenarbeit

Vorteile:

- Erhöhung der Methoden- und Sachkompetenz
- Stimulation von positivem Sozialverhalten
- Formung autonomer Schülerpersönlichkeiten

Nachteile:

- Fundus an Leistungsvermögen und Fertigkeiten erforderlich
- großer, flexibler Organisationsaufwand
- keine genaue Planbarkeit
- unsicherer Lernerfolg
- zeitintensive Methode

Prinzipien: Selbstbestimmung + Arbeitsteilung

Partnerarbeit

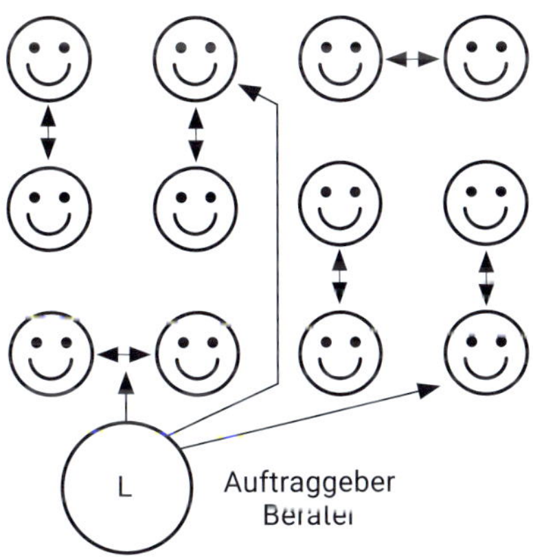

Partnerarbeit

Vorteile:

- leichte Organisierbarkeit
- vielseitige Einsetzbarkeit
- ziemlich große Motivation und Eigenständigkeit der Lernenden
- günstiges Sozialverhalten

Nachteile:

- Voraussetzung von Lern- und Arbeitstechniken nötig
- Störungen durch Meinungsverschiedenheiten möglich

Prinzipien: Gleichberechtigung + Helfersystem

Einzelarbeit

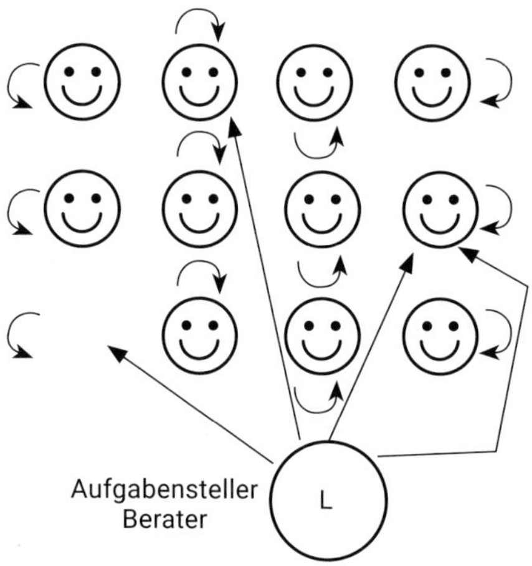

Einzelarbeit

Vorteile:
- hohe Schüleraktivität
- Üben, Anwenden, Vertiefen des Vermittelten
- gezielte Lernhilfe für die Schwachen möglich

Nachteile:
- Verfügbarkeit über Lern- und Arbeitstechniken nötig
- Isolierung der Lernenden
- Überforderungsgefahr
- Auseinanderdriften der Ergebnisse

Prinzipien: Schüler-Selbsttätigkeit

Insofern liegt also eine zentrale Herausforderung und Kompetenz der Stundenplanung nicht zuletzt darin, immer wieder neu auf die jeweilige Situation bzw. die Ziele und die Lerngruppe zu schauen, um davon ausgehend und begründet zu entscheiden, welches Arrangement am sinnvollsten erscheint und zu den nachhaltigsten Lernergebnissen führt.

A

1. Reflektieren Sie für sich Situationen, in denen Sie (sei es aus Schüler- oder Lehrerperspektive) eine dieser Sozialformen a) als produktiv und b) als wenig produktiv erlebt haben.
2. Tauschen Sie sich über Ihre Einschätzungen und Erfahrungen mit Kolleginnen und Kollegen aus und erstellen Sie eine eigene Kriterienliste, worauf bei der Umsetzung der vier Sozialformen Ihrer Meinung nach besonders zu achten ist, damit Arbeitsphasen produktiv und ertragreich verlaufen.

Während es an der Gelenkstelle vom Einstieg zur Problematisierungs- und Erarbeitungsphase wichtig ist, dass die Lehrkraft das Unterrichtsgeschehen inhaltlich lenkt und die Aufmerksamkeit und die Gedanken auf das gewünschte Stundenthema hin fokussiert, kommt es in der Arbeitsphase eher darauf an, die Eigenaktivität der Schülerinnen und Schüler zu fördern und sicherzustellen.

Die Lernenden sollen sich hier im Sinne einer aktiven Aneignung den gesetzten Herausforderungen stellen und ihr Potenzial entfalten. Typische Aufgaben, der die Lehrkraft (hier tatsächlich im Sinne eines „Lernbegleiters“) nachkommen sollte, können sein:

- Für Klarheit und Transparenz hinsichtlich des Ablaufs und der Ziele sorgen (ggf. auch durch Visualisierungen von Arbeitsaufträgen, Zeitangaben etc.),
- den Ablauf steuern, z. B. durch akustische Signale oder Arbeitsanweisungen,
- die Lerngruppe und die einzelnen Schülerinnen und Schüler im Blick behalten, um evtl. Lernhindernisse oder Probleme zu erkennen und auf sie angemessen zu reagieren,
- strategische Hilfen geben und alternative Erschließungsmöglichkeiten aufzeigen (beispielsweise auch durch den Einsatz binnendifferenzierender Maßnahmen und Methoden),
- auf Störungen reagieren und eine schnelle Rückkehr in den Arbeitsprozess ermöglichen,
- die erstellten Produkte oder Ergebnisse im Hinblick auf Fehler oder Missverstandenes im Blick behalten.

TIPPS AUS DER PRAXIS FÜR DIE GESTALTUNG UND KONZEPTION VON GRUPPENARBEITSPHASEN

- Wenn Sie eine arbeitsteilige Gruppenarbeit für die Er- bzw. Bearbeitung einer Aufgabe nutzen, bedenken Sie, dass diese zeitintensiv sein kann – insbesondere wenn die Schülerinnen und Schüler theologische Texte erarbeiten, sich darüber austauschen und ihr Ergebnis im Anschluss noch präsentieren sollen. Hier reicht in der Regel eine einzelne 45-Minuten-Schulstunde nicht aus, um allen Inhalten und Gedanken gerecht zu werden.
- Nutzen Sie kooperative Lernformen, achten Sie dann aber darauf, dass diese auch wirklich kooperativ angelegt sind, d. h. eine wechselseitige Abhängigkeit der zusammenarbeitenden Schülerinnen und Schüler erzeugt wird, so dass die Pair-Phase mehr ist als eine bloße Partnerarbeit. Dies kann beispielsweise dadurch erreicht werden, dass sich die Arbeitspartner bzw. -partnerinnen auf eine gemeinsame Lösung einigen, absichtlich eingebaute Fehler aufdecken oder Informationen des jeweils anderen paraphrasieren, ergänzen oder verändern müssen.

5.4 Stundenende und Sicherungsphasen nachhaltig gestalten

5.4.1 Die Sicherung

Ähnlich wie der Begriff *Einstieg* ist auch der Terminus *Sicherung* vielschichtig und wird in der fachdidaktischen Literatur nicht einheitlich gebraucht. Er taucht als Sammelbegriff auf und erhält je nach Kontext unterschiedliche Bedeutungsnuancen. Das trägt dazu bei, dass gerade bei Referendarinnen und Referendaren Unsicherheiten entstehen, wenn es um die Frage nach der angemessenen Gestaltung von Sicherungsphasen im Unterricht geht.

Funktion und Kriterien

Einfach zusammengefasst könnte man sagen, dass es sich bei der Ergebnissicherung um den Abschluss eines Lernprozesses bzw. -schrittes handelt. Wie Hilbert Meyer darlegt, spielen hierbei jedoch unterschiedliche Dimensionen eine Rolle. Für ihn dient die Sicherung

1. der *Protokollierung* und (verbindlichen) *Dokumentation* der Unterrichtsergebnisse,
2. der *Übung* und *Vertiefung* der angeeigneten Kenntnisse und Fähigkeiten,
3. der *kritischen Bewertung* und *Verständigung* über die geleistete Arbeit (vgl. Meyer 2011, 165).

Weitere Funktionen wie etwa die *Präsentation* und *Veröffentlichung der Lösungen, die Zusammenfassung des Gelernten* oder der *Transfer der Erkenntnisse* könnten zusätzlich differenziert bzw. den Funktionen nach Meyer zugeordnet werden. Die Vielzahl der Aufgaben, die diese Phase leisten soll, ist jedoch nur einer der Gründe dafür, weshalb sie in der Planung und Durchführung als schwierig empfunden wird. Ein Blick auf die Dramaturgie bzw. den inhaltlichen Spannungs- und Motivationsbogen eines Lernprozesses macht deutlich, worin weitere Herausforderungen liegen (s. a. Grafik S. 115):

- Nachdem der Einstieg und die Arbeitsphase durchlaufen wurden, ist der inhaltliche Höhepunkt überschritten und das Interesse und die Motivation der Schülerinnen und Schüler gehen u. U. schnell zurück.
- Findet alles im Rahmen einer Einzelstunde statt, kommt erschwerend hinzu, dass der größte Teil der Unterrichtszeit bereits vorbei ist, d. h., auch die Aufmerksamkeitsspanne neigt sich dem Ende zu und die Gedanken richten sich leicht auf andere Dinge, eventuell entstehen Disziplinierungsprobleme.

- Auch die Lehrkraft muss in dieser Phase noch einmal volle Aufmerksamkeit und Energie aufbringen, um die Arbeitsergebnisse im Blick zu behalten und alles inhaltlich wie formal zu einem runden Abschluss zu bringen.
- Ggf. entsteht zusätzlicher Zeitdruck dadurch, dass einzelne Phasen vorher länger gedauert haben oder vor dem Klingeln noch diverse Klassengeschäfte oder andere Dinge zu regeln sind. Darunter leidet die inhaltliche Gründlichkeit.

Dramaturgie und Verlauf einer Durchschnittsstunde

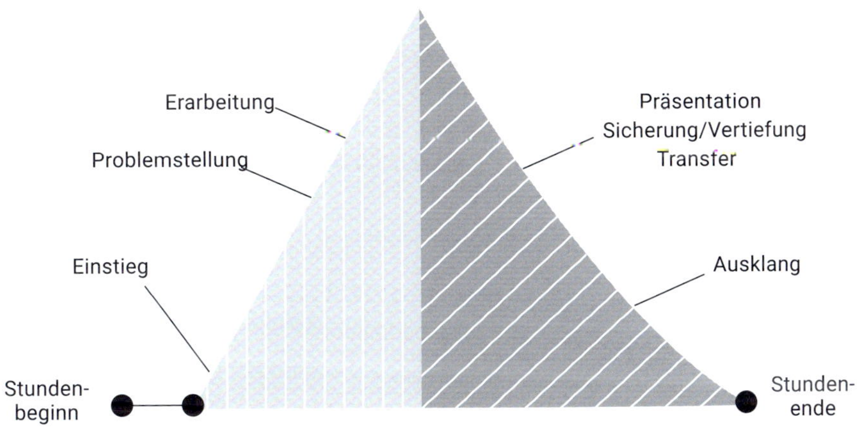

Diese und noch andere Faktoren führen dazu, dass Sicherungs- und Abschlussphasen immer wieder als wenig zufriedenstellend von Lehrkräften empfunden werden und nicht selten auch vom inhaltlichen Niveau her nicht mehr das einlösen können, was vom Einstieg und der Erarbeitung her angelegt war bzw. als Lernertrag hätte herauskommen können. Schneider und Klenck fragen danach, inwiefern sich hier auch ein spezifisches Problem der Planung zeigt:

> „Jeder, der praktisch oder beobachtend mit Unterrichtsplanung zu tun hat, wird bestätigen, dass die Planung einer Unterrichtsstunde meist sehr stark anfangsdominiert ist. Diese planerische Kopflastigkeit zieht in vielen Fällen auch eine quantitative wie qualitative Betonung der Einstiegsphase im Unterricht nach sich. Das Stundenende definiert sich im Alltag dann meistens

durch das Abschließen der Arbeitsphase, manchmal dekoriert durch das Vortragen von Arbeitsergebnissen und das Aufschreiben von Hausaufgaben. Diese gedankliche Vernachlässigung der Schlussphase zeigt ihre Tücken dann vor Ort. Wie ist zu reagieren, wenn die Zeit tatsächlich knapp wird, weil sie an anderen Stellen im Unterricht aufgebraucht wurde? Wie kann man auf Unverständnis dokumentierende Schülerbeiträge eingehen, wenn in keiner Weise ein Unterrichtsgespräch angedacht oder gar vorbereitet wurde? Worin liegt eigentlich die Ursache, sich lieber in einer ausgedehnten Einstiegsphase aufzuhalten und die Arbeitsphase zu verlängern, als am Ende einer Stunde die Ernte einzufahren?" (Klenck / Schneider 2006, 68)

A

1. Sammeln Sie eigene Ideen, wie den erwähnten Schwierigkeiten auf der Planungs- und Durchführungsebene begegnet werden kann. Welche inhaltlichen und/oder methodischen Möglichkeiten sehen Sie?
2. Versetzen Sie sich auch für diese Phase des Lernprozesses in die Situation einer Schülerin bzw. eines Schülers: Was würden Sie, nachdem die zentrale Erarbeitung erfolgt ist, erwarten? Was würden Sie sich für einen Abschluss des Lernprozesses wünschen, damit dieser nachhaltig ist und Sie zufrieden aus einer Religionsstunde gehen?

Aus den erwähnten Überlegungen lassen sich u. a. folgende Kriterien und Merkmale einer gelungenen Sicherung ableiten. Sie sollte ...

- die Ergebnisse der Arbeitsphase darstellen und wertschätzen,
- am Ende dafür sorgen, dass die zentralen Aspekte im Sinne eines Kondensats auf den Punkt gebracht werden,
- in Korrespondenz zur Leitfrage bzw. dem Stundenthema und der Intention der Stunde stehen. Dadurch wird auch für die Schülerinnen und Schüler deutlich, worin der Lernertrag der geleisteten Arbeit bzw. der Stunde liegt,
- für alle Schülerinnen und Schüler gedanklich nachvollziehbar und mit einem möglichst hohen Anteil an Eigenaktivität verbunden sein (eine Zusammenfassung aller Ergebnisse durch die Lehrkraft am Ende der Stunde widerspricht dem Sinn von Sicherung und lässt nicht erkennen, inwiefern die Schülerinnen und Schüler das Problem und die Inhalte durchdrungen haben),
- jene Phase sein, in der auch wichtige Korrekturen und Verbesserungen vorgenommen werden, damit sich falsche Vorstellungen oder Ergebnisse nicht festigen,
- es ermöglichen, auch im Sinne der Beurteilung und Reflexion Stellung zu dem Erarbeiteten (und ggf. auch dem Lernweg) zu nehmen,

- sicherstellen, dass die Ergebnisse auch zu einem späteren Zeitpunkt noch einmal abrufbar oder erinnerbar sind – auch als Vorbereitung für eine mögliche Leistungsüberprüfung,
- Möglichkeiten des Transfers und der Anwendung aufzeigen, damit sich erworbene Kompetenzen festigen können und sich den Schülerinnen und Schülern der Sinn des Erlernten auch in einem größeren Kontext erschließt.

Diese Kriterienliste unterstreicht noch einmal die nicht zu unterschätzende Bedeutung von Sicherungs- und Vertiefungsphasen. Sie macht zugleich deutlich, dass Sicherung in einem auf nachhaltigen Wissenserwerb angelegten Religionsunterricht sich nicht darauf reduzieren oder nur daran messen lässt, ob pro forma am Ende einer Stunde alle Schülerinnen und Schüler das Tafelbild ins Heft oder einen Merksatz abgeschrieben haben. Vielmehr gilt es hier, im Sinne der Gesamtlogik des Lernprozesses zu entscheiden, womit und wodurch nachhaltige Lernerfolge gesichert werden. Insofern kann ein sauber abgeschriebenes Tafelbild genauso für die Qualität eines Lernprozesses sprechen wie eine vertiefende Diskussion, deren Ergebnisse am Ende aus pragmatischen Gründen nur kurz abfotografiert und in der nächsten Stunde wieder aufgegriffen werden.

Gestaltung

Gelegentlich ist in Unterrichtsstunden zu beobachten, dass Schülerinnen und Schüler ihre Ergebnisse präsentieren und direkt nach dieser Präsentation die vorgestellten Aspekte aus dem Gesichtsfeld der Mitschülerinnen und Mitschüler verschwinden. Nur mit der Präsentation ist es aber nicht getan! Hier zeigt sich eine zentrale Aufgabe und Funktion der Lehrkraft in dieser Unterrichtsphase.

Sie muss dafür sorgen, dass Gelegenheit gegeben wird, Verständnisfragen zu klären, an verschiedenen Aspekten einzuhaken, die Qualität der Aussagen zu bewerten und sie an Beispielen zu konkretisieren. Auch eine eventuelle Korrektur sprachlicher Fehler gehört hierhin. Danach erfolgt ein Rückbezug zur Leitfrage oder zum Thema der Stunde und die Formulierung einer Antwort bzw. eines Fazits. Wichtig ist, dass Ergebnisse so formuliert werden, dass sie auch mit einem gewissen zeitlichen Abstand noch zu verstehen und aussagekräftig sind. Der Lehrkraft kommt hierbei nicht nur die Aufgabe eines Moderators oder einer Moderatorin zu: Als Experte oder Expertin muss die oder der Unterrichtende sicherstellen, dass die Schülerinnen und Schüler nichts Falsches lernen. Sie oder er muss auch den Mut haben, zur Korrektur falscher Beiträge zu ermutigen oder ggf. selbst Falsches zu benennen und richtigzustellen. Beim Eindruck, dass Lernende etwas nicht verstanden haben, müssen Unterrichtende einhaken, Aspekte ggf. noch einmal anders wenden, um weiteren Lernenden Zugänge zu ermöglichen. In einem Auswertungsgespräch innerhalb der Sicherungsphase zeigt sich besonders deutlich die Expertise der Unterrichtenden: Nur wenn jemand in der Sache steht und weiß, woraufhin er unterrichtet, wird er in der Lage sein, geschickte Impulse zu setzen, nachzuhaken, die Qualität der Schülerbeiträge zu beurteilen und ggf. nachzusteuern sowie dafür zu sorgen, dass es auch wirklich zu einer gehaltvollen Sicherung präsentierter Ergebnisse kommt. Gesprächsführungskompetenz ist dabei weniger eine Frage der Technik als vielmehr der Fachlichkeit der Lehrenden und der Sensibilität gegenüber dem, was Schülerinnen und Schüler zum Ausdruck bringen.

HINWEIS
Leider fragen SuS oft nicht nach, wenn sie etwas nicht verstanden haben. Hier sollten Lehrende ein Gespür dafür entwickeln, wo Hürden liegen und wie sie diesen begegnen könnten.

Rudolf Englert hat wiederholt darauf hingewiesen, dass Schülerinnen und Schüler zu wenig Erfahrungen fortschreitenden Könnens machen und Religionsunterrichtende zu wenig fachliche Kompetenz einbringen (u.a. Englert 2013, 28–33; 2019, 67f.) – das gilt sicherlich für den Religionsunterricht insgesamt, gilt aber auch (und besonders) für die Sicherungsphase, in der Gelerntes auf den Punkt gebracht und ggf. der Lernprozess im Sinne einer Metakognition beleuchtet wird:

> „Der Sicherung von Lernergebnissen wird eine zu geringe Aufmerksamkeit geschenkt. Eine nochmalige Rekonstruktion des Lernprozesses und der dabei erzielten Einsichten ist gerade auch deshalb wichtig, weil der im Religionsunterricht erzielte Lerngewinn sich oft nur schwer fassen lässt. Das spiegelt sich auch in der Schülerrede vom „Laberfach". Demnach wird hier viel geredet, es kommt aber nichts (Greifbares) heraus. Der Markierung einzelner Lernschritte sowie auch der insgesamt erzielten Lernprogression wäre entsprechend größere Beachtung zu schenken." (Englert 2019, 67f.).

Gerade Berufsanfängerinnen und -anfänger haben oft Scheu, im Unterricht, insbesondere in der Phase der Sicherung steuernd einzugreifen – völlig zu Unrecht, denn nur so kommen sie ihrer Verantwortung als Lehrende nach und befähigen Schülerinnen und Schüler im Laufe der Zeit, selbst nachzufragen und weiterzudenken, sich also nicht mit reinen Präsentationen zufrieden zu geben.

Für die konkrete methodische Umsetzung von Sicherungselementen bieten sich u. a. die in der folgenden Tabelle zusammengefassten Möglichkeiten an:

Präsentation und Bündelung	• Präsentation von Arbeitsergebnissen entweder durch die SuS selbst (Folie, PPT, Dokumentenkamera, Vorführung etc.) oder in Form einer Ausstellung, eines Gallery Walks, einer Wandzeitung o. Ä. • gemeinsame Erstellung eines Clusters oder einer anderen Struktur an der Tafel, dem Whiteboard etc. • Besprechung der Ergebnisse im auswertenden Unterrichtsgespräch, ggf. gelenkt durch differenzierende und provozierende Impulse • Sammlung von Aspekten an der Tafel oder in digitaler Form • Formulierung einer Antwort auf die Leitfrage bzw. das Stundenthema, etwa in Form eines Fazits oder Merksatzes
Protokollierung und Dokumentation	• Abschrift oder Mitschrift von Tafelbildern, Folien, Ergebnisdarstellungen usw. • Foto, Ausdruck oder Fotokopie von Arbeitsblättern, Musterlösungen oder gemeinsam erstellten Produkten • Auf- oder Einkleben von Ergebnissen und Lösungen • Sicherung und Bereitstellung eines Arbeitsergebnisses in digitaler Form, z. B. auf einer Lernplattform • Erstellung von Plakaten oder Postern • Vervollständigung eines lernbegleitendes Mediums (Buddy Book, Advance Organizer)
Übung und Vertiefung	• Erstellen einer abschließenden Mindmap, Concept Map oder Wordcloud mit zentralen Aspekten oder Begriffen • Bearbeitung eines Lücken- oder Fehlertextes, ggf. eines Lernquiz (z. B. in Form eines Logicals) • Bearbeitung kreativer Schreibaufträge (Akrostichon oder Elfchen, Blog-Eintrag, SMS, Leserbrief o. Ä.) • Transfer des Wissens auf ein anderes Beispiel oder einen anderen Kontext (Anwendungs- oder Anforderungsituation, Kunstwerk, Lied o. Ä.)
Bewertung und Verständigung	• Stellungnahme im offenen Unterrichtsgespräch • Bewertung durch ein Aufstellungs- oder Positionierungsspiel, eine Kartenabfrage, Klebepunkte o. Ä. • Reflexion des Lernweges

Tipps aus der Praxis für die Gestaltung von Auswertungs-, Präsentations- und Sicherungsphasen

- Es ist in der Regel hilfreich, eine Stunde oder einen Lernprozess nicht vom Einstieg, sondern vom Ende her zu planen, so dass sichergestellt ist, dass alles Wichtige am Ende auch gelernt wurde. Unter Umständen kann Sie dies darauf stoßen, einzelne Stundenelemente oder -phasen im Sinne der Zielorientierung anders zu planen bzw. daraufhin zu optimieren.
- Achten Sie darauf, dass die Aufmerksamkeit und die Aktivität der Schülerinnen und Schüler auch in der Phase der Sicherung, die oft im hinteren Drittel einer Stunde liegt, möglichst hoch ist bzw. bleibt, etwa indem Sie

  - dafür Sorge tragen, dass alle präsentierten Ergebnisse wirklich gut lesbar und zu erkennen sind,
  - ggf. aktivierende Beobachtungsaufgaben (z. B. Kriterienlisten während einer Präsentationsphase) stellen,
  - nach einer Gruppenarbeitsphase nicht zu viele Gruppen hintereinander präsentieren lassen, da nach drei bis vier vorgestellten Lösungen die Aufnahmefähigkeit sinkt,
  - die Schülerinnen und Schüler aktiv miteinbeziehen, um eine Auswertung zu moderieren oder Ergebnisse (z. B. an der Tafel) festzuhalten.
- Redundanzen und Doppelungen beim Sammeln und Auswerten von Ergebnissen sollten möglichst vermieden werden. Wenn etwa Arbeitsergebnisse bereits im Heft oder auf einem Arbeitsblatt vorliegen, macht es in der Regel wenig Sinn, wenn die Lehrkraft alles (!) noch einmal an der Tafel zusammenträgt. Nutzen Sie stattdessen lieber die Möglichkeit, die vorliegenden Aufzeichnungen durch die Schülerinnen und Schüler selbst vorstellen zu lassen, z. B. per Dokumentenkamera.
- Bedenken Sie im Vorfeld, was genau als Stundenergebnis verschriftlicht werden soll und warum.
- Antizipieren Sie vorher gründlich, ob und inwiefern es in der jeweiligen Lerngruppe möglich ist, dass die Schülerinnen und Schüler beim Präsentieren gleichzeitig aktiv zuhören und nebenbei etwas mitschreiben oder ergänzen sollen. Gerade in den jüngeren Jahrgangsstufen ist es oft wichtig, die volle Aufmerksamkeit zuerst auf die Präsentation und Besprechung zu lenken und anschließend eine Phase für das Abschreiben oder die Verschriftlichung der Gedanken einzuplanen.
- Vermeiden Sie es, zur Tafel zu sprechen, während Sie dort Ergebnisse festhalten.
- Vielfältige Möglichkeiten für die Auswertung und dynamische Weiterarbeit mit Schülerlösungen bietet neben dem Einsatz der Dokumentenkamera auch das Tablet, mit dessen Hilfe einzelne Beiträge beispielsweise abfotografiert und per Eingabestift ergänzt und verändert werden können.
- Gerade wenn es um die Besprechung theologisch anspruchsvoller Sach- und Fachtexte geht, ist es oft nötig, während der Präsentation und Auswertung noch einmal gezielt auf bestimmte Schlüsselstellen oder Begriffe hinzuweisen, um mit den Schülerinnen und Schülern vertiefend auf Textaussagen einzugehen. Halten Sie dafür den Text und mögliche (ggf. vorformulierte) Impulse bereit.
- Antizipieren Sie insbesondere auch diese Phase der Auswertung und Vertiefung im Vorfeld der Stunde. Formulieren Sie

mögliche Impulse oder Fragen vor, die sich auf zentrale Aspekte oder Stellen der Auswertung beziehen. Hilfreich ist es, sich beim Einlesen in ein Thema spannende Gedanken, Beispiele, wichtige Erkenntnisse zu notieren, so dass Sie für den konkreten Unterricht darauf zurückgreifen können.
- Bestehen Sicherung und Vertiefung beispielsweise darin, dass eine vertiefende Diskussion oder Auseinandersetzung mit erarbeiteten Positionen durchgeführt wird, sollten Sie im Sinne des Lernertrags und der Urteilskompetenz dafür sorgen, dass die vorgetragenen Gedanken und Argumente am Ende noch einmal gewichtet und im Sinne eines begründeten Fazits von den Lernenden beurteilt werden.

5.4.2 Stundenabschluss

In den Überlegungen zur Gestaltung von Sicherungsphasen finden sich bereits diverse Hinweise, wie ein Lernprozess und eine Stunde beendet – oder ggf. an bestimmten Stellen sinnvoll unterbrochen – werden können. Deswegen beschränken sich die folgenden Ausführungen zum Stundenabschluss – der nicht immer zwangsläufig mit dem Abschluss des Lernprozesses zusammenfällt – auf einige wenige Hinweise.

Funktion und Kriterien

Unabhängig davon, ob ein Lernprozess oder eine Arbeitsphase noch länger andauert, sollte in den letzten Minuten einer jeden Unterrichtsstunde gewährleistet sein,
- dass es ein (ggf. auch nur vorläufiges oder auf wenige Aspekte beschränktes) Ergebnis gibt, über das berichtet wird. Auf diese Weise erfahren alle Schülerinnen und Schüler, dass sie bereits etwas erreicht oder erarbeitet haben, das sie ‚aus der Stunde mitnehmen' und an das sie später anknüpfen können. Notfalls kann sich diese Rückmeldung auch darauf beschränken, einen Zwischenstand bekannt zu geben oder noch offene Baustellen zu benennen. Diese Information hilft auch der Lehrkraft, um den bisherigen Arbeitsprozess einzuschätzen,
- dass Arbeitsmaterialien und Ergebnisse so gesichert oder gelagert werden, dass diese später wieder verfügbar sind,
- dass eine (ggf. kurze) Perspektive oder ein Ausblick auf Kommendes möglich ist,
- dass eine Einbindung der Stunde in den Kontext des Unterrichtsvorhabens deutlich wird,
- dass sowohl die geleistete Arbeit als auch das soziale Mit-

einander eine angemessene Würdigung erfahren, indem der Arbeitsprozess abmoderiert und die Lernsituation anständig beendet wird,
- dass alle notwendigen Klassen- und Kursgeschäfte – vom Stellen der Hausaufgabe bis hin zur Organisation des Wandertags – noch gewissenhaft erledigt werden können.

Gestaltung

Da in dieser Phase zielgerichtet vorgegangen werden muss, liegt es in der Verantwortung der Lehrkraft alles gut zu koordinieren und rechtzeitig während der Stunde abzuschätzen, wie ein Stundenende sinnvoll gestaltet werden kann. Konkret bedeutet das, dass sie
- entscheiden muss, an welcher Stelle ggf. ein sinnvoller „Schnitt" möglich ist, insbesondere dann, wenn der tatsächliche Verlauf der Stunde nicht dem antizipierten Verlauf entspricht,
- sich ggf. Gedanken dazu machen muss, wie inhaltlich und organisatorisch in der Folgestunde sinnvoll weitergearbeitet werden kann,
- bereits bei der Unterrichtsplanung verschiedene Alternativen hinsichtlich des Stundenendes andenken kann (→ 4.3.4),
- offene Fragen oder erkannte Probleme notieren und klären sollte,
- ggf. auch hier auf Rituale zurückgreifen kann, die das Stundenende optisch oder akustisch einläuten, so dass ein vernünftiger Zeitrahmen gesichert wird. (→ 5.2.2)

LITERATURTIPPS MIT ANREGUNGEN UND METHODEN ZUR GESTALTUNG VERSCHIEDENER UNTERRICHTSPHASEN IM RELIGIONSUNTERRICHT

- Wendel Niehl, Franz / Thömmes, Arthur (2014): 212 Methoden für den Religionsunterricht, München: Kösel.
- Brüning, Ludger / Saum, Tobias (2009): Erfolgreich unterrichten durch Kooperatives Lernen. Strategien zur Schüleraktivierung. Bd. 1. Essen: NDS-Verlag.
- Mattes, Wolfgang (2011): Methoden für den Unterricht: Kompakte Übersichten für Lehrende und Lernende. Paderborn: Schöningh.
- Moers, Edelgard / Itze, Ulrike / Zeeh-Silva, Brigitte (2018): Methoden im Religions- und Ethikunterricht. Ein Praxishandbuch. Stuttgart: Calwer.
- Müller, Andreas (2017): Das Aufgabenbuch. Aufgaben analysieren, konstruieren, nachschlagen. Paderborn: Schöningh.
- BpB / Scholz, Lothar ([9]2020): Methoden-Kiste: Thema im Unterricht / Extra. Auf: https://www.bpb.de/system/files/dokument_pdf/methoden-kiste_aufl9_online.pdf (Stand 22.05.2020)

- Thömmes, Arthur (2014): Unterrichtsphasen erfolgreich gestalten. Das große Methodenbuch für die Sekundarstufe. Mühlheim a.d. R.: Verlag an der Ruhr.
- Wittschier, Michael (2014): Textschlüssel Philosophie: 30 Erschließungsmethoden mit Beispielen. München: Oldenbourg-Patmos.
- Wittschier, Michael (2014): Gesprächsschlüssel Philosophie: 30 Moderationsmodule mit Beispielen. München: Oldenbourg-Patmos.
- Wittschier, Michael (2013): Medienschlüssel Philosophie: 30 Zugänge mit Beispielen. München: Oldenbourg-Patmos.

6 Heterogenität ernst nehmen

Gabriele Otten

6.1 Grundsätzliche Überlegungen

„Die gleichen Schüler lösen beim gleichen Lehrer im gleichen Raum zur gleichen Zeit im gleichen Tempo die gleichen Aufgaben mit dem gleichen Ergebnis.“ (Scholz 2012, 12) Dass ein solches Lernen im Gleichschritt, ein sogenannter „7-G-Unterricht“, nicht funktionieren kann, hat sich im Bewusstsein von Lehrenden weitgehend durchgesetzt, auch wenn es im Alltag vieler Lerngruppen noch zu beobachten ist.

Lernen ist ein grundsätzlich individueller Prozess, d.h., in jeder Lerngruppe finden sich viele unterschiedlich Lernende mit unterschiedlichen Voraussetzungen. Entsprechend hat das Prinzip der Individualisierung, d.h. der Ausrichtung an den je unterschiedlichen Lernvoraussetzungen der Lernenden, als Leitidee in Gesetzestexte der Bundesländer Eingang gefunden. Exemplarisch sei das Schulgesetz von NRW genannt:

> „§ 1 Abs. 1: Jeder junge Mensch hat ohne Rücksicht auf seine wirtschaftliche Lage und Herkunft und sein Geschlecht ein Recht auf schulische Bildung, Erziehung und individuelle Förderung. Dieses Recht wird nach Maßgabe dieses Gesetzes gewährleistet.

> § 2 Abs.4: Die Schule vermittelt die zur Erfüllung ihres Bildungs- und Erziehungsauftrags erforderlichen Kenntnisse, Fähigkeiten, Fertigkeiten und Werthaltungen und berücksichtigt dabei die individuellen Voraussetzungen der Schülerinnen und Schüler. […]" (Schulgesetz NRW 2019)

Jedes Kind ist anders – kognitive Leistungsfähigkeit, soziale Herkunft, Geschlechtszugehörigkeit und der individuelle Entwicklungsstand prägen sein Lernen. Dass diese Unterschiede zu berücksichtigen sind, ist nicht neu – aber selten wurde die Vielfalt in einer Schule so deutlich offenbar wie heute: Der Anteil von Schülerinnen und Schülern mit Migrationshintergrund nimmt zu, Kinder mit besonderem Förderbedarf gehen auf Regelschulen, in denselben Lerngruppen werden Kinder aus unterschiedlichen sozialen Schichten mit ihren je verschiedenen Potenzialen, Interessen, Verhaltensweisen unterrichtet u. v. m.

Begriffe wie Vielfalt, Heterogenität und Diversität werden in diesem Kontext häufig synonym verwendet.

A

1. Klären Sie die Begriffe *Vielfalt, Diversität, Heterogenität, Pluralität* und grenzen Sie sie voneinander ab.
2. Diskutieren Sie, was für und was gegen die Verwendung der einzelnen Begriffe im Kontext von Schule spricht.

> „Heterogenität kommt aus dem Griechischen, bedeutet übersetzt ‚Ungleichartigkeit' und bezeichnet somit Unterschiede oder Differenzen. Diese können dann erkannt und beschrieben werden, wenn mindestens zwei Aspekte oder Eigenschaften miteinander in Beziehung gesetzt, also verglichen werden. Dies erfolgt mithilfe eines Maßstabs, der an die zu vergleichenden Aspekte angelegt wird und so ihre Relation zueinander beschreibbar macht. Das Ergebnis dieses Vergleiches lautet dann gleich oder ungleich respektive homogen oder heterogen. […] Ein Aspekt wie die schulisch erbrachte Leistung kann folglich nicht per se heterogen sein. Erst der Vergleich konkretisiert, auf welchen Aspekt schulischer Leistung genau Bezug genommen wird und worin die Verschiedenartigkeit besteht. In der Schule wird die Relation häufig zwischen den Leistungen eines Schülers zu unterschiedlichen Zeitpunkten bestimmt, gegenüber der Klasse oder Lerngruppe (soziale Bezugsnorm), oder gegenüber einer formalen, objektiven Bezugsnorm (Schuck 2004, 353f.). Letzteres wird in Bildungsstandards und/oder Klassenzielen festgeschrieben. Je nachdem, wie verglichen wird, kann die Relation anders ausfallen." (Sturm [2]2016, 15)

Das Prinzip der individuellen Förderung – so einleuchtend es ist – stellt Unterrichtende vor große Herausforderungen. Dass differenziert werden und der konkreten Heterogenität im Klassenzimmer Rechnung getragen werden muss, liegt auf der Hand. Nicht nur „künftige Lehrerinnen und Lehrer [müssen] in die Lage versetzt werden, diagnostische Verfahren anzuwenden, im Unterricht eine Vielfalt von Lernzugängen in Form von vielfältigen Aufgaben und Themenstellungen auf unterschiedlichen Handlungsniveaus anzubieten und den eigenen Unterricht kontinuierlich evaluieren zu können" (KMK-Empfehlung 2015, 4). Auch die von der Kultusministerkonferenz beschlossenen und in den Ländern umzusetzenden Standards für die Lehrerbildung sind deutlich: Der Bereich der „Differenzierung, Integration und Förderung: Diversität und Heterogenität als Bedingungen von Schule und Unterricht" wird explizit als Ausbildungsschwerpunkt benannt. Daraus werden Kompetenzen abgeleitet, die Lehrerinnen und Lehrer erwerben müssen, wie z. B.:

> „Kompetenz 1: Lehrkräfte planen Unterricht unter Berücksichtigung **unterschiedlicher Lernvoraussetzungen und Entwicklungsprozesse** fach- und sachgerecht und führen ihn sachlich und fachlich korrekt durch.
>
> Kompetenz 4: Lehrkräfte kennen die **sozialen, kulturellen und technologischen Lebensbedingungen**, etwaige Benachteiligungen, Beeinträchtigungen und Barrieren von und für Schülerinnen und Schüler(n) und nehmen im Rahmen der Schule **Einfluss auf deren individuelle Entwicklung**.
>
> Kompetenz 5: Lehrkräfte vermitteln Werte und Normen, eine Haltung der **Wertschätzung und Anerkennung von Diversität** und unterstützen selbstbestimmtes und reflektiertes Urteilen und Handeln von Schülerinnen und Schülern.
>
> Kompetenz 7: Lehrkräfte **diagnostizieren Lernvoraussetzungen und Lernprozesse** von Schülerinnen und Schülern; sie fördern Schülerinnen und Schüler gezielt und beraten Lernende und deren Eltern."
>
> (KMK 2019, 7.9.10.11) [Hervorhebungen durch Verfasserin]

Es wird daraus deutlich, dass zeitgemäßer Unterricht hier in hohem Maße als individualisiertes, kooperatives, selbstgesteuertes und binnendifferenziertes Lernen verstanden wird, da dieses der Unterschiedlichkeit der Schülerinnen und Schüler am besten entgegenkomme. Gleichwohl können auch Phasen des gemeinsamen

Unterrichts heterogenitätssensibel gestaltet sein. Konzepte zu entwickeln, ist dabei nicht nur eine Sache des einzelnen Lehrers oder der einzelnen Lehrerin, sondern auch eine Aufgabe der einzelnen Schulen.

A

1. Bevor Sie weiterlesen: Vervollständigen Sie bitte den folgenden Satz: „Der Umgang mit Heterogenität im Unterricht ist für mich gelungen, wenn …"

6.2 Innere und äußere Differenzierung

Im System Schule gab und gibt es zwei Formen, um auf Heterogenität bei Schülerinnen und Schülern zu reagieren – die äußere und innere Differenzierung.

Die Übersicht von Ingvelde Scholz (2012, 17) unten auf dieser Seite vermittelt einen ersten Eindruck von den verschiedenen Formen der inneren und äußeren Differenzierung.

Der Begriff „äußere Differenzierung" beschreibt die Trennung von Lerngruppen auf Dauer oder auf Zeit. Diese kann z. B. durch eine Zuordnung von Schülerinnen und Schülern zu verschiedenen Schulformen (z. B. Hauptschule, Realschule, Gymnasium) geschehen oder auch innerschulisch erfolgen, z. B. durch die Wahl verschiedener Neigungskurse oder durch den Unterricht in Gruppen, die nach dem Leistungsvermögen der Lernenden gebildet werden.

Möglichkeiten der inneren und äußeren Differenzierung		
Innere Differenzierung	**Äußere Differenzierung**	
	Interschulische Differenzierung	**Intraschulische Differenzierung**
• oft verknüpft mit Gemeinschaftsschulen und Gesamtschulen (Integration und Inklusion) • differenzierende Aufgabenstellungen, z. B. im Hinblick auf Anforderungsniveau, Inhalte, Lernwege etc. • differenzierende Unterrichtsformen: z. B. Freiarbeit, Lernen an Stationen, Projektarbeit etc. • differenzierende Sozialformen: z. B. Einzel-, Partner-, Gruppenarbeit etc.	• allgemein bildende Schulformen: z. B. Grund-, Haupt-, Realschule, Gymnasium, Förderschule etc. • berufsbildende Schulformen: z. B. berufliches Gymnasium, Berufsschule, Berufsfachschule etc. • reformpädagogisch orientierte Schulformen: z. B. Montessori-Schulen, Peter-Petersen-Schulen etc. • Schulformen mit speziellem Profil: z. B. Musik- oder Sportschulen etc.	• leistungshomogene Lerngruppen, z. B. A-, B-, C-Kurse • Lerngruppen oder Schulklassen mit besonderem Profil: z. B. Instrumentalklassen etc. • geschlechtshomogene Lerngruppen: z. B.in Sport, Sexualkunde etc. • neigungshomogene Lerngruppen: z. B. Kurse in der Oberstufe • Differenzierung nach Entwicklungs- und Leistungsstand: z. B. Förderkurse, Enrichment-Angebote etc.

Die „innere Differenzierung" dagegen verzichtet auf eine Trennung der Schülerinnen und Schüler einer Lerngruppe. Ihr liegt die Annahme zugrunde, dass Lernende auch innerhalb eines Klassen- oder Kursverbandes durch verschiedene Differenzierungsformen ihren Lernvoraussetzungen und Fähigkeiten entsprechend gefördert und gefordert werden können.
Eine größere Herausforderung für Unterrichtende stellt die Form der inneren Differenzierung dar: Wie können Lehrerinnen und Lehrer individuelles Lernen fördern und differenzieren, wie der Heterogenität im Klassenzimmer Rechnung tragen, ohne sich selbst und die Unterrichtsprozesse zu überfordern?

A

1. Diskutieren Sie Vor- und Nachteile der inneren und äußeren Differenzierung.

6.3 Formen von Heterogenität

Aufgrund der Einsicht, dass Schülerinnen und Schüler mit teils völlig unterschiedlichen Lernvoraussetzungen in den jeweiligen Lerngruppen zusammenkommen, bedarf es auch im Religionsunterricht eines Bewusstseins für Vielfalt und Heterogenität und für die Notwendigkeit individueller Förderung. Die Ermittlung der Lernausgangslage und die individuelle Förderung und Forderung der Schülerinnen und Schüler hängen dabei eng zusammen. Eine Voraussetzung für sinnvolles und kriteriengeleitetes Differenzieren ist entsprechend die diagnostische Kompetenz von Lehrerinnen und Lehrern.

Dazu ist es hilfreich, sich zunächst bewusst zu machen, mit welchen Formen von Heterogenität Lehrerinnen und Lehrer im Unterricht grundsätzlich zu tun haben können. So beeinflussen *fachunabhängig* verschiedene Faktoren die Lernprozesse von Schülerinnen und Schülern und lassen dadurch eine gleichförmige Gestaltung von Unterrichtsprozessen als problematisch erscheinen.

Im *Religionsunterricht* sind zudem Unterschiede in der religiösen Sozialisation und in Glaubenshaltungen von Schülerinnen und Schülern von Bedeutung. Dazu sollten Lehrerinnen und Lehrer aber auch eher *themenspezifische Lernausgangslagen* im Blick haben: Welche individuellen Voraussetzungen bringen Schülerinnen und Schüler im Hinblick auf ein konkretes Unterrichtsvorhaben und auf konkret zu erreichende Standards, wie sie in den Kernlehrplänen festgeschrieben sind, mit und wie kann diesen Rechnung getragen werden?

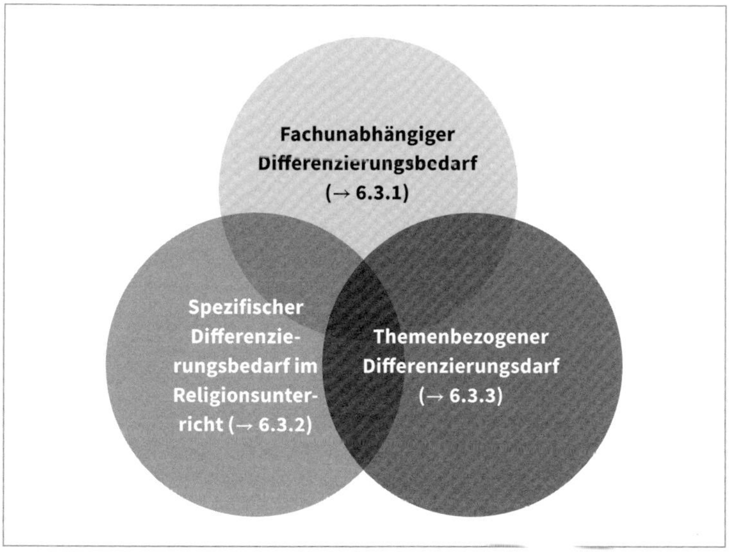

DIFFERENZIERUNGSBEDARF KRITERIENGELEITET WAHRNEHMEN

Fachunabhängiger Differenzierungsbedarf (→ 6.3.1)	**Spezifischer Differenzierungsbedarf im Religionsunterricht (→ 6.3.2)**	**Themenbezogener Differenzierungsdarf (→ 6.3.3)**
Kriterien, die Lernprozesse beeinflussen: • Auffassungsgabe • Lerntempo • Lernkapazität • Anspruchsniveau • Sprachniveau • Motiviertheit zum Lernen • Selbstorganisation und Selbststeuerung (nach Bönsch [2]2011, 36–39) Lerntypen: • visuell • auditiv • motorisch • kommunikativ	Auswirkungen einer religiösen und weltanschaulichen Pluralität sowie individuell unterschiedlicher Lebenswelten auf Lernprozesse, z. B.: • unterschiedliche, mitunter widersprüchliche religiöse und säkulare Vorstellungen und Lebenskonzepte • verschiedene Formen religiöser Sozialisation und Glaubenshaltungen	Voraussetzungen bezogen auf den konkret anvisierten Kompetenzerwerb in einem konkreten Unterrichtsvorhaben, z. B.: • themenbezogene (Vor-)Erfahrungen, Haltungen, subjektive Theorien • Vorwissen zu diesem bestimmten Thema • Vorwissen zu einem anderen Thema, das Möglichkeiten des „Andockens“ und Vernetzens bietet

6.3.1 Fachunabhängiger Differenzierungsbedarf

Manfred Bönsch nennt verschiedene grundsätzliche Erfordernisse, die eine Differenzierung erforderlich machen (vgl. Bönsch ^{2}2011, 36–39):

- **Auffassungsgabe:** Verstehen einige Lernende neue Lerninhalte schnell, so gibt es bei anderen gewisse Schwächen oder Barrieren, die ein schnelles Verstehen verunmöglichen.
- **Lerntempo:** Brauchen einige Lernende nur kurze Zeit zur Erarbeitung, so benötigen andere ein Mehrfaches an Zeit für die Bearbeitung einer Aufgabe, manchmal auch schon Zeit, bis sie überhaupt anfangen.
- **Lernkapazität:** Es kann ganz unterschiedlich sein, wie viel „Inhalt" die Schülerinnen und Schüler in einer Lerneinheit erfassen und verarbeiten können.
- **Anspruchsniveau:** Sehr unterschiedlich können die Aufnahme- und Verarbeitungskompetenzen bei Lernenden sein. Denkt und lernt die eine schon eher „abstrakt", bedarf der andere noch einer größeren Anschaulichkeit.
- **Sprachniveau:** Sprache und Denken hängen eng zusammen. Ist das Sprach- und Sprechniveau eines Schülers oder einer Schülerin noch sehr reduziert, hat das Auswirkungen auf das Erlernen komplexerer Inhalte.
- **Motiviertheit zum Lernen:** Freude am Lernen und Interesse sind wichtig für einen Lernerfolg. Sie kann über schulische Implikationen hinaus auch von den allgemeinen Lebensumständen abhängen.
- **Selbstorganisation und Selbststeuerung:** Hier geht es um die Fähigkeit eines Lernenden, seine eigenen Lernprozesse eigenverantwortlich organisieren und gestalten zu können

Diese Aspekte sind dabei nicht isoliert zu sehen, sondern können einander bedingen.

Zusätzlich ist es sinnvoll, bei der Gestaltung von Lernarrangements im Blick zu haben, dass es verschiedene Lerntypen gibt, die mit unterschiedlichen Lernmitteln und auf unterschiedlichen Wegen am besten lernen. Dazu gehören:

- der *visuelle Lerntyp*, der am besten lernt, wenn er Informationen z. B. in Form von Texten, Bildern, Grafiken, also visualisiert, vor sich hat,
- der *auditive Lerntyp*, der am besten Gehörtes behalten und wiedergeben kann,
- der *motorische Lerntyp*, der am besten lernt, wenn er in Lernprozessen aktiv ist und handelt („learning by doing"),

- der *kommunikative Lerntyp*, der durch das Gespräch mit anderen (Erklärungen, Nachfragen, Diskussionen) am besten Inhalte behält und wiedergeben kann.

In der Praxis zeigt sich bei Lernenden häufig die Vermischung dieser Lernpräferenzen. Es ist sinnvoll, Unterricht so zu gestalten, dass verschiedene Lernkanäle bedient werden. Viele Schulen haben im Rahmen ihrer Förderkonzepte auch Ideen entwickelt, wie Lernende in ihren je individuellen Lernpräferenzen gefördert werden können, z. B. in Form eines Lerncoachings.

Im Internet finden sich zahlreiche Websites, die diese Lerntypen vorstellen und Tests auch für Schülerinnen und Schüler anbieten, um das eigene Lernverhalten und die besten Lernwege herauszufinden.

A

1. Konkretisieren Sie die in 6.3.1 genannten Kriterien an Beispielen aus Ihrer Unterrichtspraxis.
2. Was für ein Lerntyp sind Sie selbst? Tauschen Sie sich über Ihre je eigenen Zuordnungen aus.

6.3.2 Spezifischer Differenzierungsbedarf im Religionsunterricht

Neben diesen fachübergreifenden Kriterien gibt es weitere, spezifische Aspekte, die in besonderer Weise die Gestaltung des Religionsunterrichts beeinflussen und an Unterrichtende weitere Herausforderungen stellen.

Schon die Würzburger Synode hat 1974 eine damals bahnbrechende Unterscheidung vorgenommen:

> „Dem gläubigen Schüler hilft der Religionsunterricht, sich bewusster für diesen Glauben zu entscheiden und damit der Gefahr religiöser Unreife oder Gleichgültigkeit zu entgehen.
>
> Dem suchenden oder im Glauben angefochtenen Schüler bietet er die Möglichkeit, die Antworten der Kirche auf seine Fragen kennenzulernen und sich mit ihnen auseinanderzusetzen. Er kann somit seine Bedenken und Schwierigkeiten in den Erkenntnisprozess einbringen.
>
> Dem sich als ungläubig betrachtenden Schüler, der sich vom Religionsunterricht nicht abmeldet, ist im Religionsunterricht Gelegenheit gegeben, durch die Auseinandersetzung mit der Gegenposition den eigenen Standort klarer zu erkennen oder auch zu revidieren.“ (Kapitel 2.5.1 – Synodenbeschluss 1976, 139)

Diese Unterscheidung ist inzwischen deutlich mehr auszudifferenzieren:

> „Religiöse und weltanschauliche Pluralität, Individualisierung und Kirchenferne stellen den Religionsunterricht vor immer neue Herausforderungen. Religiöse und weltanschauliche Pluralität zeigt sich dabei nicht nur im Zusammenleben von Menschen unterschiedlicher Konfessionen, Religionen und Kulturen, sondern auch in der jeweils individuellen Verbindung unterschiedlicher, mitunter widersprüchlicher religiöser und säkularer Vorstellungen und Lebenskonzepte. Für viele Kinder und Jugendliche ist die christliche Religion mit ihren Ausdrucksformen zu einer Fremdreligion geworden, die sie oftmals nur noch aus der Außenperspektive erleben. Für sie ist der schulische Religionsunterricht der oft einzige Ort der Begegnung mit dem christlichen Glauben und der Kirche." (KLP 2019,10)

Das heißt, Unterrichtende sollten sich mit Fragen auseinandersetzen wie z. B.: Mit welchen Voraussetzungen hinsichtlich religiöser Sozialisation und (Glaubens-)Haltung kommen Schülerinnen und Schüler in den Religionsunterricht? Was kann an Vorwissen und Verständnis vorausgesetzt werden? Haben alle Kinder und Jugendlichen die Möglichkeiten der Teilhabe? Welcher Zugänge, Erschließungswege, Materialien bedarf es möglicherweise, um eine Brücke zu den Themen des Religionsunterrichts zu schlagen, um religiöse oder theologische Fragestellungen in den Horizont der Schülerinnen und Schüler zu rücken? Hier ist neben Ideenreichtum und Kreativität der Unterrichtenden auch ein aufmerksamer Blick auf Lebenswelten von Kindern und Jugendlichen gefragt. Verschiedene Studien, die auch Formen religiöser Sozialisation und Glaubenshaltungen untersuchen, können hierbei eine Orientierung bieten, z. B.:

- Studien des PEW-Instituts (www.pewresearch.org/), das zuletzt 2019 auch Religionszugehörigkeiten, Glaubenshaltungen und -gegenstände in Europa untersuchte,
- die „Sinusstudie" des Sinus-Instituts, die verschiedene Milieus ausmachte und u. a. untersuchte, wie Milieu und Religiosität zusammenhängen (https://www.sinus-institut.de/)und
- die regelmäßig durchgeführten Shell-Jugendstudien, die untersuchen, wie 12- bis 25-Jährige heute in Deutschland aufwachsen (www.shell.de/ueber-uns/shell-jugendstudie.html). Erfragt wird dabei auch, wie Jugendliche in Deutschland heute zu Politik, Gesellschaft und Religion stehen – wobei gerade Letzterer in der Studie von 2019 ein zunehmender Bedeutungsverlust attestiert wird (vgl. ebd. Zusammenfassung, 26).

Empfehlenswert ist zudem eine Beschäftigung von Lehrenden mit den von Kindern und Jugendlichen genutzten Social Media-Plattformen – spiegeln sich doch dort Trends, Haltungen und Einstellungen zu verschiedensten Themen wider.

Heterogenität meint also auch die Bedeutung der Vielfalt und Unterschiedlichkeit der Denkvorstellungen der Lernenden. In jüngerer Zeit mahnt Bernhard Grümme an, neben Fragen der religiösen und kulturellen Vielfalt stärker die sozialen und wirtschaftlichen Lebensbedingungen von Schülerinnen und Schülern, die er für erfolgreiche Teilhabe am Religionsunterricht und später an Gesellschaft und Kirche als hoch relevant erachtet, in den Blick zu nehmen und in der Didaktik und Methodik des Religionsunterrichts zu berücksichtigen, indem soziale, strukturelle und politische Implikationen des Lehrens bedacht werden und zwischen positiv zu wertender Unterschiedlichkeit und zu überwindenden Ungleichheiten differenziert wird (vgl. Grümme 2017).

HINWEIS
LuL sollten sensibel sein für die Lebenswirklichkeit ihrer Schülerinnen und Schüler und sich die Frage stellen, was konkret sie voraussetzen.

A

1. Machen Sie die Probe und sichten Sie Unterrichtsentwürfe oder auch Schulbuchkapitel im Hinblick auf ihre Heterogenitätssensibilität:

a. Welches Bild von Lebenswelten der Schülerinnen und Schüler wird gezeichnet?

b. Wird eine religiöse Grundhaltung (Glaubenshaltung oder -praxis) vorausgesetzt?

In der Praxis zeigt sich, dass die für den Religionsunterricht relevanten Gesichtspunkte mit den bereits genannten Aspekten nach Manfred Bönsch korrelieren können: So kann sich der Ausfall einer religiösen Sozialisation auch in einer noch nicht weit entwickelten religiösen Sprachfähigkeit zeigen (Sprachniveau), für viele Themen bedarf es einer größeren Anschaulichkeit, um Zugänge zu schaffen (Anspruchsniveau, Motiviertheit zum Lernen).

6.3.3 Themenbezogener Differenzierungsbedarf

Hinzu kommen konkrete themenspezifische Voraussetzungen. Mit der Hinwendung zum kompetenzorientierten (Religions-)Unterricht entwickelte sich eine Sensibilität für die Bedeutsamkeit einer möglichst genau zu ermittelnden Lernausgangslage für die weiteren Lernprozesse. Die Ermittlung des Kompetenzstandes im Hinblick auf den in einem anstehenden Unterrichtsvorhaben anvisierten Kompetenzerwerb, wie ein Kernlehrplan bzw. schulinternes Curriculum ihn vorgeben, gewann an Bedeutung. Was können

HINWEIS
Bei der sogenannten „Schriftlichen Arbeit" ist es angeraten, differenzierende Maßnahmen auszuweisen und von der Lernausgangslage her die didaktisch-methodischen Entscheidungen zu begründen.

bzw. wissen Schülerinnen und Schüler konkret zu diesem neu anstehenden Thema? Welche (Vor-)Erfahrungen, Haltungen und welche subjektiven Theorien (Alltagstheorien) bringen sie mit? Welche Relevanz könnte das Thema für sie haben?

Untersuchungen haben gezeigt, dass Lehrerinnen und Lehrer dazu neigen, themenspezifische Unterschiede zu wenig differenziert einzuschätzen bzw. dass die Ausgangssituation von Schülerinnen und Schülern häufig sogar völlig falsch eingeschätzt wird (vgl. dazu z. B. Rothgangel 2012, 157–172; Sajak / Feindt 2012,100).

6.4 Die Erhebung der Lernausgangslage

Zu Recht kann die Ermittlung der Lernausgangslage als Grundlage kompetenzorientierten Unterrichtens bezeichnet werden (vgl. u. a. Fischer 2011b, 23 – 26 und 2011a, 24 – 27). Ein aufmerksamer Blick auf das, was Schülerinnen und Schüler bereits wissen und können, aber auch auf ihre Haltungen und ihr (Des-)Interesse, sind die Voraussetzung, um Unterricht auf diese konkreten Voraussetzungen hin möglichst „passgenau" planen und gestalten zu können.

Wenn also Kompetenzen die Aspekte des Könnens, Wollens und Wissens umfassen, so bedarf es auch bei der Diagnose von Lernausgangslagen einer sensiblen Wahrnehmung dieser drei Bereiche. Eine Ermittlung von Wissensbeständen allein genügt nicht. Michael Fischer nennt verschiedene Funktionen bzw. Kennzeichen der Ermittlung der Lernausgangslage:

HINWEIS
F. E. Weinert definiert Kompetenzen als „die bei Individuen verfügbaren oder durch sie erlernbaren kognitiven Fähigkeiten und Fertigkeiten, um bestimmte Probleme zu lösen" (Weinert 2001, 27f.).

- kognitive und affektive Aktivierung mit herausfordernden Aufgabenstellungen und Impulsen,
- Ermittlung des Kompetenzstandes,
- Herstellung von Ziel- und Verfahrenstransparenz,
- Aufzeigen eines prozessorientierten Lehr- und Lernwegs,
- Eröffnung von (langfristigen) Planungs- und Mitgestaltungsmöglichkeiten,
- Erweiterung einer differenzierten und kriteriengeleiteten Wahrnehmungsfähigkeit und
- Grundlegung für einen wertschätzenden Umgang untereinander (vgl. Fischer 2011b, 24).

Dabei fördern beispielsweise Aktivierung und Möglichkeiten der Mitgestaltung die Motivation und Lernbereitschaft der Lernenden; Transparenz, Prozessorientierung und die angeregte Fremd- und Selbsteinschätzung ermöglichen ihnen, (Mit-)Verantwortung für ihre Lernprozesse zu entwickeln; durch die Ermittlung des

Kompetenzstandes können besser individualisierte und differenzierte Lernangebote gestaltet werden, die die Schülerinnen und Schüler fördern und fordern (vgl. ebd.).

Die Ermittlung der Lernausgangslage kann auf vielfältige Art und Weise erfolgen, z. B. durch den Einsatz von

- *Anforderungssituationen*, z. B. in Form von Entscheidungssituationen, die zu einer Stellungnahme herausfordern und bei deren Auswertung die Lernenden – ggf. mit Unterstützung ihres Lehrers oder ihrer Lehrerin – benennen, was sie schon wissen bzw. können und was sie noch lernen müssen, um diese Situation sachgerecht und kompetent zu beurteilen,
- *Fragebögen*, bei denen Wissensbestände und Haltungen zu einem Thema erfragt werden und deren Auswertung Hinweise für die weitere Lernprozessgestaltung gibt,
- *Schreibgesprächen, Diskussionen, Positionierungen im Raum* zu einer Fragestellung oder kontroversen Thesen zu einem Thema,
- *Kommentaren zu einem Text* (z. B. in Anlehnung an die Västerås-Methode, als Gedankenstopplektüre ...),
- *Bildern*, z. B. wenn Schülerinnen und Schüler aus einem Bilderpool eines auswählen, das sie in besonderer Weise mit dem anstehenden Thema verknüpfen,
- ...

Der Fantasie und Kreativität der Unterrichtenden sind hier keine Grenzen gesetzt. Als Beurteilungskriterium für die Wahl der gewählten Diagnosemethode gilt die Funktionalität im Hinblick auf das nachfolgende Unterrichtsvorhaben und den damit angestrebten Kompetenzerwerb. Lehrende, die zu Beginn eines Unterrichtsvorhabens die Lernausgangslage ermitteln wollen, sollten im Blick haben, welche Kompetenzen aus dem Kernlehrplan die Schülerinnen und Schüler im Laufe des Unterrichts erwerben und was genau sie lernen sollen und warum. Nur so kann eine Diagnosesituation funktional gestaltet werden.

In der Praxis ist häufig zu beobachten, dass Einstiegsstunden methodisch aufwändig, inhaltlich ansprechend und für die Lernenden herausfordernd gestaltet werden, es danach aber zu einem Bruch kommt, weil obligatorische Themen mit diesem „Einstiegsfeuerwerk“ nicht in Einklang zu bringen sind oder Themen aus dem Einstieg keine weitere Rolle spielen.

In zahlreichen Veröffentlichungen unterrichtspraktischer Materialien werden auch Ideen zur Gestaltung von Einstiegssituationen und der damit verbundenen Ermittlung der Lernausgangslage vorgestellt – nicht alle sind funktional. Folgende Kriterien (in

HINWEIS
Vorher, mittendrin, nachher. – Sie diagnostizieren nicht nur zu Beginn eines Unterrichtsvorhabens.

Anlehnung an Michael Fischer, ebd.) können dazu beitragen, diese Angebote kritisch zu prüfen:

- Auf den ersten Blick: Spricht Sie das Material an?
- Ermöglicht das Material eine kognitive und/oder affektive Aktivierung?
- Wird durch das Material Transparenz erreicht/angebahnt – hinsichtlich des Themas, des Ziels und des weiteren Verfahrens –, ohne mögliche Lernergebnisse vorwegzunehmen?
- Eröffnet es Ihren Schülerinnen und Schülern Möglichkeiten der Mitgestaltung nachfolgender Lernprozesse?
- Ermöglicht es Ihnen die Wahrnehmung von individuellen Wissensständen, Fähigkeiten, Fertigkeiten, Einstellungen und auch Widerständen?
- Gegebenenfalls: Ist es so offen gestaltet, dass deutlich wird, dass Sie die Voraussetzungen in Ihrer Lerngruppe wertschätzen – oder ermöglicht es nur einseitige Beiträge?
- Wird deutlich, im Hinblick auf welche Kompetenzerwartungen hin diagnostiziert wird (Kernlehrplan-Bezug)?

PLANUNGSRASTER FÜR KRITERIENGELEITETE, DIAGNOSTISCHE VERFAHREN

Thema des Unterrichtsvorhabens:

- Klären Sie: Welche Kompetenzen und Kompetenzerwartungen wollen Sie mit dem Unterrichtsvorhaben bedienen? (Orientierung bieten der Kernlehrplan und das schulinterne Curriculum.)
- Bestimmen Sie, was Ihre Schülerinnen und Schüler, die über diese Kompetenzen verfügen sollen, genau wissen / können sollen und warum.

Lernausgangslage zu Beginn des Unterrichtsvorhabens:

- Klären Sie, wie Sie zu Beginn des Unterrichtsvorhabens bezogen auf den am Ende anvisierten Kompetenzzuwachs die Lernausgangslage Ihrer Schülerinnen und Schüler erheben können – mit welchem Verfahren / welcher Methode, mit welchem Material / welchen Medien, mit welcher Fragestellung / welchem Arbeitsauftrag.
- Bedenken Sie dabei, welche Konzepte Ihrer Schülerinnen und Schüler Ihnen zu dem Thema bereits begegnet sind und was Sie aus der Literatur kennen. Reflektieren Sie, wie Sie solchen Voreinstellungen ... bei der Ermittlung der Lernausgangslage Rechnung tragen können.

Konsequenzen für die Unterrichtspraxis / Anlage des Unterrichtsvorhabens:

- Klären Sie, welche Anlage und Struktur des Unterrichtsvorhabens sich aus der Ermittlung der Lernausgangslage ergeben: Welche inhaltlichen Schwerpunkte bieten sich an? Welche Methoden und Materialien können dazu beitragen, einen gezielten Kompetenzzuwachs zu erreichen?
- Sie diagnostizieren nicht nur zu Beginn. Wenn Sie Ihre Schülerinnen und Schüler aufmerksam im Auge haben, werden Sie auch lernprozessbegleitend diagnostizieren und feststellen, welcher – auch individuellen – Lernwege es bedarf. Gestalten Sie Ihren Unterricht prozessorientiert, d.h. flexibel und an den Erfordernissen der Schülerinnen und Schüler und der „Sache" ausgerichtet.
- Planen Sie gezielte Möglichkeiten der Übung und Überarbeitung ein.

Kompetenzüberprüfung am Ende des Unterrichtsvorhabens – Möglichkeiten der Leistungsbewertung:

- Klären Sie, wie, d. h., beispielsweise mit welchem Verfahren / welcher Methode, mit welchem Material / welchen Medien, mit welcher Fragestellung / welchem Arbeitsauftrag ... Sie am Schluss des Unterrichtsvorhabens den Kompetenzerwerb überprüfen können.
- Reflektieren Sie, inwieweit diese Überprüfung zur Leistungsbewertung herangezogen werden soll bzw. kann (Kriterien, Erwartungshorizont ...).

Eine Herausforderung stellt dar, wie mit der wahrgenommenen Vielfalt umgegangen werden kann, wenn Schülerinnen und Schüler beispielsweise in Einstiegsstunden, die der Diagnose dienen, zu zwanzig unterschiedlichen Deutungen und Positionen zu einer Frage kommen. Hier bedarf es der fachlichen und kommunikativen Kompetenz der Unterrichtenden: Ergebnisse sollen präsentiert, es soll bilanziert und gebündelt werden. Ein wertschätzendes Zur-Kenntnis-Nehmen genügt nicht – Ziel ist es, einen Lernrahmen zu entwickeln, der für den weiteren Unterrichtsverlauf produktiv ist (vgl. Stinglhammer 2018, 207f.).

6.5 Kategorien der Differenzierung

Wird Unterricht wirklich als eine Veranstaltung verstanden, die dem erfolgreichen Lernen aller Schülerinnen und Schülern dient, hat das Konsequenzen für seine Umsetzung.

Sind Kriterien wie Auffassungsgabe, Lernkapazität ... eingeschränkt oder kaum ausgeprägt, gibt es oft Schwierigkeiten, den Anforderungen des Faches gerecht zu werden. Die Frage ist: Soll differenziert werden, um auf verschiedenen Wegen ein Ziel zu erreichen (zielgleiche Differenzierung) oder soll zieldifferent differenziert werden, um Lernerfolge für alle zu ermöglichen? Auch wenn in der Praxis beobachtet wird, dass Unterrichtende auf zunehmende Schwierigkeiten gelegentlich mit sinkenden Ansprüchen reagieren, werden eine grundsätzliche Reduktion der Ansprüche, Vereinfachung der Inhalte und Verlangsamung der Behandlung der Inhalte (vgl. Bönsch ²2011, 39) dann problematisch, wenn die geforderten Standards einer Schulform nicht mehr erreicht werden können. Zu berücksichtigen ist auch, wie leistungsstärkere Schülerinnen und Schüler stärker gefordert und gefördert werden können – oft scheint (nach eigenen Beobachtungen im Unterricht) das Augenmerk eher auf der Wahrnehmung von Schwierigkeiten zu liegen.

TIPP:
Zielgerichtet und kriteriengeleitet … – setzen Sie differenzierende Maßnahmen funktional ein!

Bei der konkreten Planung von Unterrichtseinheiten ist es sinnvoll, Kriterien und Formen von Differenzierung in Beziehung zum anvisierten Kompetenzerwerb und dem jeweiligen Stundenziel zu setzen: Das heißt, es geht nicht darum, differenzierende Maßnahmen um des Differenzierens willen einzusetzen, sondern diese zielgerichtet und kriteriengeleitet zu gestalten, d.h. die Schülerinnen und Schüler mit ihren Voraussetzungen ebenso in den Blick zu nehmen wie das zu erreichende Ziel bzw. die zu erreichenden Ziele.

Folgende Überlegungen bieten sich an:

- Unterrichtende sollten sich zuerst über ihre Intention und den anvisierten Kompetenzerwerb für die jeweilige Unterrichtseinheit klar werden: Was sollen die Schülerinnen und Schüler lernen und warum bzw. wozu? Zum Erwerb welcher Kompetenz (-en) leistet die Unterrichtseinheit einen Beitrag?
- Unterrichtende sollten bei der jeweiligen (diagnostizierten oder antizipierten) Lernausgangslage ansetzen: Mit welchen konkreten Voraussetzungen – Kompetenzständen, Interessen, Haltungen, Fähigkeiten und Fertigkeiten … – starten die Schülerinnen und Schüler in diese konkrete Unterrichtseinheit? Womit haben Lehrende im Einzelnen zu rechnen?
- Davon ausgehend sollten sie die konkreten Notwendigkeiten und Möglichkeiten der Differenzierung bedenken: Welche Kriterien und Formen der Differenzierung müssen berücksichtigt werden, damit die Schülerinnen und Schüler das anvisierte Ziel erreichen können? Dazu gehören auch Fragen wie: Haben die Schülerinnen und Schüler mit ihren jeweiligen Voraussetzungen die Möglichkeit der Teilhabe? In welchen Bereichen bedürfen sie der Unterstützung – und welcher? Wo bieten sich Möglichkeiten der Förderung für leistungsschwächere und -stärkere Schülerinnen und Schüler an? Gibt es ein Minimalziel, das alle erreichen sollen? Was ist fundamentum, was additum?

Die Überlegungen können in verschiedene Formen von Differenzierung münden, um die Schülerinnen und Schüler gemäß ihren Voraussetzungen zu fördern bzw. zu fordern. Diese Kategorien sind jedoch nicht immer trennscharf, sondern können zusammenwirken:

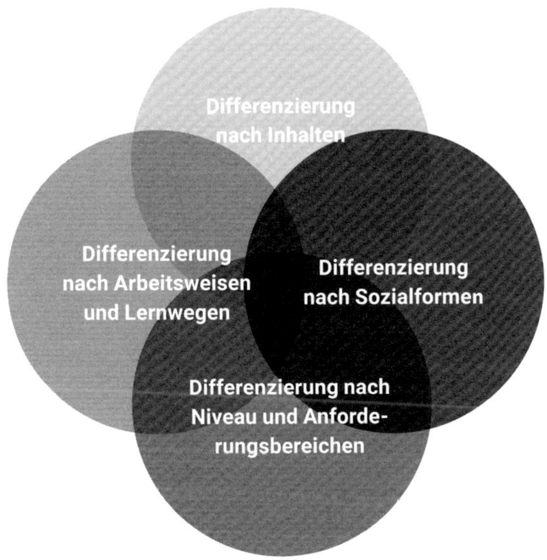

Von Lehrerinnen und Lehrern wird die Fähigkeit erwartet, differenzierenden und die Schülerinnen und Schüler fordernden Unterricht zu planen und zu gestalten. Dazu gehört, dass sie Lernende auch in unterschiedlichen Formen des Lernens und im selbstbestimmten Arbeiten fördern. Dahinter steht die Vorstellung, dass „frontaler" Unterricht in der Lerngruppe durch andere Lernformen ergänzt oder auch ersetzt wird, um die Schülerinnen und Schüler in ihrer Selbstständigkeit und Selbsttätigkeit zu fördern. Eine solche Sicht auf unterrichtliches Handeln zielt nicht nur auf Veränderungen bei Lehrerinnen und Lehrern, sondern auch auf eine größere Verantwortung von Schülerinnen und Schülern zur Mitgestaltung ihrer Lernprozesse.

TIPP:
Seien Sie nicht entmutigt, wenn Ihre SuS (noch?) nicht willens sind, sich aktiv auf eine solche Weise in den Unterricht einzubringen. Es ist ein langer Weg, dies mit Lerngruppen zu erreichen.

6.5.1 Differenzierung nach Inhalten

Insbesondere bei arbeitsteiliger Erarbeitung sind – je nach den konkreten Voraussetzungen der Lernenden wie z. B. Vorwissen, Interesse ... – unterschiedliche thematische Ausgestaltungen möglich.

Hier bietet es sich an, den Freiraum, den die Kernlehrpläne bieten, auszuschöpfen. Natürlich gibt es zahlreiche Kompetenzerwartungen, die deutlich Inhalte vorgeben, die im Unterricht zu thematisieren sind – aber eben auch zahlreiche, bei denen Lehrende selbst (ggf. in Absprache mit der jeweiligen Fachkonferenz) entscheiden können, wo und wie der Unterricht thematisch ausgestaltet wird. Dieser Freiraum eröffnet Möglichkeiten der Mitgestaltung durch Schülerinnen und Schüler.

A

So finden sich im Kernlehrplan NRW Gymnasium (G9) für das Ende der Jahrgangsstufe 6 u. a folgende konkretisierte, d. h. inhaltsfeldbezogene Kompetenzerwartungen: „Die Schülerinnen und Schüler

- stellen die Frage nach Gott und beschreiben eigene bzw. fremde Antwortversuche.
- erläutern in Ansätzen unterschiedliche Wirkungen der Worte und Taten Jesu auf die Menschen seiner Zeit.
- beschreiben an ausgewählten Erzählungen von Frauen und Männern (u. a. Sara und Abraham), was es bedeuten kann, auf Gott zu vertrauen." (KLP 2019, 21.22.23.)

1. Formulieren Sie Ideen zur inhaltlichen Ausgestaltung von Unterrichtsvorhaben, die auf den Erwerb dieser Kompetenzen zielen.

6.5.2 Differenzierung nach Arbeitsweisen und Lernwegen

Es gibt unterschiedlichste Möglichkeiten, Zugänge zu einem Thema zu schaffen und es zu erarbeiten. Variable Lernwege können dazu beitragen, dass Schülerinnen und Schüler auf ihre Weise lernen. Die verschiedenen Lerntypen werden hierbei in besonderem Maße berücksichtigt. Eine große Stärke ist, dass die Stärken und Schwächen der Schülerinnen und Schüler bei der methodischen Gestaltung im Blick sind, was sich förderlich auf die Lernmotivation auswirkt. Ein Risiko, das Lehrende im Blick behalten sollten, besteht darin, dass die Lernenden vor allem die Methoden anwenden, die sie sowieso schon gut können. Hier bedarf es eines bewussten Methodeneinsatzes zur Förderung der methodischen Kompetenzen der Schülerinnen und Schüler.

Zahlreiche Methoden- und Materialbücher – und für den Religionsunterricht gibt es unzählige davon – können Unterrichtenden Anregungen geben. Exemplarisch seien hier genannt: Müller 2018, Kress ^{4}2016, Niehl / Thömmes 2014.

6.5.3 Differenzierung nach Niveau und Anforderungsbereichen

Hierbei werden Umfang und Schwierigkeitsgrad von Aufgaben variiert, unterschiedlich komplexe und umfangreiche Materialien erarbeitet, ein Text auf verschiedenen Niveaus präsentiert (z. B. unterschiedliche Bibelübersetzungen, Bibel in leichter Sprache ...), unterschiedliche komplexe bzw. offenere oder geschlossene Aufgabenstellungen gegeben, Hilfen für Aufgabenstellungen oder zur Erschließung der Materialien angeboten („Hilfekarten", Sach- und Begriffserläuterungen ...), fundamentum und additum unterschieden.

In der Praxis haben sich Niveaustufen bewährt, wie sie z. B. G. Ziener in seinem Band „Bildungsstandards in der Praxis. Kompetenzorientiert unterrichten" (2008, 65–67, s. a. Tabelle) beschreibt. Bezogen auf vier Bereiche – kognitiv, kommunikativ, methodisch-kreativ, sozial und personal – entwickelt er verschiedene Kompetenzniveaus. An diesen können sich Lehrende orientieren, wenn sie über fundamentum und additum entscheiden oder überlegen, welcher Unterstützung Lernende bei ihren Aufgaben bedürfen.

Kompetenzstufen – Arbeit auf verschiedenen Niveaus				
Niveau-stufen (Progression von A nach C)	**Kognitiver Bereich** Lernwege des Wahrnehmens, Denkens, Verstehens, Erklärens und Durchdringens	**Kommunikativer Bereich** Lernwege, die Schülerinnen und Schüler befähigen sollen, Auskunft zu geben, sich auszudrücken, Informationen zu erfragen, Gespräche zu führen oder zu diskutieren	**Methodisch-kreativer Bereich** Lernwege, die Schülerinnen und Schüler befähigen sollen, Methoden anzuwenden, ein Produkt zu gestalten oder im weitesten Sinne kreativ zu werden	**Personaler und sozialer Bereich** Lernwege, die Schülerinnen und Schüler befähigen sollen, ein Selbstverständnis zu formulieren, in Gruppenprozessen aktiv zu werden oder Prozesse und Ergebnisse zu reflektieren
A	Grundzüge wiedergeben können	gegenstandsbezogene Äußerung	Reproduktion (Vorlage wiederholen)	reaktiv
B	Hintergründe benennen können	adressatenbezogenes Reden	Rekonstruktion (Durchdringung)	aktiv
C	Transfer leisten können	diskursive Reflexion	Transformation (Übertragung)	konstruktiv

Kognitiver Bereich – Lernwege des Wahrnehmens, Denkens, Verstehens, Erklärens und Durchdringens		
A	**B**	**C**
Grundzüge wiedergeben können: die im Unterricht erhaltenen Informationen in wesentlichen Grundzügen reproduzieren können	**Hintergründe benennen können:** die im Unterricht u. U. auch zu unterschiedlichen Zeitpunkten erhaltenen Informationen miteinander verknüpfen und Bezüge herstellen können	**Transfer leisten können:** Informationen selbstständig reorganisieren und in einen neuen Zusammenhang einordnen können
Beispiel: Anvisierter Kompetenzerwerb: Die Schülerinnen und Schüler analysieren biblische Texte [hier: Gen 1,1-2,4a] unter Berücksichtigung ihres Entstehungskontextes.		
Diese Kompetenz können die Lernenden je nach Leistungsvermögen auf verschiedenen Niveaus erwerben:		
Sie geben Aussagen eines Sachtextes wieder, der den Entstehungshintergrund von Gen 1 erläutert und deutlich macht, wie dieser im biblischen Text seinen Ausdruck findet.	Sie stellen eine Beziehung zwischen dem (in einem Sachtext dargestellten) „Sitz im Leben“ und der Aussage von Gen 1 her und erschließen angeleitet Gen 1 in seiner Aussageabsicht / als Schöpfungshymnus. Sie nennen Beispiele, die verdeutlichen, dass man zum Verständnis biblischer Texte Informationen zum „Sitz im Leben“ benötigt.	Sie erhalten / beschaffen sich Informationen zum Entstehungshintergrund von Gen 1 (Babylonisches Exil, Gefahr der Assimilation an die babylonische Religion …) und erschließen selbstständig die Aussagen von Gen 1 – Bekenntnis zu dem einen Gott Israels, Aufforderung zur Bewahrung der eigenen Religion (Bsp. Sabbat …). Sie übertragen ihre Kenntnisse auf weitere Texte (Bsp.: Gen 2).

Kommunikativer Bereich – Lernwege, die SuS befähigen sollen, Auskunft zu geben, sich auszudrücken, Informationen zu erfragen, Gespräche zu führen oder zu diskutieren		
A	**B**	**C**
Gegenstandsbezogene Äußerung: Sachverhalte, eigene Gefühle, Einsichten oder Eindrücke aus der eigenen Perspektive formulieren können	**Adressatenbezogenes Reden:** eine eigene sprachliche Äußerung in den Dialog mit anderen Äußerungen bringen bzw. sich darauf beziehen können	**Diskursive Reflexion:** von der eigenen Position aus auch andere Positionen wahrnehmen und in ihrer Äußerung berücksichtigen können
Beispiel: Anvisierter Kompetenzerwerb: Die Schülerinnen und Schüler interpretieren religiös relevante audiovisuelle Medien (hier: Videoclip „Susi Neunmalklug erklärt die Evolution“, zu finden im Internet).		
Diese Kompetenz können die Lernenden je nach Leistungsvermögen auf verschiedenen Niveaus erwerben:		
Sie formulieren eine eigene Deutung des Videoclips.	Sie bringen ihre eigene Deutung in den Dialog mit anderen Deutungen (z. B. aus dem Unterricht …) und vergleichen sie.	Sie formulieren unter angemessener Berücksichtigung und Abwägung anderer Positionen begründet eine Stellungnahme zum Videoclip.

Vergegenwärtigt man sich bei der Planung von Unterricht diese unterschiedlichen Kategorien und Niveaustufen, so fällt es leichter, Materialien und Arbeitsaufträge zu formulieren, die diesen unterschiedlichen Anforderungsbereichen und Niveaus entsprechen.

6.5.4 Differenzierung nach Sozialformen

Eine Form der Differenzierung, die in der Praxis häufig zu beobachten ist, ist die der sozialen Differenzierung, d.h. der Arbeit in Neigungs-, Zufalls-, oder bewusst zusammengesetzten Gruppen, mit arbeitsgleichen oder arbeitsteiligen Teams.

Neigungsgruppen entstehen, wenn die Schülerinnen und Schüler selbst ihre Teams zusammenstellen, Zufallsgruppen, wenn z. B. gelost wird. Darüber hinaus haben Unterrichtende die Möglichkeit, je nach Arbeitsauftrag die Lerngruppen bewusst homogen oder heterogen zusammenzusetzen: homogen beispielsweise bei arbeitsteiliger Gruppenarbeit nach Interesse oder bei einer weniger komplexen Aufgabe nach Leistungsfähigkeit, heterogen, wenn intendiert ist, dass leistungsstärkere Schülerinnen und Schüler leistungsschwächere unterstützen.

> TIPP:
> Richten Sie bei arbeitsteiliger Erarbeitung „Kontrollgruppen" ein. So können Sie noch auf eine weitere Gruppe zu demselben Themenbereich zurückgreifen, ohne dass das Gesamtergebnis gefährdet ist.

Bei einer arbeitsgleichen Gruppenarbeit bearbeiten alle Lernenden dasselbe Thema. Dagegen hat eine arbeitsteilige (auch arbeits- oder themendifferenzierte) Gruppenarbeit den Vorteil, dass komplexere Themen so aufgeteilt werden können, dass sowohl leistungsstärkere Schülerinnen und Schüler gefordert als auch leistungsschwächere gefördert werden. Auf relativ unaufwändige Weise können so Differenzierungen mit gegenseitiger Unterstützung, Expertenwissen, Helfersystemen und auf verschiedenen Niveaustufen herbeigeführt werden (vgl. Müller 2018, 33 – 35).

A

1. Setzen Sie die Differenzierungskriterien in 6.3 und die Differenzierungsformen in 6.5 zueinander in Beziehung und veranschaulichen Sie Ihre Überlegungen – beispielsweise in Form eines Schaubildes, einer Mindmap.

6.6 Umgang mit Heterogenität – eine Frage der Sensibilität und Wertschätzung

Zweifelsohne stellt die Notwendigkeit von Diagnostik und Differenzierung zur Förderung individualisierten Lernens hohe Ansprüche an die Lehrerinnen und Lehrer. Mit zunehmender Erfahrung werden Lehrende ein methodisches Repertoire erwerben,

> TIPP: Überfordern Sie sich nicht. Prüfen Sie für die einzelnen Unterrichtsvorhaben, wo sich Differenzierung sinnvoll anbietet.

mit dem sie individualisiertes Lernen ermöglichen und begleiten. Ihre Aufgabe ist es, genau hinzusehen, sich für die Schülerinnen und Schüler mit ihren konkreten Lernausgangslagen zu interessieren und sie beim Lernen zu begleiten. Fördern und fordern ist dabei weniger eine „unterrichtstechnische" Kompetenz, sondern eine Grundhaltung der Wertschätzung von Vielfalt und Heterogenität, der Wertschätzung für die vielen unterschiedlichen Schülerinnen und Schüler, mit denen es jeder und jede einzelne Unterrichtende zu tun hat.

Auch der Umgang mit religiöser Heterogenität hängt von der Einstellung der Unterrichtenden dazu ab: ein Klagen über den Relevanzverlust tradierter Formen und Inhalte des christlichen Glaubens hilft wenig. Glaube ist etwas, das jede und jeder selbst zu entwerfen hat, und ist daher ein individuell konstruiertes Produkt. Religionslehrerinnen und -lehrer sollten sich fragen, wie sie sich zur zunehmenden religiösen Pluralität verhalten und wie sie religionsdidaktisch darauf reagieren wollen. Die Wahrnehmung unterschiedlicher Lebenswelten und das Einbringen und Bearbeiten unterschiedlichster Perspektiven in den Religionsunterricht sind eine Bereicherung, wenn es gelingt, dass Lernende in einen Dialog mit und über diese Perspektiven eintreten und so den eigenen Standpunkt weiterentwickeln (vgl. Woppowa 2018, 58f).

Eine Checkliste mit (nicht nur) fachspezifischen Gedankenanstößen kann als Hilfe dienen, das eigene diagnostische Handeln und die Sensibilität von Heterogenität als Ausgangspunkt der Planung und Durchführung von Unterricht zu reflektieren:

HETEROGENITÄT WAHRNEHMEN – VERSUCH EINER CHECKLISTE

- Die Eruierung der Lernausgangslage ist – dies gilt für alle Fächer – ein benotungs- und bewertungsfreier Raum. → Ist das allen Beteiligten klar?
- Diagnostik sollte nicht defizitorientiert sein, sondern bei den Stärken von Lernenden anknüpfen. → Wie können Sie Schülerinnen und Schüler beteiligen, die noch nie etwas von einem Thema gehört haben, keinerlei Anknüpfungspunkte haben ... – und zwar so, dass nicht schon die Ermittlung der Lernausgangslage zu einem persönlichen Misserfolg wird?
- Glaube und Glaubenspraxis dürfen nicht selbstverständlich vorausgesetzt werden und sind nicht Gegenstand des Kompetenzerwerbs. → Achten Sie darauf, dass Sie nicht Glauben und Glaubenspraxis voraussetzen?
- Aufgrund von Uneindeutigkeit und zunehmender Heterogenität einer Lerngruppe in Hinblick auf religiöse Praxis und religiöses Wissen kommt der Diagnostik im RU eine besondere Bedeutung zu. → Wie verhalten Sie selbst sich zu dieser zunehmenden Heterogenität? Lassen Sie z. B. eine Begeisterung, viele Messdienerinnen und Messdiener in Ihrer Lerngruppe zu

haben, durchscheinen, die entweder anderen Lernenden den Eindruck vermittelt, sowieso nicht mithalten zu können, oder Ihre Diagnoseergebnisse und Wahrnehmungen beeinträchtigen kann, weil Schülerinnen und Schüler sich nicht authentisch verhalten („Religionsstunden-Ich")?

- Manchmal hat es den Anschein, als werde in Religionsbüchern /-materialien von noch recht „heilen" Lebensbedingungen ausgegangen. Heterogenitätssensible Diagnostik sollte dafür aufmerksam sein. → Von welchen Lebensbedingungen / Familienbildern / ... gehen Sie im RU aus? Was setzen Sie voraus?
- Erfahrungsgemäß gehen Interessen von Lernenden weit auseinander. Interessieren sich die einen brennend für religiöse Themen, finden die anderen gar keine Ansatzpunkte, weil sie sie nicht mit ihrer Lebenswelt verknüpfen können. Die Eruierung der Lernausgangslage – gerade, wenn sie nicht nur auf Vorwissen und Haltungen, sondern auch auf Transparenz bzgl. der Lernwege und ihren adressatengerechten Zuschnitt zielt – kann helfen, Enttäuschungen, Frust und Langweile zu verhindern oder zumindest zu reduzieren. → Reflektieren Sie die Unterscheidung zwischen Lebenswelt- und Gegenwartsbezug sowie die Frage der möglichen Relevanz von Themen? (Anders gefragt: Betreffen die Themen oder Fragen Lernende unmittelbar oder nur indirekt?)
- Um mögliche Voraussetzungen der Lernenden besser im Blick zu haben, ist es hilfreich, bei der Konzeption von Unterrichtsvorhaben und der ihnen zugrunde liegenden Diagnostik Forschungs- und Praxisliteratur (moralisches Urteilsvermögen, Glaubensstufen, Symbolverständnis, Identitätsentwicklung und Sozialisation ...) zu nutzen. Auch Umfrageergebnisse, Jugendstudien ... bieten Orientierung. → Arbeiten Sie an Ihrer Professionalisierung im Bereich von differenzierter und kriteriengeleiteter Wahrnehmung und Deutung der Lernstände und Lebenswelten?
- Religiosität von Schülerinnen und Schülern kommt immer weniger in traditionell christlichen Erscheinungsformen daher, sondern spiegelt eine zunehmende Pluralität an Vorstellungen wider. → Sehen Sie diese Entwicklung als Grund zur Klage oder als Chance und Bereicherung des Religionsunterrichts?
- Es bietet sich an, sensibel die Darstellung religiös relevanter Themen in den verschiedensten Medien wahrzunehmen, um die Beiträge von Schülerinnen und Schülern besser einordnen zu können. → Ist die Förderung Ihrer Dechiffrierungskompetenz Ihnen ein Anliegen?
- Zu beachten ist häufig, dass aufwändig diagnostiziert wird, aber nicht konsequent daran angeknüpft wird. → Achten Sie darauf, einen Bruch zwischen Diagnostik und nachfolgendem Unterricht zu vermeiden?
- ...

7 Aufgaben passgenau konzipieren

Gabriele Otten

7.1 Kein Unterricht ohne Aufgaben

Die folgenden vier Beispiele aus dem Unterricht in unterschiedlichen Jahrgangsstufen vermitteln eine Ahnung davon, wie viele verschiedene Aufgabenarten es gibt – eng geführt oder weit gefasst, einfach oder komplex, Aufgaben für den ersten Zugriff auf einen Text oder zur Erschließung einer Anforderungssituation, Erarbeitungs- oder Anwendungsaufgaben. Es gibt keinen Unterricht ohne Aufgaben! Und ihre Bedeutung für Lehr- und Lernprozesse sind nicht zu unterschätzen: „Aufgaben als kleinste Elemente von Unterricht sind wesentlich für dessen Qualität verantwortlich." (Maier 2016, 7)

PRAXISBEISPIEL 1:

„Selfie von Gott" gesucht! 2015 gab es in Nordrhein-Westfalen einen Wettbewerb für Kinder und Jugendliche, der von kirchlichen und staatlichen Einrichtungen ausgeschrieben wurde: „In der Bibel wird Gott sichtbar – nicht als Foto, sondern in Bildern, in denen Menschen mit Worten beschreiben, wie er für sie sichtbar wurde" (www.katholisch.de/artikel/6010-selfie-von-gott-gesucht). An unserer Schule möchten wir diese Idee aufnehmen und eine Ausstellung zum Thema „Selfie von Gott" gestalten. Auch unsere Reli-Gruppe soll daran teilnehmen. In Kleingruppen sollt ihr dazu einen Beitrag gestalten. Ihr könnt auf die Bibel zurückgreifen, einzelne Verse oder ganze Erzählungen einbeziehen, euer Ergebnis kann ein Plakat sein, ein Podcast oder ... Eurer Fantasie sind keine Grenzen gesetzt.

PRAXISBEISPIEL 2:

„Ende der 1980er-Jahre gab es in Diskotheken den merkwürdigen Spaß des sogenannten ‚Zwergenwerfens', bei dem kleinwüchsige Menschen (gut gepolstert) durch die Luft geworfen wurden. Nun mag man sich denken: bekloppt, aber was soll's, solange die ‚Zwerge' das freiwillig machen, ist es ihre Entscheidung. In der Tat konnten Kleinwüchsige durch diesen vermeintlich harmlosen Spaß ein gutes Einkommen erzielen und waren folglich mit dem Geworfenwerden einverstanden. Trotz dieser Zustimmung der Betroffenen wurde das ‚Zwergenwerfen' aber verboten." (Christoph Rothenberg, Von Zwergenwerfen und dem Burkaverbot, 22.10.2016, auf: www.abendblatt.de/meinung/article208473995/Was-Zwergenwerfen-mit-dem-Burkaverbot-zu-tun-hat.html, zuletzt aufgerufen am 03.04.2020)

- Stelle die Problemstellung dar, die diesem Beispiel zugrunde liegt.
- Positioniert euch spontan zu dieser Problemstellung.
- Entwickelt Ideen zur sachgerechten Auseinandersetzung mit diesem Problem.

PRAXISBEISPIEL 3:

Abrahams Berufung und Wanderung nach Kanaan (Gen 12,1-9)
Abraham hat sich entschlossen, dem Ruf Gottes zu folgen und mit der ganzen Familie und allem Vieh die Heimat zu verlassen und nach Kanaan zu ziehen.

1. Stellt euch eine der folgenden Gesprächssituationen vor und notiert, was die beteiligten Personen jeweils sagen könnten.
   - Abraham teilt seiner Frau Sara seinen Entschluss mit.
   - Abraham geht zu seinen Freunden, um sich von ihnen zu verabschieden.
   - Abraham erzählt seinem Neffen Lot von seinem Vorhaben.
2. Spielt das Gespräch anschließend der Klasse vor!

PRAXISBEISPIEL 4:

Lies dir den Text sorgfältig durch und kommentiere ihn mit folgenden Zeichen:
?, wenn du etwas nicht verstehst
⚡, wenn dir etwas merkwürdig erscheint, wenn sich dein Widerspruchsgeist regt
→, wenn dich etwas besonders anspricht. (Nach: Västerås-Methode, vgl. Hecht [2]2003, 28f.)

Aufgaben haben also die unterschiedlichsten Funktionen – Arbeitsprozesse anzustoßen und anzuleiten, zum Lernen anzuregen, zum Leisten herauszufordern, jeweils abhängig vom jeweiligen Unterrichtskontext und der zugrunde liegenden Intention.

A

1. Tauschen Sie sich darüber aus, welche Funktionen von Aufgaben Sie aus eigener Erfahrung kennen.
2. Entwickeln Sie Kriterien für gelungene Aufgabenstellungen.

7.2 Aufgaben im kompetenzorientierten Unterricht

Im Zuge der kompetenzorientierten Ausrichtung von Unterricht hat sich die Sensibilität für die Qualität und Lernwirksamkeit von Aufgaben verändert – Begriffe wie Aufgabenkultur und Aufgabenqualität spiegeln dieses neue(-re) Bewusstsein wider.

7.2.1 Aufgaben und „Passung"

„Eine Aufgabe ist nie Selbstzweck, sondern hat immer eine ganz bestimmte Funktion im Prozess des Wissenserwerbs." (Maier 2016, 7) Was genau müssen und können Aufgaben also leisten?

Diese Frage ist abhängig von dem anvisierten Kompetenzerwerb, der – im Sinne einer didaktischen und sprachlichen Kompetenzexegese (vgl. Ziener ²2010, 46) – präzise zu bestimmen ist. „Aufgaben müssen so konzipiert sein, dass sie zu Zielen passen (synthetische Funktion)." (Ziener 2015, 8) Neben dieser Passung zu Zielen müssen Aufgaben im Hinblick auf den Kompetenzstand der Lernenden passend konzipiert sein. Damit Lehrende sie zur Analyse dessen, was Schülerinnen und Schüler bereits können und welcher Förderung und Forderung sie noch bedürfen (heuristische oder diagnostische Funktion), nutzen können, sollten Aufgaben variiert und differenziert werden. Damit Aufgaben diese Funktion erfüllen können, müssen Lehrerinnen und Lehrer sorgfältig analysieren, welcher Grad an Kompetenz zur Lösung einer Aufgabe erforderlich ist und wie folglich die Leistung eines Schülers oder einer Schülerin beschrieben oder bewertet werden kann (vgl. ebd.).

> TIPP:
> Die doppelte „Passung" von Aufgaben ergibt sich aus ihrer Ausrichtung auf die zugrundeliegende Intention im Unterrichtsprozess sowie durch ihren Bezug auf den Kompetenzstand der SuS.

7.2.2 Aufgaben und Kompetenzerwerb

Wenn Aufgaben zu Zielen passen sollen, die sich aus dem angestrebten Kompetenzerwerb ableiten lassen (→ 7.2.1), müssen Kompetenzerwartungen genauer in den Blick genommen werden.

Welcher Art sind die zu erwerbenden Kompetenzen, die in Lehrplänen beschrieben werden? Ein Blick auf die Kirchlichen Bildungsstandards für den mittleren Schulabschluss, an denen sich die Pläne der Länder (auch) orientieren, kann dies veranschaulichen (→ 2.1.3). So wird die Kompetenz „Religiöse Zeugnisse verstehen" folgendermaßen entfaltet:

- „zentrale Aussagen eines Textes erschließen;
- Deutungen eines Textes entwickeln und am Text belegen;
- wichtige Textgattungen der Bibel und der christlichen Tradition unterscheiden;
- künstlerische Zeugnisse (z. B. Kirchenbau) kennen und deuten." (Die deutschen Bischöfe ⁴2010, 17)

Welcher Art können Aufgaben sein, die diese Kompetenzen bedienen? Wenn Schülerinnen und Schüler in den Klassen 5 bis 10 befähigt werden sollen, „zentrale Aussagen eines Textes zu erschließen", bedarf es der Überlegung, wie dies erreicht werden kann. Aufgaben, die diese vorwiegend methodenbezogene Kompetenz (entsprechend dem Anforderungsbereich I → 8.2.2) fördern sollen, können z. B. sein:

- Lies den Text „mit einem Bleistift" und markiere Begriffe oder Aussagen, die dir nicht ganz klar sind.

- Bilde Textabschnitte und finde passende Überschriften: Suche und beschreibe den „roten Faden“, also einen Zusammenhang zwischen den einzelnen Teilen.
- Überlege, was das Wichtigste im Text ist: Markiere durch Unterstreichen Wörter, die für die Bedeutung des Textes besonders wichtig sind (Schlüsselwörter).
- Erläutere anhand der Textaussagen die Überschrift des Textes.
- ...

HINWEIS
Eingesetzte Materialien wie z. B. Texte müssen gründlich von den SuS erschlossen werden, bevor Sie Transferleistungen anregen. Gerade das Verstehen von Texten kann große Schwierigkeiten bereiten.

Eine Einübung in Methoden der Texterschließung bedarf also zunächst einer genauen methodischen Anleitung. Mit zunehmender Übung und Sicherheit wird immer mehr auf Instruktion (Anleitung) verzichtet werden können.

Deutlich komplexer ist es dagegen, „wichtige Textgattungen der Bibel und der christlichen Tradition [zu] unterscheiden“. Hier hilft die Frage: Was kann ein Schüler oder eine Schülerin, der bzw. die über diese Kompetenz verfügt (vgl. Ziener ^{2}2010, 46)?

Eine Textgattung, die uns in nahezu allen Lehrplänen begegnet, ist der Schöpfungshymnus in Gen 1,1-2,4a. Wird der Text als „Schöpfungs*bericht*“ missverstanden, so fangen die Schwierigkeiten an, weil Schöpfung dann im Widerspruch zu einer naturwissenschaftlichen Sicht auf Fragen der Weltentstehung gerät. Lernende, die also über diese Kompetenz verfügen und sie am Beispiel von Gen 1 anwenden können sollen, sollten wissen,

- dass Gen 1 in der Zeit des babylonischen Exils als Antwort auf Sorgen und Nöte von Juden und Jüdinnen in dieser Exilsituation entstanden ist, die Verfasser also nicht die Entstehung der Welt aus naturwissenschaftlicher Perspektive erklären wollten,
- dass sich das damalige Weltbild (ein Firmament, das sich über die Erdschreibe erstreckt) in diesem Text widerspiegelt, die Verfasser also auf zeitgenössische Vorstellungen zurückgegriffen haben,
- dass eine Auseinandersetzung mit der Religion der Babylonier (z. B. Sterne als Sitz der Götter) sich in einem Bekenntnis zum Gott Israels, der machtiger als die babylonischen Götter ist (schließlich setzt er die Sterne in den Himmel), niederschlägt,
- dass die Glaubensaussage, dass Gott alles gut gewollt hat und es „wieder gut“ werden wird, in der Ordnung und dem hymnischen Aufbau des Textes ihren Ausdruck findet,
- ...

und entsprechend in der Lage sein, Gen 1, 1–2, 4a als Ermutigungs- und Trostgeschichte zu deuten (vgl. Alkemeier / Hoffmann 2014).

So müssten Lernende, die über diese Kompetenz verfügen, auch falsche, d. h. exegetisch nicht sachgerechte Deutungen von Gen 1, wie sie z. B. in dem in → 6.5.3 thematisierten Video „Susi Neunmalklug erklärt die Evolution" oder dem zugrundeliegenden Buch (Schmidt-Salomon / Nyncke 2009) vorkommen, als solche bewerten.

Für die passgenaue Formulierung von Aufgaben bedeutet das, Lernschritte und Materialien zu bedenken, durch die diese Kompetenz erworben werden kann, und zu reflektieren, welchen konkreten, themenbezogenen Kompetenzstand die Lernenden jeweils haben (→ 6.5.3).

Um beispielsweise zu ermitteln, wie Lernende Gen 1 verstehen (Erhebung der Lernausgangslage → 6.4), kann es sich anbieten, über die Västerås-Methode (→ 7.1, Praxisbeispiel 4) oder die Methode der „Gedankenstopp-Lektüre" einzusteigen:

- Lies den Text sorgfältig. An welchen Stellen bleibst du zustimmend, ablehnend, fragend ... besonders „hängen"?
- Notiere deine Gedanken in Gedankenblasen neben dem Text und markiere die Textstelle, an der du deine Gedanken jeweils „anheften" möchtest.
- In der Klasse hast du anschließend die Gelegenheit, das Vorlesen der Erzählung zu unterbrechen, indem du „Stopp" rufst und deine Gedanken vorliest.

HINWEIS
Denken Sie daran: Aufgaben werden operatorengestützt als Arbeitsaufträge formuliert, nicht als Fragen. Falls zusätzlich Fragen ergänzt werden, dienen sie einer weiteren Orientierung.

Eine Auswertung in der Klasse gibt Aufschluss, wie Lernende Gen 1, 1-2, 4a verstehen. Um sich kritisch mit eigenen und ggf. anderen Deutungen auseinandersetzen zu können (vergleichbar dem Anforderungsbereich III → 8.2.2), bedarf es weiterer Lernschritte mit unterschiedlich komplexen Aufgaben.

7.2.3 Anwendungsaufgaben und Unterrichtssteuerung

Komplexere Aufgaben, die am Anfang eines Unterrichtsvorhabens eingesetzt werden, können dazu dienen, im Sinne einer Unterrichtschoreografie den Rahmen für die folgenden Stunden zu bilden und mit den Schülerinnen und Schülern gemeinsam zu planen: Was wissen bzw. können wir schon? Was brauchen wir noch? Was wollen wir erreichen? Etc.

Solche Aufgaben werden auch als Lernaufgaben bezeichnet, weil sie nicht isoliert auf Wissensbestände oder Methodenbeherrschung, also das Verstehen oder (Nach-)Vollziehen zielen, sondern erworbene oder zu erwerbende Kompetenzen in einen Zusammenhang stellen, der das Lernen herausfordert und die lebensweltliche

Relevanz des zu Lernenden bzw. des Gelernten zum Ausdruck bringt. Je nach ihrer Verortung in einem Unterrichtsvorhaben finden sich auch die Bezeichnungen „Anforderungssituation“ (eher zu Beginn eines UV) oder „Anwendungssituation“ (wenn bereits Gelerntes zusammenhängend angewendet oder in einen neuen Zusammenhang gebracht werden soll).

B

Im Schaufenster einer Buchhandlung seht ihr das Buch „Susi Neunmalklug erklärt die Evolution: Ein Buch für kleine und große Besserwisser“ von Michael Schmidt-Salomon. Der Titel macht euch neugierig: „Kleine und große Besserwisser“ klingt gut. Im Internet informiert ihr euch über dieses Buch und findet die unterschiedlichsten Rezensionen: völliger Verriss und begeisterte Zustimmung. Ihr beschließt, euch selbst eine Meinung zu bilden und in diese Diskussion einzubringen.

Gerade über Lernaufgaben können unterschiedliche Perspektiven – religiöse und nicht religiöse Haltungen und Positionen – in den Unterricht eingebracht werden, so eine Auseinandersetzung anregen und zur Multiperspektivität beitragen (→ 6.6; vgl. Woppowa 2018, 58f.).

Andreas Feindt (2011, 9) hat eine Checkliste zur Aufgabenkonstruktion entwickelt, an der Lehrende sich orientieren können. Danach sollten Aufgaben u.a.

- „weniger eindimensionale Anforderungen, Anordnungen, Aufträge etc. enthalten, sondern herausfordernde Situationen in den Mittelpunkt rücken,
- einen lebensweltlichen Anwendungsbezug aufweisen, in den Schülerinnen und Schüler verfügbare Kompetenzen zur Bearbeitung einbringen müssen,
- die Schülerinnen und Schüler anregen, möglichst umfangreiche Produktionen anzufertigen,
- so offen gestellt [sein], dass Schülerinnen und Schüler eigene Lösungswege entwickeln können [...],
- auf die Vernetzung von Wissen, Erfahrungen und Fähigkeiten zielen (Anwendung bereits bekannter Wissensbestände auf neue Themenbereiche), nicht nur richtige und falsche Antworten unterscheiden (Löser und Nichtlöser), sondern verschiedene Lösungswege auf unterschiedlichen Niveaus ermöglichen (Berücksichtigung unterschiedlicher Lernstände),
- die Schülerinnen und Schüler auffordern, ihre Überlegungen und Lösungswege darzustellen (damit möglichst aussagekräftige Produkte entstehen),

- die Schülerinnen und Schüler auffordern, ihre Überlegungen und Lösungswege zu reflektieren (Einbindung metakognitiver Aspekte in die Aufgabenstellung),
- wenn passend, Hinweise zur Plausibilitätsprüfung enthalten (wenn als Ergebnis ein 4 kg schweres Hühnerei herauskommt, wird den Schülerinnen und Schülern die Möglichkeit zur Korrektur gegeben),
- eine Passung zur angezielten Kompetenz aufweisen."

Es gibt viele Materialien, die Lernaufgaben für den Religionsunterricht anbieten. Ein Qualitätsmerkmal ist, dass die gestellten Aufgaben einen Bezug zur Lebenswelt der Schülerinnen und Schüler haben und nicht zu konstruiert wirken. Diese Aufgaben sind kein Selbstzweck – Lehrende sollten sich also nicht durch spannende Beispiele verleiten lassen, von der Methode statt von den Schülerinnen und Schülern her zu planen und den anvisierten Kompetenzerwerb und ihre Intention aus dem Blick zu verlieren.

Wenn Lehrerinnen oder Lehrer mit offenen Augen durch die Welt gehen, finden sie immer wieder Szenarien, die sich zur Gestaltung von Lernaufgaben nutzen lassen – in Literatur, Film (vgl. Kirsner/Wermke 2009), Internet, z. B.

- wenn in dem Buch „An der Arche um Acht" (Hub ^{4}2017) ein kleiner Pinguin erstmals von Gott hört und Fragen stellt,
- wenn das in der Zeit des Nationalsozialismus verortete Buch „Beinahe Herbst" (Kaurin 2019) in verschiedenen Szenen Fragen nach dem Umgang mit Jüdinnen und Juden und nach Menschen, die Widerstand leisten, weckt,
- wenn in Filmen wie „Million Dollar Baby" (USA 2004), „Ein ganzes halbes Jahr" (USA 2016) und „Hin und weg" (Deutschland 2014) verschiedene Szenarien zur Sterbehilfe ihren Ausdruck finden,
- wenn in Filmen wie „Der ganz große Traum ... oder wie der Lehrer Konrad Koch den Fußball nach Deutschland brachte" (Deutschland 2011) oder „Wunder" (USA 2017) Themen wie Gemeinschaft, Zivilcourage und Gewissensentscheidungen beispielhaft konkretisiert werden,
- wenn digitale Frage-Antwort-Communitys (z. B. gutefrage.net) ermöglichen, selbst Fragen zu stellen oder Fragen und Antworten zu bestimmten Themen zu recherchieren, mit denen eine Auseinandersetzung lohnt, etc.

Solche und andere Szenarien haben einen hohen Anregungscharakter und können Fragen aufwerfen, die bearbeitet werden können und deren Ergebnisse in Lernprodukte einfließen, z. B. ein umgestaltetes oder umgeschriebenes Kinderbuch, eine Filmkritik, eine Filmrezension für eine Schülerzeitung, ein Podcast zum Thema Sterbehilfe, ein Beitrag zu einem digitalen Lexikon (als Anregung: „100 Sekunden Religion" als Hörlexikon der Theologischen Hochschule Chur) oder eigene Beiträge für die Frage-Antwort-Community …

Der Kreativität sind keine Grenzen gesetzt und Schülerinnen und Schüler haben gute Ideen, die sie beisteuern können.

Gabriele Obst und Hartmut Lenhard formulieren Schritte, wie Lehrerinnen und Lehrer bei ihrer *Planung* aus solchen und anderen „Situationen" kompetenzorientierte Lernaufgaben entstehen lassen können:

- eine Situation identifizieren, die Schülerinnen und Schüler herausfordern kann (Anforderungssituation),
- die mögliche Relevanz dieser Situation für die Schülerinnen und Schüler klären,
- die Lernausgangslage beschreiben,
- die für die Problemlösung notwendigen Kompetenzen beschreiben,
- geeignete Lehr- und Lernprozesse bestimmen und
- Indikatoren für den Erweis erworbener Kompetenzen benennen (vgl. Obst 2008, 137f. und Ziener 2015, 10; → 3.4)

In der *Durchführung* des Unterrichts ziehen Lernaufgaben bestimmte Lernarrangements nach sich, die „lernpsychologisch begründet und am Fortgang von Lernprozessen orientiert" sind (Leisen 2013, 8):

> - „Erster Zugriff auf das Problem und Entwicklung von Vorstellungen […],
> - Reaktivierung des Vorwissens und Auswertung neuer Informationen […],
> - Erarbeitung des Neuen Schritt für Schritt und Erstellung und Diskussion eines Lernproduktes […],
> - Diskussion der Lernprodukte mit Lernpartnern […],
> - Bewusstmachung des neu Erlernten und Definition des Lernzugewinns […],
> - Selbstüberprüfung, Erkennen des Problemüberhangs, Verankerung im Wissensnetz und Anwendung auf andere Beispiele […]."

A

1. Setzen Sie diese von Josef Leisen beschriebene Schrittfolge in Beziehung zu den Merkmalen kompetenzorientierten Unterrichts nach Andreas Feindt (→ 2.2.).

HINWEIS
Die Trennung von Lern- und Leistungssituation bedeutet nicht, dass Phasen des Lernens nicht benotet werden dürfen! Quantität, Qualität, Kontinuität z. B. der Mitarbeit sind auch hier identifizierbar.

7.3 Lern- und Leistungsaufgaben unterscheiden

Zum Lernen gehören Fehler und Irrtümer dazu – gerade auch, wenn es um komplexere Aufgabenstellungen geht. Die Betonung der Verantwortung von Schülerinnen und Schülern für eigene Lernprozesse setzt voraus, dass diese dabei auch Fehler machen dürfen. Der Umgang mit Fehlern sagt etwas über die Qualität des Unterrichts aus, aber auch über die Lernatmosphäre in Lerngruppen (vgl. zur Fehlerkultur z. B.: Spychiger 2012, 12–14). Fehler können genutzt werden, um Lernstrategien, Erarbeitungswege, weiteren Klärungsbedarf zu identifizieren und zu reflektieren.

Entsprechend muss im Unterricht deutlich zwischen Lern- und Leistungssituationen bzw. zwischen Lern- und Leistungsaufgaben entschieden werden.

Für die Bewertung von Aufgaben gilt der Grundsatz, dass nur bewertet werden darf, was im Unterricht eingeübt wurde (vgl. Schulgesetz 2019, § 48.2 → 6.1.4). Schülerinnen und Schülern muss zudem transparent gemacht werden, ob sie Lern- oder Leistungsaufgaben bearbeiten.

Josef Leisen unterscheidet bei Lern- und Leistungsaufgaben folgende Merkmale:

„Lernaufgaben

- werden in verschiedenen Sozialformen bearbeitet.
- sind auf Lern-Prozesse hin ausgerichtet.
- entwickeln und fördern Kompetenzen und Lernprozesse.
- sind vielfältig im Hinblick auf Lösungsweg und -darstellung.
- sind kleinschrittig und umfangreich.
- haben ein breites Spektrum an Arbeitsaufträgen.
- stellen gestufte und komplexitätsreduzierte Anforderungen.
- unterstützen den individuellen Lernprozess.
- bewirken, dass altes Wissen aufgefrischt und neues Wissen eingespeist und über Lese- und Lernprodukte aufgebaut wird.
- bewirken, dass im handelnden Umgang mit Wissen Lernprodukte erstellt werden.
- Fehler werden zum Lernen genutzt."

„Leistungsaufgaben

- werden in Einzelarbeit bearbeitet.
- sind auf Lern-Ergebnisse hin ausgerichtet.
- überprüfen Kompetenzen und Lernergebnisse.
- haben meist eine Lösung im Sinne von richtig/falsch.
- sind oft großschrittig.

- haben ein kleines Spektrum an Arbeitsaufträgen.
- stellen komplexe Anforderungen.
- diagnostizieren und stellen den individuellen Kompetenzstand fest.
- fragen Wissen ab und überprüfen es.
- bewirken, dass im handelnden Umgang mit Wissen Leistungsprodukte erstellt werden.
- Fehler sind unerwünscht und nachteilig." (Leisen 2013, 8)

7.4 Eine Anforderungssituation in einer Klausur bearbeiten

Die Überlegungen zur Leistungsaufgabe sollen an dem Beispiel einer Klausur (Einführungsphase, Gymnasiale Oberstufe) konkretisiert werden. Die Schülerinnen und Schüler sollen unter Einbeziehung zusätzlicher Materialien und unter Rückgriff auf Unterrichtsergebnisse eine Anforderungssituation bearbeiten.

B

Aus dem Unterricht bringen die Schülerinnen und Schüler folgende Voraussetzungen mit:

Sie haben zuvor in ähnlicher Weise ethische Herausforderungen bearbeitet, sind also mit dem methodischen Vorgehen vertraut: Schritte ethischer Urteilsfindung (vgl. Otten 2016, 55) sind eingeübt. Auch die Vorgehensweise bei dem Operator „sich auseinandersetzen" ist den Schülerinnen und Schülern bekannt. Da einige zum ersten Mal eine Klausur im Religionsunterricht schreiben, werden trotzdem über die Aufgabenstellung weitere Impulse als Hilfen gegeben. Nicht vorausgesetzt werden die Kenntnis und Anwendung von Modellen normativer Ethik, da sie in NRW erst für die Qualifikationsphase vorgesehen sind (vgl. KLP 2014, 30). Inhaltlich können die Klausurschreibenden auf Aspekte des christlichen Menschenbildes, z. B. die Bedeutung der Gottebenbildlichkeit und den daraus resultierenden Gedanken der Menschenwürde, zurückgreifen (vgl. Knop 2013, 16 –19). Aspekte wie Freiheit, Verantwortung übernehmen, Achtung vor dem Leben anderer wurden thematisiert. Dass zum Menschsein Erfahrungen des Scheiterns und des Schuldigwerdens ebenso wie Kontingenzerfahrungen gehören, wurde ebenfalls thematisiert. – Auch was Aufgaben einer Ethikkommission sind, ist den Schülerinnen und Schülern aus dem Unterricht bekannt.

Im Unterricht wurden folgende Kompetenzen geschult:

SACHKOMPETENZ

Die Schülerinnen und Schüler ...

- erläutern an ausgewählten Beispielen ethische Herausforderungen für Individuum und Gesellschaft und deuten sie als religiös relevante Entscheidungssituationen,
- erläutern Schritte ethischer Urteilsfindung,

- analysieren ethische Entscheidungen im Hinblick auf die zugrunde liegenden Werte und Normen,
- erläutern die Verantwortung für sich, für andere und vor Gott als wesentliches Element christlicher Ethik.

URTEILSKOMPETENZ
Die Schülerinnen und Schüler
- erörtern, in welcher Weise biblische Grundlegungen der Ethik zur Orientierung für ethische Urteilsbildung herangezogen werden können,
- erörtern verschiedene Positionen zu einem ausgewählten Konfliktfeld unter Berücksichtigung christlicher Ethik in katholischer Perspektive (vgl. KLP 2014, 23).

Klausur:
- Jahrgang: Einführungsphase (1. Jahr der Gymnasialen Oberstufe)
- Dauer: 90 Minuten
- Thema: Kinderüberwachungstechnologie am Beispiel von „Black mirror", „Arkangel"

Material
M1 Videoclip (Trailer zum Film „Black Mirror")
M2 „Black mirror" ist eine britische Serie, in der die Filmemacher Charlie Brooker und Annabel Jones der Gesellschaft einen Spiegel vorhalten. Unterschiedliche fortgeschrittene Technologien werden in verschiedenen Szenarien anhand jeweils verschiedener Charaktere zum Gegenstand der Episoden und regen Reflexionen über die Folgen dieser Technik an. In der 2. Episode der 4. Staffel, „Arkangel" (2017, Regie Jodie Foster), wird von einer alleinerziehenden Mutter, Marie, erzählt, die ihr Leben ganz auf ihre Tochter Sara ausrichtet und sich ständig Sorgen um sie macht. Als das kleine Mädchen in einem unbeobachteten Moment für einige Minuten verschwindet und gesucht werden muss, entscheidet sich Marie, ihr – unumkehrbar – ein Implantat ins Gehirn setzen zu lassen, mit dem sie jederzeit ihre Tochter beobachten, ihre Vitalwerte und ihren Aufenthaltsort bestimmen kann. Mittels Tablet kann sie aus der Ferne durch die Augen ihres Kindes die Welt betrachten. Was zunächst aus Sorge um einen möglichen Verlust der Tochter entsteht, nimmt immer größere Ausmaße an. Sara hat Angst vor einem großen Hund, der sie auf ihrem Schulweg ankläfft – die Mutter programmiert das Implantat so, dass Sara das Kläffen kaum noch hört und den Hund nicht sehen kann. Leid und Angstbesetztes werden fortan ausgeklammert. Als ihr Opa mit einem Herzanfall zusammenbricht, nimmt Sara nur diffus die Umrisse wahr. Sie kann ihm nicht helfen. Auch das Gesicht ihrer Mutter, die den gestorbenen Opa betrauert, nimmt Sara nicht wahr. In der Schule wird sie zur Außenseiterin. – Dass sie Teile des Lebens nicht wahrnehmen kann, weil sie immer ausgeblendet werden, macht sie sonderbar. Erzählen Mitschülerinnen und Mitschüler von Ereignissen, so hört sie nur das Positive – das Negative wird ausgeblendet. Am Leben nimmt sie nur eingeschränkt teil. Als Sara neun ist, rät ein Psychologe Marie, das Implantat zu deaktivieren. Sara wächst in den nächsten Jahren „normal" auf – bis sie eines Tages über Nacht wegbleibt. Ihre Mutter verfällt in den alten Überwachungswahn – und beobachtet Sara, als sie das erste Mal Sex hat. Ihre Mutter zieht Erkundigungen über den Freund ein, der ihr nicht passt, und kontrolliert Sara ununterbrochen. Sie ruiniert ihr die Beziehung, mischt ihr ohne Saras Wissen Antibabypillen unter – bis Sara schließlich ausrastet, die Mutter niederschlägt, das Überwachungstablet zerstört und von zu Hause flieht.

Aufgabenstellung:

1. Stellen Sie das zu diskutierende Problem dar.
2. Setzen Sie sich mit diesem Problem auseinander.
   - Berücksichtigen Sie dabei M1 und M2 und Unterrichtsergebnisse.
   - Erläutern Sie dazu mögliche Entscheidungs- und Handlungsoptionen, untersuchen Sie die zugrunde liegenden Werte und Normen und entfalten Sie Pro- und Kontra-Argumente.
3. Tatsächlich erfährt Kinderüberwachungstechnologie eine immer größere Akzeptanz. Die Entwickler hoffen auf große Marktanteile. Zugleich gibt es auch Diskussionen, ob eine solche Technologie nicht verboten werden muss. Entwerfen Sie *aus der Sicht eines Theologen* eine Stellungnahme, wie sie im Rahmen einer Anhörung in einer Ethikkommission eingebracht werden könnte.

A

1. Eine geeignete Leistungsaufgabe zu einer Anforderungssituation? – Sichten Sie diese Klausur und beziehen Sie begründet Stellung.

8 Lernerfolg überprüfen und Leistung messen

Gabriele Otten

8.1 Grundsätzliche Überlegungen

Schulnoten können für Stolz sorgen, aber auch für Druck, Stress und Verzweiflung. Noten machen vielen Kindern und Jugendlichen Angst, sie werden oft auch als ungerecht, willkürlich und nicht vergleichbar empfunden. Seit ihrer Einführung vor über 100 Jahren stehen Ziffernnoten in der Kritik.

Trotz dieser Kritik von allen Seiten – Vorbehalte gibt es bei Schülerinnen und Schülern, Eltern und auch bei Lehrerinnen und Lehrern – sind sie doch fester Bestandteil des schulischen Alltags und gehören zum Kerngeschäft jeder Lehrkraft. Umfragen bestätigen in regelmäßigen Abständen, dass Eltern (und auch Schülerinnen und Schüler) trotz der damit verbundenen Probleme Ziffernnoten befürworten – erhoffen sie sich doch eine aussagekräftige und vergleichbare Rückmeldung und Bewertung, damit sie wissen, wo ihr Kind steht. Viele Lehrende schätzen an der herkömmlichen Bewertungspraxis, dass Ziffernnoten besser handhabbar sind als andere Formen der Bewertung.

Die Crux ist jedoch, dass Leistungsmessung und -bewertung – und schon gar nicht, wenn sie nur per Noten erfolgt – nicht die Komplexität von Lernprozessen und -leistungen abbilden kann. Durch eine Veränderung des Unterrichts in den letzten Jahren (bzw. Jahrzehnten) sind Bereiche des Lernens in den Blick gekommen, die weit über einen rein kumulativen Wissensaufbau hinausgehen und nicht einfach abprüfbar sind – z. B. Formen des selbstgesteuerten, kooperativen, problemorientierten, handlungsorientierten Arbeitens und Lernens. Um Schülerinnen und Schülern mit ihren Potenzialen gerecht zu werden, dürfen Leistungsmessung und -bewertung sich also nicht in Notenfindung und -vergabe durch den Lehrer oder die Lehrerin erschöpfen.

A

1. In der Literatur finden sich die unterschiedlichen Begriffe: Leistungsmessung, Leistungsbewertung, Leistungsfeststellung, Lernstandserhebung, Benotung … – Klären Sie diese Begriffe und grenzen Sie diese voneinander ab.
2. Diskutieren Sie, was für und was gegen die Verwendung der einzelnen Begriffe im Kontext von Schule spricht.

Eine Herausforderung ist auch, wie Leistungsbewertung so gestaltet werden kann, dass ein Klima von Respekt und Wertschätzung gewahrt bleibt und „schlechtere“ Schülerinnen und Schüler sich nicht abqualifiziert fühlen und entmutigt werden.

A

1. Reflektieren Sie, was für Sie ein guter Schüler oder eine gute Schülerin ist – und wann Sie ein Kind oder einen Jugendlichen als schlechte Schülerin oder schlechten Schüler bezeichnen würden: Welche Kriterien sind für Sie ausschlaggebend?

Für den Religionsunterricht gilt zudem, dass schlechte Noten im Fach bei Lehrenden oft ein Unbehagen, bei Schülerinnen und Schülern und ihren Eltern in der Regel ein großes Unverständnis auslösen. Eine Fünf in Religion? – Und schon gerät derjenige, der diese Note gegeben hat, unter Erklärungsdruck; gelegentlich wird von den betroffenen Schülerinnen und Schülern oder ihren Eltern dann mehr oder weniger dezent die Möglichkeit angesprochen, dass das Fach bei so schlechten Noten ja auch „abgewählt“ werden könne. Und auch wenn Religionsunterricht ein ordentliches Unterrichtsfach ist, gibt es doch bei manchen Religionslehrenden ein Unbehagen, wenn es an die Noten geht – haben sie doch vielleicht andere Grundanliegen als (nur) eine Bewertung des Lernzuwachses.

A

1. Reflektieren Sie, welche Erfahrungen Sie mit Leistungsbewertung im Religionsunterricht gemacht haben – als Schüler oder Schülerin, aber auch als Lehrer oder Lehrerin.

8.1.1 Wozu Noten? – Funktionen der Lernerfolgsüberprüfung und Leistungsmessung

„Schulnoten motivieren zu besseren Leistungen und schaffen eine landesweite Vergleichbarkeit, sagen die einen. Das ‚System Note‘ ist unfair und schaut nur auf die Schwächen, finden die anderen. Was denn nun? Schulnoten – Ja oder Nein?“ (Hermes 2018)

A

1. Bevor Sie weiterlesen: Schulnoten – Ja oder Nein? Sammeln Sie Pro- und Kontra-Argumente, auch auf Basis Ihrer eigenen Erfahrungen als Unterrichtete/r und Unterrichtende/r.

Die klassische Begründung einer vergleichbaren Leistungsbewertung durch Noten umfasst nach Wengert folgende Funktionen (vgl. Wengert 2019, 322–324):

Berechtigungs-, Zuteilungs- und Selektionsfunktion: Mit ihren Noten weisen Schülerinnen und Schüler ihre Qualifikation nach, eine weiterführende Schule zu besuchen. Noten entscheiden, ob sie zum Gymnasium oder zur Hauptschule gehen. Nach Noten (z. B. dem Numerus clausus) werden Schülerinnen und Schüler zu Ausbildungs- oder Studiengängen zugelassen.

Sozialisierungsfunktion: In der Schule lernen Kinder Leistungsnormen kennen, die sich von denen in ihren bisherigen Kontexten wie Familie, Kindergarten etc. unterscheiden. Diese Normen haben Einfluss, wie sich das Leistungsselbstbild und das Selbstwertgefühl entwickeln.

Rückmeldefunktion für Lehrende und Lernende: Schülerinnen und Schüler bekommen eine Rückmeldung über den Status ihrer Lernbemühungen und über erbrachte Leistungen, Lehrerinnen und Lehrer erfahren etwas über die Qualität und den Erfolg ihres Unterrichts.

Berichtsfunktion: Noten teilen auch Eltern den aktuellen Leistungsstand des Kindes mit und bieten Orientierung über zu erwartende Abschlüsse.

Anreiz- und Disziplinierungsfunktion: Noten können als Belohnung für das Erreichen von Leistungszielen einen Anreiz bieten, auch die Furcht vor Versagen (und entsprechend „schlechten“ Noten) kann Schülerinnen und Schüler motivieren. Weil Schülerinnen und Schüler in der Regel keine schlechten Noten bekommen möchten, können Zensuren so leicht zur Disziplinierung eingesetzt werden.

Die Vielzahl der Funktionen und die damit zum Teil gravierenden Konsequenzen für den Lebensweg der Schülerinnen und Schüler verdeutlichen, welche besondere Verantwortung dem oder der Lehrenden beim Einsatz von Noten zukommt.

Ein Blick darauf, welche Bildungsziele z. B. das nordrhein-westfälische Schulgesetz nennt (ebd. §2 Abs. 6), wirft die Frage auf, was mit Noten, die die o. g. Funktionen erfüllen, bewertet wird bzw. bewertet werden kann und was nicht:

„Die Schülerinnen und Schüler sollen insbesondere lernen

1. selbstständig und eigenverantwortlich zu handeln,
2. für sich und gemeinsam mit anderen zu lernen und Leistungen zu erbringen,
3. die eigene Meinung zu vertreten und die Meinung anderer zu achten,
4. in religiösen und weltanschaulichen Fragen persönliche Entscheidungen zu treffen und Verständnis und Toleranz gegenüber den Entscheidungen anderer zu entwickeln,
5. Menschen unterschiedlicher Herkunft vorurteilsfrei zu begegnen, die Werte der unterschiedlichen Kulturen kennenzulernen und zu reflektieren sowie für ein friedliches und diskriminierungsfreies Zusammenleben einzustehen,
6. die grundlegenden Normen des Grundgesetzes und der Landesverfassung zu verstehen und für die Demokratie einzutreten,
7. die eigene Wahrnehmungs-, Empfindungs- und Ausdrucksfähigkeit sowie musisch-künstlerische Fähigkeiten zu entfalten,
8. Freude an der Bewegung und am gemeinsamen Sport zu entwickeln, sich gesund zu ernähren und gesund zu leben,
9. mit Medien verantwortungsbewusst und sicher umzugehen."

(§ 2 Abs. 6 Schulgesetz NRW 2019)

Eine Schule, die diese Fähigkeiten fördert, bedarf neben „klassischen" Formen der Leistungsbewertung notwendig anderer Formen der Evaluation und Rückmeldung, die eine umfassendere Sicht auf den einzelnen Schüler oder die einzelne Schülerin ermöglichen und ihr bzw. ihm eher gerecht werden (→ 8.1.3).

8.1.2 Gerechte Noten? – Gütekriterien der Lernerfolgsüberprüfung und Leistungsmessung

Fragt man Schülerinnen und Schüler, was sie bei der Notenvergabe von ihrem Lehrer oder ihrer Lehrerin erwarten, kommt fast immer die Antwort „Gerechtigkeit". Aber können Noten überhaupt gerecht sein?

In der Literatur zur pädagogischen Diagnostik finden sich im Wesentlichen drei Gütekriterien für Noten:

- **Objektivität:** Eine Bewertung wird dann als objektiv bezeichnet, wenn verschiedene Beurteilende bei der Beurteilung z. B. einer Klassenarbeit zu gleichen Ergebnissen kommen – d.h. die Bewertung wäre unabhängig von der Person des oder der Beurteilenden.
- **Reliabilität:** Eine Bewertung gilt dann als reliabel (zuverlässig), wenn ein Schüler oder eine Schülerin bei vergleichbaren

Aufgabenlösungen z. B. in zwei aufeinanderfolgenden Arbeiten dieselbe Note bekommt – d.h., die Beurteilung wäre abhängig von gleich bleibenden, nicht von Zufällen abhängigen Beurteilungskriterien. Reliabel ist beispielsweise auch eine Bewertung einer Klausur, die in zeitlichem Abstand zu demselben Ergebnis kommt.

- **Validität:** Bei der Validität (Gültigkeit) von Bewertungen geht es darum, dass ein Bewertungsverfahren wirklich das misst, was es messen soll. Manchmal scheitern Lernende, die inhaltlich durchaus leistungsstark sind, bei Klassenarbeiten daran, dass sie komplex formulierte Aufgabenstellungen nicht genau lesen. Dann sagt die Note eher etwas über die Lesekompetenz des Schülers oder der Schülerin aus als über die Sachkompetenz (vgl. u. a. Helmke [3]2010, 126–128; Kerbel 2016).

Aber all diese Messverfahren unterliegen Verzerrungstendenzen, die Auswirkungen auf die Qualität diagnostischer Urteile haben. Einige seien hier genannt (ausführlicher bei Helmke [3]2010, 136–139):

- **Tendenzfehler:** Es sind gelegentlich Neigungen zu beobachten, extreme Noten zu vermeiden und sich mehr in der Mitte zu bewegen. So gibt eine Lehrerin z. B. nie eine Fünf oder Sechs, aber auch keine Eins. Andererseits gibt es auch eine Tendenz zu extremen Urteilen, bei der der mittlere Bereich unterrepräsentiert ist.
- **Referenzfehler:** Anstelle an objektiven Kriterien orientiert sich die Lehrkraft an einer anderen Bezugsnorm, z. B. am üblichen Leistungsstand innerhalb einer Klasse. Fehler von üblicherweise sehr guten Schülern werden dann weniger stark gewichtet als von Schülern, die weniger leistungsstark sind. Diese Form der Verzerrung ist auch gegeben, wenn Noten dadurch beeinflusst werden, ob die Lerngruppen insgesamt leistungsstark oder leistungsschwach sind. In einer leistungsstarken Klasse bekäme ein Schüler dann für seine Leistung eine schlechtere Note als eine Schülerin mit einer vergleichbaren Leistung in einer leistungsschwachen Klasse.
- **Halo-Effekt** (auch Heiligenschein-Effekt): Von einem Merkmal eines Schülers oder einer Schülerin wird fälschlich auf andere Merkmale geschlossen. So können sich Aussehen, Kleidung, Ausdrucksweise oder Herkunft auf die Wertung von Leistungen auswirken. Wenn ein Schüler z. B. schwänzt und kein Interesse zeigt, gilt er als faul und weniger leistungsstark. „Schön" gestaltete Hefte und Mappen werden inhaltlich besser bewertet

als unsaubere und unordentliche Hefte – die Form beeinflusst die Wahrnehmung des Inhalts. Auch von einer katastrophalen Rechtschreibung wird immer wieder auf eine schlechtere inhaltliche Leistung geschlossen.

- **Dispositionen der Bewertenden:** Die Tagesform kann Auswirkungen auf die Bewertung von Schülerleistungen haben. Eine gewisse Gereiztheit, wenn man zum zehnten Mal die gleichen Fehler sieht, kann eine Wertung beeinflussen. Eigene Erfahrungen mit Bewertung können sich ebenfalls auswirken: Jemand, der nie „sehr gut" war, vergibt die Note nicht so schnell – oder öfter, weil er es besser machen will als seine eigenen Lehrerinnen und Lehrer.

TIPP:
Eine lohnende Auseinandersetzung mit dem Halo-Effekt finden Sie unter den Stichwörtern im Internet: *Jochen Mai: Halo-Effekt: Wie mächtig er wirkt.*

Lehrerinnen und Lehrer müssen Gütekriterien und auch die Gefahren der Verzerrung kennen, um verantwortungsbewusst und reflektiert zu einer möglichst angemessenen, kriteriengeleiteten und transparenten Notengebung zu kommen, die nachvollziehbar und in diesem Sinne auch „gerecht" ist.

8.1.3 Neue Formen der Leistungsbewertung

Mit der Veränderung des Unterrichts in den letzten Jahrzehnten haben sich auch Anforderungen an eine Leistungsbewertung, die mehr erfassen muss als nur ein „enge[s] fachlich-inhaltliche[s] und lediglich wissensbasierte[s] Verständnis" (Bohl 2005,3) gewandelt. Offenere Unterrichtsarrangements erfordern andere Formen der Leistungsbewertung. Der Blick auf die vielfältigen zu erwerbenden „fachübergreifende[n] Kompetenzen (selbstreguliertes Lernen, Kommunikation und Kooperation, Problemlösen)" (Bohl 2005, 3) und auch die fachspezifischen Kompetenzbereiche (Sachkompetenz, Methodenkompetenz, Urteilskompetenz, Handlungskompetenz), wie die Kernlehrpläne in Nordrhein-Westfalen sie ausweisen, legt nahe, dass herkömmliche Überprüfungen zu kurz greifen. Auch die Mitwirkung der Lernenden bei der Beurteilung von Leistungen, die ja auch für eigene Lernprozesse zunehmend Verantwortung übernehmen sollen, wird gestärkt. Immer mehr ist die Rede von Selbst- und Fremdevaluation sowie von Feedbackkultur.

Betrachtet man vor diesem Hintergrund die in den Schulen vorliegenden Leistungsmessungskonzepte, erfährt man auch einiges über das Verständnis von Unterricht. Denn eine „Schule, die sich einem bestimmten unterrichtlichen Schwerpunkt (z. B. Teamentwicklung) verschreibt, entwickelt konsequenterweise eine adäquate Bewertungskonzeption (z. B. Beobachtungsbogen zum

Sozialverhalten)" (Bohl 2005, 3). Daher bezeichnet Thorsten Bohl u. a. die Leistungsbewertung auch als „Gretchenfrage" der Schulentwicklung (ebd.).

Bohl beschreibt Qualitätskriterien einer Bewertung von Leistungen, die „über den fachlich-inhaltlichen Bereich hinausgehen und auch methodisch-strategische, sozial-kommunikative und persönliche Leistungen berücksichtigen" (Bohl 2005, 3) und auf eine größere Transparenz und Akzeptanz dieser Formen der Leistungsbewertung zielen:

- Abgestimmtes Handeln im Lehrerkollegium durch Verständigung über Zielvorstellungen und den Leistungsbegriff (vgl. Bohl 2005, 10–12) sowie
- Beteiligung von Schülerinnen und Schülern im Bewertungsverfahren, z. B. gemeinsame Aufstellung von Bewertungskriterien vor Beginn einer Projektphase, eines Gruppenunterrichts, ... und gemeinsame Anwendung dieser Kriterien zur Selbstbewertung oder auch Mitbewertung von Mitschülerinnen und Mitschülern sowie gemeinsame Reflexion dieses Bewertungsverfahrens, die sich an diesen Kriterien orientiert (vgl. Bohl 2005, 12f.).

In verschiedenen Phasen offenen Unterrichts können verschiedene Aspekte in den Fokus rücken – je nachdem, ob gerade der Prozess, die Präsentation oder das entstandene Produkt bewertet werden (vgl. Michalke-Leicht [2]2010a, 34f.). So bewertet man beim Gruppenprozess beispielsweise, wie die einzelnen Schülerinnen und Schüler sich einbringen, ob sie kontinuierlich mitarbeiten, Ideen und Materialien einbringen, auf andere Vorschläge eingehen oder sie unterdrücken. Bei der Präsentation wird u. a. beobachtet, ob die Präsentierenden frei und verständlich sprechen und Augenkontakt haben. Dagegen geht es bei den Produkten um deren Qualität, um Inhalt und Form.

Eine entscheidende Bedingung dafür, dass solche Bewertungen in eine Note münden, ist, dass diese einzelnen Kriterien transparent und „im vorausgehenden Unterricht in konkreten didaktisch-methodischen Settings erlernbar und einübbar" sein müssen (Bohl 2005, 14). Sind sie nicht erlernbar, kann man sie nicht benoten, nur diagnostizieren (Bohl 2005, 15).

Beispiele für die Einübung solcher Kriterien – z. B. in Form von Bewertungsrastern und Diagnosebögen – und Ideen zur Einbeziehung der Sicht der Schülerinnen und Schüler finden sich vielfältig in der Literatur. Besonders empfohlen sei hier die Handreichung von Wolfgang Michalke-Leicht und Georg Gnandt ([2]2010).

8.1.4 Rechtliche Rahmenbedingungen

Bildungspolitik ist in Deutschland Sache der Bundesländer. Entsprechend erlässt jedes Bundesland seine eigenen Gesetze und Bestimmungen auch zur Leistungsbewertung.

In Nordrhein-Westfalen bilden das Schulgesetz, die Ausbildungs- und Prüfungsordnungen mit den entsprechenden Verwaltungsvorschriften sowie die Ausführungen in den Kernlehrplänen den Rechtsrahmen für eine Leistungsmessung und -bewertung. So heißt es beispielsweise im Schulgesetz von NRW:

> „§ 44 (2) Lehrerinnen und Lehrer informieren die Schülerinnen und Schüler sowie deren Eltern über die individuelle Lern- und Leistungsentwicklung und beraten sie. Ihnen sind die Bewertungsmaßstäbe für die Notengebung und für Beurteilungen zu erläutern. Auf Wunsch werden ihnen ihr Leistungsstand mitgeteilt und einzelne Beurteilungen erläutert. Dies gilt auch für die Bewertung von Prüfungsleistungen.“

Grundsätze der Leistungsbewertung werden in § 48 genannt:

> „§ 48 (1) Die Leistungsbewertung soll über den Stand des Lernprozesses der Schülerin oder des Schülers Aufschluss geben; sie soll auch Grundlage für die weitere Förderung der Schülerin oder des Schülers sein. Die Leistungen werden durch Noten bewertet. Die Ausbildungs- und Prüfungsordnungen können vorsehen, dass schriftliche Aussagen an die Stelle von Noten treten oder diese ergänzen.
>
> (2) Die Leistungsbewertung bezieht sich auf die im Unterricht vermittelten Kenntnisse, Fähigkeiten und Fertigkeiten. Grundlage der Leistungsbewertung sind alle von der Schülerin oder dem Schüler im Beurteilungsbereich ‚Schriftliche Arbeiten‘ und im Beurteilungsbereich ‚Sonstige Leistungen im Unterricht‘ erbrachten Leistungen. Beide Beurteilungsbereiche werden bei der Leistungsbewertung angemessen berücksichtigt.“ (Schulgesetz NRW 2019; es folgen weitere Paragraphen mit der Beschreibung der Notenstufen und mit Regelungen zu nicht erbrachten Leistungen und zum Ersetzen der Noten durch Punkte.)

Funktionen der Leistungsmessung (Leistungsstand, Rückmeldung) werden deutlich, Prinzipien (Orientierung an Bewertungsmaßstäben, Transparenz, Bezug der Leistungsbewertung zu Unterrichtsinhalten) genannt und die Beurteilungsbereiche „Schriftliche Arbeiten“ und „Sonstige Leistungen im Unterricht“ unterschieden.

Diese Aussagen werden durch die Ausbildungs- und Prüfungsordnungen konkretisiert, z. B. die sog. „Verordnung über die Ausbildung und die Abschlussprüfungen in der Sekundarstufe I“ (APO-SI) und die entsprechende „Verordnung über den Bildungsgang und die Abiturprüfung in der gymnasialen Oberstufe“ (APO-GOSt), jeweils ergänzt durch die entsprechenden Verwaltungsvorschriften (VV), alle abrufbar unter www.schulministerium.nrw.de/docs/Recht/Schulrecht/APOen/index.html.

Die APO-SI regelt beispielsweise Versetzungsbestimmungen, Dauer und Anzahl von Klassenarbeiten, aber auch, was zu dem Bereich der „Sonstigen Leistungen im Unterricht“ gehört:

> „§ 6 (2) Zum Beurteilungsbereich „Sonstige Leistungen“ gehören alle im Zusammenhang mit dem Unterricht erbrachten mündlichen und praktischen Leistungen sowie gelegentliche kurze schriftliche Übungen in allen Fächern. Die Leistungen bei der Mitarbeit im Unterricht sind bei der Beurteilung ebenso zu berücksichtigen wie die übrigen Leistungen.“ (APO-SI 2019)

Katholische Religionslehre ist in NRW ein Fach, dessen Note sich in der Sekundarstufe nur aus dem Bereich der Sonstigen Leistungen ergibt. Für alle Fächer – also auch Religionslehre – gilt die Querschnittsaufgabe der Förderung der deutschen Sprache:

> „§ 6 (6) Die Förderung in der deutschen Sprache ist Aufgabe des Unterrichts in allen Fächern. Häufige Verstöße gegen die sprachliche Richtigkeit in der deutschen Sprache müssen bei der Festlegung der Note angemessen berücksichtigt werden. Dabei sind insbesondere das Alter, der Ausbildungsstand und die Muttersprache der Schülerinnen und Schüler zu beachten.“ (APO-SI 2019)

In der Sekundarstufe II kann Katholische Religionslehre auch als schriftliches Fach gewählt werden, das im Abitur selbst auch das gesellschaftswissenschaftliche Aufgabenfeld vertreten kann (vgl. APO-GOSt 2019, § 12.5). Dann greift – wie in der Sek I – die Bestimmung, dass beide Beurteilungsbereiche angemessen berücksichtigt werden müssen. Aber: „Eine rein rechnerische Bildung der Kursabschlussnote ist unzulässig, vielmehr ist die Gesamtentwicklung der Schülerin oder des Schülers im Kurshalbjahr zu berücksichtigen.“ (APO-GOSt 2019, § 13.1)

Dieser Rechtsrahmen wird durch Aussagen zur Lernerfolgsüberprüfung und Leistungsbewertung in den Kernlehrplänen ergänzt. Jeweils im Kapitel 3 werden Grundsätze dargelegt, z. B. dass die Leistungsbewertung sich auf die zuvor ausgewiesenen Kompetenzerwartungen bezieht und dass diese Kompetenzen wiederholt und in wechselnden Zusammenhängen unter Beweis zu stellen sind. Ausdrücklich werden dort Unterrichtsphasen ohne Leistungsbeurteilung vorgesehen. Leistungsbewertung wird verbunden mit Feedback und Rückmeldungen zum individuellen Lernfortschritt, Ermutigung zum weiteren Lernen als eine Funktion explizit genannt:

> „Erfolgreiches Lernen ist kumulativ. Dies erfordert, dass Unterricht und Lernerfolgsüberprüfungen darauf ausgerichtet sein müssen, Schülerinnen und Schülern Gelegenheit zu geben, Kompetenzen wiederholt und in wechselnden Zusammenhängen unter Beweis zu stellen. Für Lehrerinnen und Lehrer sind die Ergebnisse der Lernerfolgsüberprüfungen Anlass, die Zielsetzungen und die Methoden ihres Unterrichts zu überprüfen und ggf. zu modifizieren. Für die Schülerinnen und Schüler sollen ein den Lernprozess begleitendes Feedback sowie Rückmeldungen zu den erreichten Lernständen eine Hilfe für die Selbsteinschätzung sowie eine Ermutigung für das weitere Lernen darstellen. Dies kann auch in Phasen des Unterrichts erfolgen, in denen keine Leistungsbeurteilung durchgeführt wird." (Kernlehrplan 2019, 35)

Hinzu kommt ein Spezifikum des Religionsunterrichts:

> „Die im Fach Katholische Religionslehre angestrebten Kompetenzen umfassen auch Werturteile, Haltungen und Verhaltensweisen, die sich einer unmittelbaren Lernerfolgskontrolle entziehen. Eine Glaubenshaltung der Schülerinnen und Schüler soll vom Religionsunterricht ermöglicht werden, darf aber nicht vorausgesetzt oder gefordert werden. Dies bedeutet, dass die Leistungsbewertung im Religionsunterricht unabhängig von der Glaubensentscheidung der Schülerinnen und Schüler zu erfolgen hat."
> (Kernlehrplan 2019, 35)

Auf der Basis dieses Rechtsrahmens entscheiden die Fachkonferenzen gemäß Schulgesetz § 70 Abs. 4 auch über Grundsätze zur Leistungsbewertung, die für die Lehrerinnen und Lehrer dieses Fachs an ihrer Schule verbindlich sind und den Schülerinnen und Schülern sowie den Erziehungsberechtigten transparent zu machen sind (vgl. u. a. Kernlehrplan 2019, 35). Diese Grundsätze sind – ebenso wie Aussagen zur fachdidaktischen und fachmethodischen Arbeit, also auch zur inhaltlichen Gestaltung des Religionsunterrichts in den einzelnen Jahrgangsstufen – Teil des schulinternen Lehrplans des Faches.

Schülerinnen und Schüler und ihre Erziehungsberechtigten haben das Recht, frühzeitig über Lerninhalte und Leistungsanforderungen informiert zu werden. Es ist Aufgabe einer Lehrkraft zu Beginn eines Schuljahres, bei Lehrerwechsel auch zu Beginn eines Halbjahres, über anstehende Lerninhalte und Grundsätze der Leistungsbewertung zu informieren. Das heißt also, dass allen Beteiligten schon zu Beginn eines Schuljahres transparent ist, ob z. B. schriftliche Übungen geschrieben werden oder wie die Mappenführung bewertet und im Rahmen der Gesamtnote gewichtet wird.

Ein Vermerk, dass diese Information stattgefunden hat, ist in das Klassen- oder Kursbuch einzutragen.

A

1. Sie übernehmen nach den Sommerferien eine neue Lerngruppe und wollen diese in den ersten Stunden über die konkreten Leistungsanforderungen und Bewertungskriterien informieren. Bereiten Sie sich auf diese Situation vor und machen Sie sich nach der Lektüre der entsprechenden rechtlichen Grundlagen und curricularen Vorgaben Notizen, was Sie Ihrer Lerngruppe sagen wollen.

8.2 Leistungsbewertung im Religionsunterricht

Leistungsbewertung im Religionsunterricht steht in einem besonderen Spannungsfeld. Auf der einen Seite ist Religionsunterricht ein ordentliches Unterrichtsfach (u.a. GG, Art. 7, Abs. 3), auf der anderen Seite gibt es häufig ein Unbehagen von Religionslehrenden gegenüber einer Notengebung in ihrem Fach. Sie sehen sie in Widerspruch zu dem Grundanliegen der „Ermöglichung von Religion und Glaube", wie es von der Würzburger Synode 1974 im Beschluss zum Religionsunterricht (Gemeinsame Synode der Bistümer, 2012, 140) formuliert und später bekräftigt wurde, z. B. in den Kirchlichen Bildungsstandards (Kirchliche Richtlinien [4]2010, 9). Aber es gilt auch: Die Glaubenshaltung von Schülerinnen und Schülern darf nicht Gegenstand einer Benotung sein (vgl. u. a. Kernlehrplan 2019, 35).

Betont wird immer wieder – sei es in Bischöflichen Erklärungen oder in religionspädagogischer Literatur –, dass die theologisch legitimierte Wertschätzung von Schülerinnen und Schülern der Leistungsbewertung vorausgehe: Jeder Mensch sei durch Gottes Gnade und eben nicht durch Leistung vor Gott gerechtfertigt. Auch dies kann die Frage nach dem Verhältnis von Wertschätzung und Leistungsbewertung aufwerfen.

Religionsunterricht ist das einzige Fach, von dem Schülerinnen und Schüler sich abmelden können – manchmal geschieht das auch vor Zeugniskonferenzen, wenn eine schlechte Note droht. Manche Unterrichtende scheuen sich, schlechte Noten zu geben, weil sie Sorge haben, dass das Fach dann abgewählt wird.

Schülerinnen und Schüler, die mindestens 14 Jahre alt und damit religionsmündig sind, können sich selbst vom Religionsunterricht abmelden. Bei jüngeren Schülerinnen und Schülern erfolgt die Abmeldung durch die Eltern – vgl. Schulgesetz NRW § 31 (6).

Der Stellenwert des Faches an vielen Schulen und in der öffentlichen Wahrnehmung hat Auswirkungen auf die Akzeptanz der Leistungsbewertung im Religionsunterricht: „Die Lernenden erwarten sich eine gute Note, die Inhalte bleiben für andere unklar (‚Filme schauen, Gitarre spielen') […], wenn sie nicht sogar als antisäkular verdächtigt werden." (Pirker 2019, 254) Einige (nicht völlig erfundene) Beispiele aus der Praxis können Herausforderungen einer Leistungsbewertung im Religionsunterricht veranschaulichen:

- Eine Mutter kommt zum Elternsprechtag. Sie beschwert sich, dass ihre Tochter (Klasse 5) in Religion „nur eine Drei" bekommen hat. „Ich verstehe die Note nicht; meine Tochter ist doch Messdienerin! Außerdem hat sie sich so viel Mühe mit ihrer Mappe gegeben und sie so schön gestaltet."
- Ein Lehrer bespricht mit seinen Schülerinnen und Schülern (Q1/I, Schwerpunkt: Christologie) die Quartalsnoten. Einem Schüler eröffnet er (mit Unbehagen?), dass sein Leistungsstand sich zurzeit im Bereich von 2 Punkten bewegt. Dieser entgegnet, damit habe er schon gerechnet. Schließlich glaube er auch nicht an Jesus Christus, außerdem seien „diese Themen" sowieso nicht von Bedeutung.
- Eine Lehrerin gibt einer Schülerin (Klasse 7) auf dem Zeugnis eine Vier in Religion. Diese beschwert sich: „Bei Ihrem Kollegen hatte ich aber immer eine Zwei!"
- Eine Lehrerin gibt einem Schüler (Klasse 8) eine Rückmeldung zu seinem aktuellen Leistungsstand. Er ist nicht einverstanden und sagt ihr, damit strafe sie ihn für sein „Quatschen" im Unterricht. Immerhin habe er doch immer mitdiskutiert, wenn es etwas zu diskutieren gab. Und in Reli könne man ja sowieso nicht sagen, was richtig oder falsch sei.
- Ein Lehrer hat mit seiner Lerngruppe (Klasse 9) eine Projektarbeit geplant und gemeinsam mit ihr Beurteilungskriterien entwickelt. Eine Schülerin verweigert die Bearbeitung der Aufgaben im Unterricht aus Gewissensgründen: Die Themen hätten mit ihr und ihren Überzeugungen nichts zu tun.

A

1. Analysieren Sie, welche Vorstellungen von einer Leistungsbewertung im Religionsunterricht sich in diesen Gesprächsszenarien widerspiegeln.

2. Wählen Sie einzelne Szenarien aus und führen Sie diese Gesprächssituationen weiter: Wie könnten Unterrichtende auf diese Anfragen reagieren, welche Informationen und Argumente einbringen?

8.2.1 Der Beurteilungsbereich „Sonstige Leistungen im Unterricht"

In den nordrhein-westfälischen Ausbildungs- und Prüfungsordnungen der Sekundarstufen finden sich kurz und knapp Hinweise zu „Sonstige[n] Leistungen im Unterricht" (SI) bzw. zur „Sonstige[n] Mitarbeit" (SII):

> „§ 6 (2) Zum Beurteilungsbereich ‚Sonstige Leistungen' gehören alle im Zusammenhang mit dem Unterricht erbrachten mündlichen und praktischen Leistungen sowie gelegentliche kurze schriftliche Übungen in allen Fächern. Die Leistungen bei der Mitarbeit im Unterricht sind bei der Beurteilung ebenso zu berücksichtigen wie die übrigen Leistungen." (APO-SI 2019)

und

> „§ 15 (1) Zum Beurteilungsbereich ‚Sonstige Mitarbeit' gehören alle im Zusammenhang mit dem Unterricht erbrachten schriftlichen, mündlichen und praktischen Leistungen mit Ausnahme der Klausuren und der Facharbeit gemäß § 14 Abs. 3 sowie der Dokumentation im Projektkurs gemäß § 11 Abs. 8." (APO-GOSt 2019)

Die Kernlehrpläne für die Sekundarstufen konkretisieren diesen Beurteilungsbereich. So gibt z. B. der Kernlehrplan KR für das Gymnasium (Sek I) an, dass die Kompetenzentwicklung der Lernenden anhand mündlicher, schriftlicher und praktischer Beiträge erfasst wird und bei der Beurteilung dieser Beiträge Qualität, Quantität und Kontinuität zu berücksichtigen sind. Die Beurteilungsbasis bilden sowohl eine prozessbezogene, kontinuierliche Beobachtung der Kompetenzentwicklung als auch punktuelle Erfassungen des Kompetenzstandes der einzelnen Schülerinnen und Schüler. Explizit wird hervorgehoben, dass bei der Bewertung von Leistungen im Rahmen von Gruppen- oder Partnerarbeit der individuelle Beitrag zum Gruppenergebnis berücksichtigt werden kann (vgl. Kernlehrplan 2019, 36).

Im Kernlehrplan KR für die Gesamtschule wird zudem unter Bezugnahme auf eine kompetenzorientierte Gestaltung des Unterrichts hervorgehoben, dass die Beurteilungsbasis breit anzulegen ist: „Die einseitige Dominanz von schriftlichen, mündlichen oder praktischen Aufgabenstellungen sowie von auf Reproduktion angelegten Abfragen einzelner Daten und Sachverhalte kann dabei den zuvor formulierten Ansprüchen an die Leistungsfeststellung nicht gerecht werden." (Kernlehrplan 2013, 31)

Beispielhaft werden diese Sonstigen Leistungen im Unterricht jeweils konkretisiert, wie etwa im Kernlehrplan KR SI für das Gymnasium. Zum Beurteilungsbereich „Sonstige Leistungen im Unterricht" – ggf. auch auf der Grundlage der außerschulischen Vor- und Nachbereitung von Unterricht – zählen u. a.:

- mündliche Beiträge zum Unterricht (z. B. Beiträge zu unterschiedlichen Gesprächs- und Diskussionsformen, Kurzreferate, Präsentationen),
- schriftliche Beiträge zum Unterricht (z. B. Ergebnisse der Arbeit an und mit Texten und weiteren Materialien, Ergebnisse von Recherchen, Mindmaps, Protokolle),
- fachspezifische Ergebnisse kreativer Gestaltungen (z. B. Bilder, Videos, Collagen, Rollenspiele),
- Dokumentation längerfristiger Lern- und Arbeitsprozesse (z. B. Hefte/Mappen, Portfolios, Lerntagebücher),
- kurze schriftliche Übungen sowie
- Beiträge im Prozess eigenverantwortlichen, schüleraktiven Handelns (z. B. Wahrnehmung der Aufgaben im Rahmen von Gruppenarbeit und projektorientiertem Handeln)(vgl. Kernlehrplan 2019, 36).

HINWEIS
Hausaufgaben werden überprüft, ausgewertet und finden Anerkennung.
In der Primarstufe und der Sek I werden sie aber NICHT benotet!

Aufgabe der Fachkonferenzen ist es, diese Ausführungen schulbezogen zu konkretisieren (→ 8.1.4). Die Bewertung der Qualität, Quantität und Kontinuität der Beiträge ist vorgegeben, über weitergehende Konkretisierungen sollten im Sinne einer Vergleichbarkeit der Anforderungen Absprachen erfolgen. Dazu gehören beispielsweise Vereinbarungen, in welchen Jahrgangsstufen, mit welcher Gewichtung und nach welchen Kriterien welche „Dokumentationen längerfristiger Lern- und Arbeitsprozesse" bewertet werden – bspw. in einer Klasse 5 und 6 die Hefte, in den Klassen 7 und 8 Lerntagebücher etc. Soll es zu bestimmten Themen Referate geben, kommen Protokolle zum Einsatz, gibt es schriftliche Übungen, werden Phasen von längerfristiger Gruppenarbeit und Projekte vorgesehen – und wenn ja, wie sollen diese bewertet und gewichtet werden? Diese und ähnliche Fragen sollten gemeinsam verhandelt werden. Wichtig ist: Den Schülerinnen und Schülern müssen diese Kriterien vor der Gestaltung von Heften, vor der Durchführung eines Projektes usw. transparent sein. Zunehmend sollen sie als Lernende die Verantwortung

> TIPP:
> Erprobte Beispiele für Bewertungskriterien und -raster finden Sie in der beim IRP Freiburg veröffentlichten Handreichung von Michalke-Leicht / Gnandt ([2]2010).

für ihre Lernprozesse übernehmen und diese Kriterien gemeinsam mit den Lehrenden vereinbaren. Rückblickend können diese zuvor festzulegenden Aspekte in Evaluations- und Feedbackprozessen für eine gemeinsame Bewertung des Lernprozesses und der entstandenen Produkte durch Lehrende und Lernende genutzt werden – im Sinne einer Metakognition.

Diese Transparenz gibt nicht nur Sicherheit für Beurteilende und zu Beurteilende, sondern kann auch die Qualität von Leistungen verbessern. Wenn Lernende wissen, worauf es bspw. bei der Erstellung von Lerntagebüchern ankommt und wonach sie bewertet werden, ist es für sie deutlich einfacher, sich bei der Erstellung daran zu orientieren. Wenn sie wissen, dass Lernplakate nach dem inhaltlichen Gehalt und der Art der Darstellung beurteilt werden und diese Aspekte zuvor im Unterricht konkretisiert wurde, können sie dieses umsetzen, bevor bei einer Bewertung festgestellt wird, dass Teile defizitär sind.

A

1. Hier finden Sie ein Beispiel aus der Unterrichtspraxis: Schülerinnen und Schülern soll zu Beginn der Klasse 5 transparent gemacht werden, worauf es bei der Bewertung ihrer Leistungen im Unterricht ankommt.
2. Diskutieren Sie dieses Beispiel – im Hinblick auf die angestrebte Transparenz und Aussagekraft, auf seine Funktionalität …

Wie du in Reli eine gute Note bekommen kannst:

- Wenn du regelmäßig und interessiert am Unterricht teilnimmst,
- wenn du bei Unklarheiten nachfragst,
- wenn du zum Thema passende Fragen stellst,
- wenn du Mut hast, Diskussionen zu beginnen,
- wenn du Gelerntes wiedergeben kannst,
- wenn du gut zuhörst und dich auf Beiträge deiner Mitschülerinnen und Mitschülers oder deines Lehrers zurückbeziehst,
- wenn du deine Aufgaben sorgfältig erledigst,
- wenn du Ergebnisse im Unterricht vorträgst,
- wenn du in Partner- oder Gruppenarbeit aktiv mitmachst,
- wenn du in Einzel- oder Stillarbeit konzentriert arbeitest,
- wenn du deine Reli-Mappe gewissenhaft führst,
- wenn du deine Arbeitsmaterialien vollständig vorliegen hast.

Im Fach Religion wird in diesem Jahr besonders geübt, wie du eine Mappe führen kannst. Wir werden das ausführlich besprechen und einüben. Nach jeder Unterrichtsreihe (also ungefähr zwei- bis dreimal im Halbjahr) wird deine Mappe eingesammelt und durchgesehen. Du bekommst dafür Noten, die 30 % deiner Zeugnisnote ausmachen. Worauf es bei der Mappenführung ankommt und wie die Mappe bewertet wird, werden wir in einer der ersten Stunden besprechen.

Ähnlich wie die Kernlehrpläne für die Sekundarstufe I trifft auch der Kernlehrplan für die Sekundarstufe II konkrete (und vergleichbare) Aussagen für den Beurteilungsbereich der Sonstigen Mitarbeit (Kernlehrplan 2014, 43). Die für die Sekundarstufe I dargelegten Ausführungen gelten analog.

Für Diskussionen bei der Notenbesprechung sorgt im Unterricht manchmal die unterschiedliche Wahrnehmung von Lehrenden und Lernenden. Auch dazu können (und sollen) die Bewertungsmaßstäbe transparent gemacht und für ein Gespräch mit den einzelnen Schülerinnen und Schülern über ihre Leistungen genutzt werden.

Ein Beispiel, wie dies geschehen kann, bietet die folgende Übersicht (vgl. Michalke-Leicht [2]2010 b, 72):

Beschreibung der Anforderungen	**Leistungssituationen**	**Note/Punkte**
Die Leistung entspricht den Anforderungen in besonderem Maße.	Erkennen des Problems und dessen Einordnung in einen größeren Zusammenhang, sachgerechte und ausgewogene Beurteilung; eigenständige gedankliche Leistung als Beitrag zur Problemlösung. Angemessene, klare sprachliche Darstellung.	Note: 1 Punkte: 15–13
Die Leistung entspricht voll den Anforderungen.	Verständnis schwieriger Sachverhalte und deren Einordnung in den Gesamtzusammenhang des Themas. Erkennen des Problems, Unterscheidung zwischen Wesentlichem und Unwesentlichem. Es sind Kenntnisse vorhanden, die über die Unterrichtsreihe hinausreichen.	Note: 2 Punkte: 12–10
Die Leistung entspricht im Allgemeinen den Anforderungen.	Regelmäßig freiwillige Mitarbeit im Unterricht. Im Wesentlichen richtige Wiedergabe einfacher Fakten und Zusammenhänge aus unmittelbar behandeltem Stoff. Verknüpfung mit Kenntnissen des Stoffes der gesamten Unterrichtsreihe.	Note: 3 Punkte: 9–7
Die Leistung weist zwar Mängel auf, entspricht im Ganzen aber noch den Anforderungen.	Nur gelegentlich freiwillige Mitarbeit im Unterricht. Äußerungen beschränken sich auf die Wiedergabe einfacher Fakten und Zusammenhänge aus dem unmittelbar behandelten Stoffgebiet und sind im Wesentlichen richtig.	Note: 4 Punkte: 6–4

Die Leistung entspricht den Anforderungen nicht, notwendige Grundkenntnisse sind jedoch vorhanden und die Mängel in absehbarer Zeit behebbar.	Keine freiwillige Mitarbeit im Unterricht. Äußerungen nach Aufforderung sind nur teilweise richtig.	Note: 5 Punkte: 3–1
Die Leistung entspricht den Anforderungen nicht. Selbst Grundkenntnisse sind so lückenhaft, dass die Mängel in absehbarer Zeit nicht behebbar sind.	Keine freiwillige Mitarbeit im Unterricht. Äußerungen nach Aufforderung sind falsch.	Note: 6 Punkte: 0

Begriffe, die in einem Lehrerkollegium immer wieder zu hören sind, aber in den rechtlichen Rahmenbestimmungen wörtlich gar nicht vorkommen, sind die der „Holpflicht“ und der „Bringschuld“, wonach in der Sekundarstufe I Lehrende in besonderer Weise gefordert sind, Leistungen der Schülerinnen und Schüler „einzuholen“, während in der Sekundarstufe II die Verantwortung, Leistung „einzubringen“, bei den Lernenden liege. Wie ist damit umzugehen?

Tatsächlich gibt es in der APO-GOSt folgenden Passus, bezogen auf Leistungen im Bereich der „Sonstigen Mitarbeit“: „Die Schülerinnen und Schüler sind verpflichtet, die geforderten Leistungsnachweise zu erbringen“ (§13.4), den man im Sinne einer Bringschuld verstehen kann. Demgegenüber aber findet sich im Schulgesetz NRW an exponierter Stelle die Aussage, dass jeder junge Mensch das Recht auf individuelle Förderung hat (Schulgesetz 2019 § 1.1) – und das gilt natürlich auch für die Sekundarstufe II. Und wäre es – auch bei einer „Bringschuld“ – im Sinne der pädagogischen Verantwortung von Lehrerinnen und Lehrern, Lernende nicht einzubeziehen und sie nicht zu ermutigen, sich einzubringen?

8.2.2 Der Beurteilungsbereich „Schriftliche Arbeiten“

Die APO-GOSt regelt in § 14 die Anzahl und Dauer von Klausuren bzw. gibt einen Rahmen für die Dauer von Klausuren vor, innerhalb dessen die Fachkonferenzen entscheiden können.

Klausuren haben neben der Funktion der Leistungsmessung und -bewertung auch die Funktion der Vorbereitung auf den schriftlichen Teil der Abiturprüfung – entsprechend müssen die Lernenden frühzeitig mit dem Format „Klausur“ vertraut gemacht werden und rechtzeitig Gelegenheit haben, es einzuüben (vgl. Kernlehrplan 2014, 42).

Die Aufgabenstellung einer Klausur ergibt sich in der Regel durch eine Kombination der im Kernlehrplan aufgeführten Überprüfungsformen (Kernlehrplan 2014, 44f.), die im Laufe des Unterrichts eingeübt werden sollen: Darstellung, Analyse, Erörterung und Gestaltung (eine detaillierte Beschreibung findet sich a. a. O.). Diesen Überprüfungsformen können die für das Fach verbindlichen Operatoren zugeordnet werden – einzusehen sind sie im Internet unter: www.standardsicherung.schulministerium.nrw.de/cms/zentralabitur-wbk/faecher/getfile.php?file=2302. Dort werden sie auch durch kurze Beschreibungen präzisiert.

HINWEIS
Aufgaben werden mithilfe der Operatoren als Arbeitsaufträge, nicht als Fragen formuliert!

Diese Operatoren – leider unterscheiden sie sich (zurzeit noch) von Fach zu Fach – haben die Funktion, für die Schülerinnen und Schüler eine Transparenz bezüglich dessen herzustellen, was von ihnen bei den einzelnen Aufgaben erwartet wird, und sind verschiedenen Anforderungsbereichen zugeordnet. Auch diese sind im Unterricht einzuüben, damit die Lernenden damit vertraut werden.

Die einzelnen Aufgaben in einer Klausur müssen alle drei Anforderungsbereiche abdecken:

> „**Anforderungsbereich I** umfasst das Wiedergeben von Sachverhalten und Kenntnissen im gelernten Zusammenhang, die Verständnissicherung sowie das Anwenden und Beschreiben geübter Arbeitstechniken und Verfahren.
>
> **Anforderungsbereich II** umfasst das selbstständige Auswählen, Anordnen, Verarbeiten, Erklären und Darstellen bekannter Sachverhalte unter vorgegebenen Gesichtspunkten in einem durch Übung bekannten Zusammenhang und das selbstständige Übertragen und Anwenden des Gelernten auf vergleichbare neue Zusammenhänge und Sachverhalte.
>
> **Anforderungsbereich III** umfasst das Verarbeiten komplexer Sachverhalte mit dem Ziel, zu selbstständigen Lösungen, Gestaltungen oder Deutungen, Folgerungen, Verallgemeinerungen, Begründungen und Wertungen zu gelangen. Dabei wählen die Schülerinnen und Schüler selbstständig geeignete Arbeitstechniken und Verfahren zur Bewältigung der Aufgabe, wenden sie auf eine neue Problemstellung an und reflektieren das eigene Vorgehen." (Kernlehrplan 2014, 46f.)

Am häufigsten werden als Klausuren in Katholischer Religionslehre (noch) sogenannte „Textaufgaben" gestellt, bei denen es darum geht, einen Text darzustellen, zu analysieren (d. h., ihn z. B. in Bezug zu bekannten Positionen aus dem Unterricht zu setzen) und sich mit diesem auseinanderzusetzen. Die Problematik einer Fokussierung auf diese klassische Textaufgabe besteht darin, dass sie nur einen Teil der Bandbreite der didaktisch-methodischen Lernarrangements im Religionsunterricht abbildet.

Der Kernlehrplan sieht aber noch weitere Aufgabenarten vor (vgl. Kernlehrplan 2014, 48), u.a. die „Gestaltungsaufgabe“, d.h. die „Kriteriengeleitete und kreative Bearbeitung einer Anforderungssituation im Hinblick auf eine produktionsorientierte Lösung“ (ebd.).

Hinsichtlich der Schriftlichen Aufgabenarten stimmen die einzelnen Bundesländer überein, weil sie auf Kultusministerkonferenzbeschlüsse zu Einheitlichen Prüfungsanforderungen in der Abiturprüfung (EPA 1989 / 2006) zurückgehen (s. Checkliste unten).

Bei der Bewertung der Klausuren orientieren sich Lehrerinnen und Lehrer an einem Erwartungshorizont, der Beurteilungskriteri-

„CHECKLISTE“ FÜR DAS ERSTELLEN EINER KLAUSUR (TEXTAUFGABE) IM FACH KATHOLISCHE RELIGION

Zur Materialauswahl:

- Lassen der von Ihnen ausgewählte Text oder die ausgewählten Texte bzw. Materialien eine Analyse zu, d. h., enthalten sie eine deutlich erkennbare Position, die für Schülerinnen und Schüler ohne große Schwierigkeiten erkennbar werden kann? Ermöglichen sie einen Vergleich und/oder eine Auseinandersetzung mit einer oder mehreren anderen Positionen?
- Sind evtl. Textauslassungen im Sinne eines angemessenen Textverständnisses vertretbar oder geht dadurch der inhaltliche Zusammenhang verloren? (Hinweis: Es ist oft keine gute Idee, erläuternde Beispiele auszulassen, damit der Text nicht zu lang wird!)
- Sind alle Textauslassungen gekennzeichnet?
- Gibt es Begriffe, Anspielungen etc., die den Schülerinnen und Schülern Probleme bereiten könnten und die Sie deshalb als Hilfen angeben müssen?
- Sind Materialien und Texte mit einer Quellenangabe versehen?
- Welche Angaben zum Autor sind erforderlich?

Zur Aufgabenstellung:

- Stehen die Teilaufgaben in einem inneren Zusammenhang, d.h., bauen sie aufeinander auf?
- Sind für die Formulierung der Teilaufgaben die für die Abiturprüfungen geltenden Operatoren verwendet?
- Sind alle drei Anforderungsbereiche berücksichtigt (Schwerpunkt: AFB 2)?
- Werden in den Aufgabenstellungen die von den Schülerinnen und Schülern zu berücksichtigenden Aspekte deutlich gemacht? (Das können Sie gut überprüfen, indem Sie anhand der von Ihnen formulierten Aufgaben einen Erwartungshorizont erstellen, der vor dem Schreiben der Klausuren fertig sein sollte. Nur so merken Sie etwaige Tücken bei den Aufgaben oder auch inhaltliche Hürden für die Klausurschreibenden rechtzeitig.)

en und Gewichtungen festlegt. Es werden die inhaltliche Leistung und die Darstellungsleistung bewertet. Beispiele für Prüfungsaufgaben und Auswertungskriterien sind im Internet auf den Seiten des nordrhein-westfälischen Schulministeriums zu finden.

Der Anforderungsbereich III zielt auf eigenes Urteilen, Werten, Deuten – bewertet wird dabei nicht der Inhalt eines Urteils, sondern die Qualität der Argumentation und die Schlüssigkeit, mit der es sich aus dem zuvor Dargelegten ergibt. Und dabei ist es durchaus möglich, dass ein Schüler oder eine Schülerin schlüssig und qualifiziert eine Position vertritt, die der Lehrer oder die Lehrerin nicht einnehmen würde – und dabei die volle Punktzahl bekommt!

Da die Förderung der deutschen Sprache eine Querschnittsaufgabe aller Fächer ist, sind Verstöße gegen die sprachliche Richtigkeit zu berücksichtigen:

> „Da in Klausuren neben der Verdeutlichung des fachlichen Verständnisses auch die Darstellung bedeutsam ist, muss diesem Sachverhalt bei der Leistungsbewertung hinreichend Rechnung getragen werden. Gehäufte Verstöße gegen die sprachliche Richtigkeit führen zu einer Absenkung der Note gemäß APO-GOSt. Abzüge für Verstöße gegen die sprachliche Richtigkeit sollen nicht erfolgen, wenn diese bereits bei der Darstellungsleistung fachspezifisch berücksichtigt wurden.“ (Kernlehrplan 2014,42)

Klausuren sind so bald wie möglich zu korrigieren, zu benoten, zurückzugeben und mit den Schülerinnen und Schülern zu besprechen. Eine Übersicht über zu verwendende Korrekturzeichen findet sich auf der Seite des Ministeriums.

HINWEIS
Vorsicht vor Doppelbestrafungen! Wenn Sie bei der Bewertung der Darstellungsleistung keine oder weniger Punkte für die sprachliche Richtigkeit gegeben haben, können Sie die Note nicht noch einmal insgesamt absenken!

8.3 Wertschätzung und Leistung im Religionsunterricht

Wertschätzung geht der Leistungsbewertung voran – das würden die meisten Kolleginnen und Kollegen sicher unterschreiben. Aber wie wirkt sich diese Grundhaltung auf den Umgang mit den Schülerinnen und Schülern und auf deren eigene Wahrnehmung aus? Oder anders formuliert: Was hilft es einem Schüler oder einer Schülerin, dass er oder sie wertgeschätzt ist, wenn er eine schlechte Note im Religionsunterricht bekommt, mit der er oder sie erst einmal klarkommen muss? Andererseits fühlen sich Schülerinnen und Schüler – so sehr sie sich auch über die Note freuen mögen – nicht wertgeschätzt und ernst genommen, wenn Religionslehrende nur gute Noten geben und sie genau wissen, dass sie diese nicht verdient haben.

Dieser Zusammenhang zwischen einer (Notwendigkeit von) Leistungsbewertung und einer Haltung der Wertschätzung ist immer wieder Thema von religionspädagogischen Veröffentlichungen und Stellungnahmen. Zwei seien hier exemplarisch herausgegriffen.

In die Debatte über Schulqualität und Schulentwicklung, die durch internationale Vergleichsstudien wie z. B. PISA angestoßen wurde, hat sich 2003 der Deutsche Katechetenverein mit einem Diskussionspapier eingeschaltet, verbunden mit dem Hinweis, dass sich auch der Religionsunterricht einer Neuorientierung stellen müsse (das vollständige Papier ist unter www.katechetenverein.de/relaunch.2011/pdf/stellungnahmen/sn_leistungsbewertungund-notengebung9thesen.pdf aufrufbar):

(1) Leistungsmessung und Notengebung haben in Schule und Religionsunterricht ihren berechtigten Platz; sie dürfen jedoch nicht die einzige und nicht die dominierende Form schulischer Rückmeldung sein.

(2) Lernen bedarf der Anerkennung; auch die Lernleistungen stehen in engem Zusammenhang mit ihrer Wertschätzung. Darüber hinaus kommen Erziehung, Lernen und Bildung jedoch nicht ohne Gegenwirken, Hinterfragen und Forderungen nach Verhaltensänderung aus.

(3) In der schulischen Leistungserhebung legen die SchülerInnen Rechenschaft darüber ab, wie sich die Vorgaben des Lehrplans in ihrem Lernen und in ihren Leistungen niedergeschlagen haben.

(4) Neben den von außen geforderten Leistungen haben Schule und Unterricht auch „Räume" zu schaffen, in denen die SchülerInnen sich selber Ziele und Aufgaben setzen; die darin erbrachten Leistungen müssen wahrgenommen und gewürdigt werden.

(5) Der heutigen Schule ist die Aufgabe übertragen, durch Notengebung Zugänge zu weiterführenden Bildungswegen und zu gesellschaftlichen Chancen zu eröffnen. Leistungserhebung darf sich jedoch nicht auf diese gesellschaftliche Steuerungsaufgabe reduzieren; sie muss auch dem einzelnen Schüler in seiner je eigenen Lerngeschwindigkeit gerecht werden.

(6) Die Qualität der Lernleistungen hängt eng mit der Qualität des Unterrichts zusammen. Leistungsmessung und Unterrichtsevaluation sind deshalb aufeinander verwiesen.

(7) Vieles kann gemessen werden. Manches kann nicht gemessen werden. Nicht alles darf gemessen werden.

(8) Leistungsmessung, Beurteilung und Notengebung stehen unter dem Anspruch, objektiv und gerecht zu sein. Gleichwohl zeigt sich in der Schule, dass Objektivität und Gerechtigkeit immer nur angestrebt werden können. Ziffernnoten und Wortgutachten haben dabei ihre je eigene Bedeutung.

(9) Im Mittelpunkt des Religionsunterrichts steht das religiöse Lernen. Leistungserhebung richtet sich auf dieses Zentrum aus, sie ist jedoch nicht dieses Zentrum selbst.

(Deutscher Katecheten-Verein e.V. 2003)

A

1. Sichten Sie die Thesen und konkretisieren Sie diese ggf. anhand von Beispielen.
2. Diskutieren Sie diese Thesen: Wo stimmen Sie zu, wo nicht? Sehen Sie Herausforderungen für Ihre Praxis der Leistungsbewertung?

2019 (u. ö.) ging Viera Pirker der Frage nach, wie Wertschätzung und Anerkennung zum Ausdruck gebracht werden können, wenn Leistungsbewertung auch immer mit Leistungsfähigkeit und Gelingen zu tun hat und damit auch ein gesellschaftliches Denken widerspiegelt, das sich an einer Leistungsethik orientiert.

Sie entwickelte dabei fünf handlungsleitende Perspektiven für Wertschätzung in einer an Leistung und Gelingen orientierten Gegenwart (Pirker 2019, 265) (siehe Übersicht auf der folgenden Seite).

> Den pädagogischen Charakter von Leistungsbeurteilung achten und stärken: Religionsunterricht sollte Leistungsbeurteilung begleitend, nicht disziplinierend und terminierend einsetzen.
>
> Die Fähigkeit der Schülerinnen und Schüler zu Selbstreflexion und Feedback fördern: Dies kann beispielsweise geschehen durch dialogische Notenfindung, Beteiligung der Schülerinnen und Schüler an Feedback oder durch Peer-Beurteilung.
>
> Individuellen Leistungen Raum geben und diese wertschätzen: Sinnvoll ist es, den Lernverlauf zu beobachten, die jeweiligen Voraussetzungen und Möglichkeiten in den Blick zu nehmen, Portfolio-Arbeit zu ermöglichen und mit Erwartungshorizonten zu arbeiten, um die Fachlichkeit ins Zentrum zu rücken.
>
> Die Defizitorientierung zugunsten einer Fokussierung der Potenziale aufgeben: Schülerinnen und Schüler können befragt und begleitet werden: Wer willst du werden? Was kannst du tun? Was brauchst du dafür? Dabei geht es auch darum, sensibel und offen zu sein für Erkundungen und Ausdruck zu Distinktion und Differenz [...].
>
> Leistung fordern und Sinn anbieten: Lehrkräfte sollten keine Beliebigkeit zulassen, sondern die Entwicklung und Begründung von Argumenten, Positionen, Kenntnissen und Haltungen ausdrücklich unterstützen.
>
> (Pirker 2019, 265)

Die Beschreibung dieser Handlungsdimensionen kann genutzt werden, um über eigenes Handeln nachzudenken, aber auch einen Austausch z. B. in der Fachkonferenz anregen.

A

1. Im Downloadbereich der Katechetischen Blätter findet sich zu dem Artikel von Viera Pirker (Heft 4/2019: www.katbl.de/download.php) ein Reflexionsbogen für Religionslehrerinnen und -lehrer verschiedener Schulformen: „Leistungsbewertung im Religionsunterricht – ein Angebot zur Selbstreflexion“. Die fünf Dimensionen im Zusammenhang von Anerkennung und Leistung werden anhand einer Reihe von Fragen erschlossen, die zur Reflexion der eigenen Haltung, Praxis und Erfahrungen anregen.
2. Erproben Sie dieses Angebot und prüfen Sie es im Hinblick auf seinen Beitrag zu Ihrer eigenen Professionalisierung als Bewertende(-r).

9 Unterricht kritisch reflektieren

Marcus Hoffmann und Gabriele Otten

9.1 Grundsätzliche Überlegungen

> „Lehrerinnen und Lehrer […] überprüfen die Qualität des eigenen Lehrens und reflektieren die Passung zu den Lernvoraussetzungen und Lernbedürfnissen der Schülerinnen und Schüler." (Kerncurriculum 2016, 4)

Was mit einem Satz daherkommt, erfordert von der oder dem Unterrichtenden ein hohes Maß an Expertise und Sensibilität für Lernende und Unterrichtsprozesse. Im Examen wird bei der Benotung der unterrichtspraktischen Prüfungen berücksichtigt, „inwieweit der Prüfling in dem Gespräch in der Lage ist, die Qualität des eigenen Lehrens zu überprüfen" (Prüfer 2018, 18).

Wenn hier von der Qualität des eigenen Lehrens die Rede ist, meint dies zunächst die Bewährung der Unterrichtsplanung in der konkreten Durchführung (→ 9.3). Zugleich wirken aber auch (fachliche und überfachliche) Qualitätsmerkmale guten Unterrichts hinein, wie sie im Folgenden noch einmal vorgestellt werden (→ 9.3). Sie alle zielen auf eine (religions-)didaktische Professionalisierung und systematische Weiterentwicklung der eigenen Kompetenzen ab und können zur Bewertung von Lernprozessen herangezogen werden.

Neben der Evaluation durch die Unterrichtenden selbst gibt es im Schulalltag noch weitere Formen und Akteure der Unterrichtsbeobachtung (vgl. Helmke [3]2010, 274), etwa durch Kolleginnen und Kollegen, die Schulleitung oder Schulaufsicht, ggf. durch Dritte, die zur Unterrichtsbeobachtung beratend hinzugezogen werden (z. B. aus der Schulsozialarbeit), und natürlich auch durch die Schülerinnen und Schüler, die im Laufe ihrer Unterrichtszeit zum Teil eine hohe Expertise und ein untrügliches Gespür für Unterrichtsgestaltung entwickelt haben. Dieses Kapitel beschränkt sich jedoch auf die Reflexion der Lehrenden (insbesondere im Referendariat) und die Evaluation mit den Lernenden.

Doch bevor es um konkrete Methoden oder den Ablauf von Reflexions- und Evaluationsrunden geht, bedarf es einer grundsätzlichen Klärung: Was ist guter (Religions-)Unterricht?

9.2 Unterricht kriteriengeleitet reflektieren – aber: Was ist guter (Religions-)Unterricht?

Neben allen Kriterien, die sich aus der begründeten Anlage intentionaler Lernprozesse ergeben (→ 2, 3, 4), kann man bei der Reflexion gehaltenen Unterrichts auf gewisse Qualitätsmerkmale zurückgreifen, die dazu beitragen, Unterricht zu reflektieren und so die eigene Kompetenz als Unterrichtende oder Unterrichtender zu fördern.

A

1. „Guter Unterricht ist gekennzeichnet durch …" und „Ein guter Lehrer bzw. eine gute Lehrerin verfügt über folgende Eigenschaften und Fähigkeiten: …" – Ergänzen Sie diese Satzanfänge und beziehen Sie Ergebnisse aus der Lektüre der vorangegangenen Kapitel ein.
2. Merkmale guten Unterrichts müssen für den Religionsunterricht ebenso wie für Unterricht in anderen Fächern gelten. Oder gibt es doch Spezifika guten Religionsunterrichts? Vervollständigen Sie dazu auch den folgenden Satz: „Guter Religionsunterricht unterscheidet sich vom guten Unterricht durch …"
3. Tauschen Sie Ihre Gedanken hierzu untereinander aus.

Verschiedene didaktische Prinzipien wie Korrelation (→ 2.1.1), Elementarisierung (→ 2.1.2) und Kompetenzorientierung (→ 2.1.3) wurden im Laufe des Buches beschrieben, die Rolle von Lehrenden, aber auch von Lernenden und ihre je spezifische Verantwortung für das Gelingen von Unterrichtsprozessen bedacht (→ 1.4). Kriterien wie Intentionalität, Progression und Lernzuwachs (→ 3, 4), inhaltliche und methodische Klarheit durch einen transparenten roten Faden und funktionalen Methoden- und Medieneinsatz (→ 3–5), Aufgabenkultur (→ 7), Heterogenitätssensibilität und Berücksichtigung des Förderns und Forderns gleichermaßen (→ 6) wurden entwickelt u. v. m. Der spezifische Beitrag des (konfessionellen) Religionsunterrichts ergibt sich aus seinem „Gegenstand" und seiner Zielsetzung:

> „Zur Bildung gehört das Nachdenken über letzte Fragen, über Ziele und Zwecke individuellen und gesellschaftlichen Handelns und über die Einheit der Wirklichkeit. Religion eröffnet ‚einen eigenen Zugang zur Wirklichkeit, der durch keinen anderen Modus der Welterfahrung ersetzt werden kann' (Die deutschen Bischöfe 80 – 2005, 7). Religion prägt entscheidend die Identität des Menschen, seine Lebensführung, seine Überzeugungen und Handlungen. Es ist in diesem Sinne Aufgabe religiöser Bildung, den Kindern und Jugendlichen einen verstehenden Zugang zu religiösen Weltdeutungen und

> Lebensweisen zu erschließen und sie schrittweise zu verantwortlichem Denken und Verhalten im Hinblick auf Religion und Glaube zu befähigen. Indem der Religionsunterricht diese Aufgabe wahrnimmt, leistet er einen eigenständigen Beitrag zur Persönlichkeitsentwicklung und Weltorientierung im Rahmen allgemeiner schulischer Bildung." (Kernlehrplan 2019, 8)

> Konfessioneller Religionsunterricht zielt „auf die Entwicklung religiöser Orientierungsfähigkeit im persönlichen und gesellschaftlichen Leben und ermutigt die Schülerinnen und Schüler zu einer eigenen Stellungnahme. Indem sie sich mit dem Wahrheitsanspruch und der existenziellen, die Lebensgestaltung herausfordernden Bedeutung des christlichen Glaubens auseinandersetzen, ‚können die Schülerinnen und Schüler ihre eigenen religiösen und moralischen Überzeugungen prüfen, ggf. revidieren und weiterentwickeln. Sie lernen, einen eigenen begründeten Standpunkt einzunehmen und anderen gegenüber zu vertreten. Der Erwerb einer solchen konfessorischen Kompetenz auf der hermeneutischen Grundlage einer bestimmten religiösen Tradition ist ein Qualitätsmerkmal des konfessionellen Religionsunterrichts' (Die deutschen Bischöfe 2016, 10)". (Kernlehrplan 2019, 9)

Religionsunterricht, der diesem Anspruch gerecht wird, ist zu Recht als guter Religionsunterricht zu bezeichnen.

A

1. „Religionsunterricht, der diesem Anspruch gerecht wird ..." – Schauen Sie auf Ihre Erfahrungen mit dem Religionsunterricht – in den verschiedenen Rollen, in denen Sie ihn erlebt haben: als Schülerin oder als Schüler, als Lehrer oder als Lehrerin ... Finden Sie Beispiele dafür, dass es gelungen ist, diesen Anspruch umzusetzen?

9.2.1 Hilbert Meyer – Zehn Merkmale guten Unterrichts

Ein, wenn nicht der „Klassiker" bei der Beschreibung der Merkmale guten Unterrichts ist das Buch von Hilbert Meyer: Was ist guter Unterricht? Meyer entfaltet darin zehn empirisch abgesicherte Merkmale guten Unterrichts (Meyer [10]2014, 24–132; dazu auch: Meyer 2007), die auch als überfachliche Kriterien für die Gestaltung und kritische Reflexion von Unterricht dienen können (s. a. Abb. nach Meyer, S. 184):

1. Zur *klaren Strukturierung* des Unterrichts gehören Klarheit im Hinblick auf den Unterrichtsprozess, das Ziel und den Inhalt, dazu Rollenklarheit sowie klare Absprachen von Regeln und Ritualen, aber auch Freiräumen.

2. Gutes Zeitmanagement, Pünktlichkeit; die Rhythmisierung der Unterrichtsprozesse und die Auslagerung *organisatorischer Angelegenheiten führen zu einem hohen Anteil echter Lernzeit.*
3. Gegenseitiger Respekt und Wertschätzung, verlässlich eingehaltene Regeln, Übernahme von Verantwortung, Gerechtigkeit und Fürsorge tragen zu einem *lernförderlichen Klima* bei.
4. Verständliche Aufgabenstellungen, Transparenz hinsichtlich des Lernverlaufs, Plausibilität des thematischen Gangs (transparenter roter Faden), Klarheit und Verbindlichkeit bei der Ergebnissicherung) bewirken eine *inhaltliche Klarheit.*
5. *Sinnstiftendes Kommunizieren* zeigt sich bei einer Planungsbeteiligung der Schülerinnen und Schüler, in der herrschenden Gesprächskultur, in Beteiligungen der Lernenden in Form von Schülerkonferenzen oder Schülerfeedback.
6. Vielfältige Formen der Unterrichtsinszenierung, verschiedene Handlungsmuster zeugen von einer *Methodenvielfalt.*

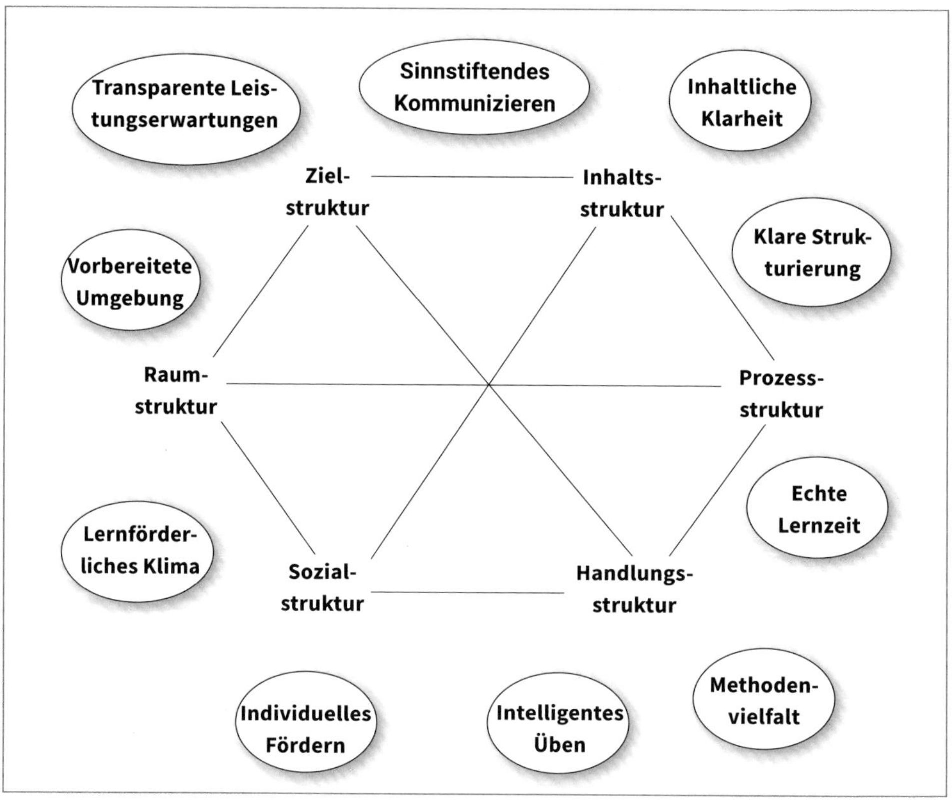

7. *Individuelles Fördern* geschieht mit Geduld und Zeit, u. a. durch innere Differenzierung, durch individuelle Diagnostik und Lernstandsanalysen und abgestimmte Förderpläne, z. B. auch durch besondere Förderung von Schülerinnen und Schülern aus Risikogruppen.
8. Eine Bewusstmachung von Lernstrategien, passgenau angelegte Übungsaufgaben, methodische Variation und Anwendung des Gelernten sind Zeichen *intelligenten Übens*.
9. *Transparente Leistungserwartungen* und klare Rückmeldungen sorgen für Sicherheit bei den Lernenden.
10. Eine *vorbereitete Umgebung*, wie sie sich z. B. in einer geschickten Raumnutzung, verlässlichen Ordnung, in Bewegungsmöglichkeiten und einer Ästhetik der Raumgestaltung zeigt, wirken ebenfalls lernförderlich (vgl. Meyer 2007, o. S.).

9.2.2 Manfred Riegger – Zwölf Merkmale guten Religionsunterrichts

In Auseinandersetzung mit den zehn Merkmalen, wie sie u. a. von Hilbert Meyer als Kennzeichen guten Unterrichts entwickelt worden sind, hat Manfred Riegger fachliche Kriterien zur Beschreibung der Qualität religiöser Bildungsprozesse an der öffentlichen Schule entwickelt (Riegger 2012, 160–173).

> „Wer beim Stichwort ‚guter Religionsunterricht' nur an Wissen, Kompetenzen, Standards und Leistungsmessung denkt, denkt zu kurz. Es geht ebenso um Persönlichkeitsentwicklung, Unverfügbarkeit von Bildung und die humane Qualität des Lern- und Lebensortes Schule. Gute religiöse Bildungsprozesse im schulischen Religionsunterricht bedürfen auch einer normativen Setzung durch eine ‚Bildungstheologie', die vermittels Religionsdidaktik bzw. -pädagogik zur pädagogischen Bildungstheorie in produktiver Wechselbeziehung steht. Beim religionsdidaktisch bzw. -pädagogisch akzentuierten Bildungsverständnis kann man auf die rationale Aufweisbarkeit von Zielen abheben […] oder auf die Relevanz von religiösen Bildungsprozessen für die Lebensdeutung der Schülerinnen und Schüler selbst. […] Damit kann man nicht nur der Komplexität des Religionsunterrichts Rechnung tragen, sondern ebenso grundsätzlich bedenken, was guter Religionsunterricht sein könnte, auch wenn eindeutige Antworten letztlich nicht möglich sind." (Riegger 2012, 161)

Er hebt hervor, dass die Merkmale, wie z. B. Meyer sie entwickelt, für alle Fächer und damit auch für den Religionsunterricht gelten, bezeichnet sie aber als für den Religionsunterricht nicht genügend,

„da sie das Spezifische des Religionsunterrichts nicht ausreichend zur Geltung bringen“ (ebd., 162). „Seine“ Merkmale sind:

1. *Management oder Führung der Religionslerngruppe*: Regeln, Routinen, Rituale, echte Lernzeit und deeskalierender Umgang mit Störungen
2. *Klarheit und Strukturiertheit*: präzise Instruktion von schülergerechten Inhalten
3. *Konsolidierung und Sicherung*: methodenbewusstes Üben und Wiederholen
4. *Aktivierung*: selbstgesteuertes Lernen
5. *Motivierung:* authentisch, glaubwürdig, leidenschaftlich
6. *Lernförderliches Klima*: ermutigendes Lehrer- Schüler-Verhalten
7. *Schüler- bzw. Subjektorientierung*: Schülerinnen und Schüler respektieren, Schülerfeedback und -mitwirkung sowie lebensförderliche Relevanz des Inhalts
8. *Kompetenzorientierung*: vom ‚trägen‘ Wissen zum gekonnt auf Lebenspraxis beziehbaren ‚Glaubenswissen‘
9. *Umgang mit Unterschiedlichkeit*: Lernen in heterogenen Religionsgruppen
10. *Methoden- und Medienvariation*: optimaler Methoden- und Medieneinsatz
11. *Theologische Korrektheit in Verbindung mit Schülerangemessenheit*: Kommunikation des Glaubens
12. *Differenzielles Gesamtprofil*: nicht Maximum, sondern Optimum an Merkmalsausprägungen (ebd., 163–172 i. A.)

Riegger betont, mit diesen Merkmalen könne man grundsätzlich die Gelingensbedingungen von gutem Religionsunterricht verdeutlichen. Nutzen könne man sie in unterschiedlichen Kontexten, z. B. als Grundlage für die Besprechungen von Unterrichtsbesuchen beispielsweise in Praktikum und Referendariat, zur persönlichen Reflexion von Stärken und Schwächen, für ein Feedback von Schülerinnen und Schülern, für die Arbeit in Fachgruppen etc. (ebd., 172f.).

A

1. Vergleichen Sie die Merkmale von Hilbert Meyer und Manfred Riegger und stellen Sie das Spezifische guten Religionsunterrichts heraus.
2. Prüfen Sie, ob und ggf. inwieweit der Ansatz von Manfred Riegger Ihrem Verständnis von gutem Religionsunterricht entspricht, und setzen Sie sich mit seinen Merkmalen auseinander.

9.3 Reflexionen und Nachbesprechungen als Ausbildungselemente nutzen

HINWEIS
Die Bewertung des Referendariats durch das Seminar ist prozesshaft angelegt, d.h., die Gesamtbeurteilung bezieht sich auf die Progression, die am Ende der Ausbildung erreicht wurde.

Nicht nur in den bereits erwähnten unterrichtspraktischen Prüfungen des Staatsexamens, sondern auch bei anderen Gelegenheiten müssen angehende Lehrerinnen und Lehrer unter Beweis stellen, dass sie ihren Unterricht realistisch und kompetent reflektieren können. Zu den Standardsituationen gehören hier insbesondere die Nachbesprechungen von Unterrichtsbesuchen und Lehrproben, die im Praktikum und im Referendariat stattfinden. Da diese Hospitationen in den meisten Fällen nicht nur beratenden, sondern auch bewertenden Charakter haben, ist es verständlich, dass hier Anspannungen nicht ganz zu vermeiden sind.

Ziel solcher Nachbesprechungen ist es zum einen, eine Einschätzung für die punktuell gezeigten Leistungen zu bekommen, doch als Ausbildungselemente kommen ihnen noch weitere Funktionen zu, dazu gehören:

- die *Reflexionskompetenz* der Lehramtsanwärterinnen und -anwärter weiter auszubilden,
- einen aktuellen Eindruck vom *Ausbildungsstand* insgesamt zu bekommen,
- Schwerpunkte für die nächste Ausbildungsphase festzulegen *(Perspektiventwicklung)* sowie
- mögliche *Beratungsanliegen* zu identifizieren und entsprechende Hilfestellungen zu ermöglichen.

HINWEIS
In der Regel bekommen Sie in den Seminaren frühzeitig Informationen über das dortige Format der Nachbesprechungen.

Auch wenn es zugegebenermaßen schwierig ist, Beratungs- und Beurteilungsaussagen in diesen Situationen voneinander zu trennen, sollten die Gespräche dafür genutzt werden, mögliche Fragen und Unverstandenes offen zu formulieren. Für Ausbilderinnen und Ausbilder ist dies kein grundsätzliches Zeichen von Schwäche, sondern – im Gegenteil – ein positives Signal für das Interesse an der eigenen Lernprogression.

9.3.1 Zum Ablauf

Für die Dauer einer Nachbesprechung ist es sinnvoll, einen zeitlichen Rahmen von etwa 60 bis max. 90 Minuten anzusetzen. Sollten nicht alle wichtigen Aspekte in dieser Zeit geklärt werden können, legen Sie vorher fest, was in jedem Fall besprochen werden sollte. Das genaue Prozedere und der Ablauf unterscheiden sich an den einzelnen Ausbildungsstandorten, doch meistens hat sich – etwas verallgemeinert – folgende Struktur etabliert (s. Abb. S. 188).

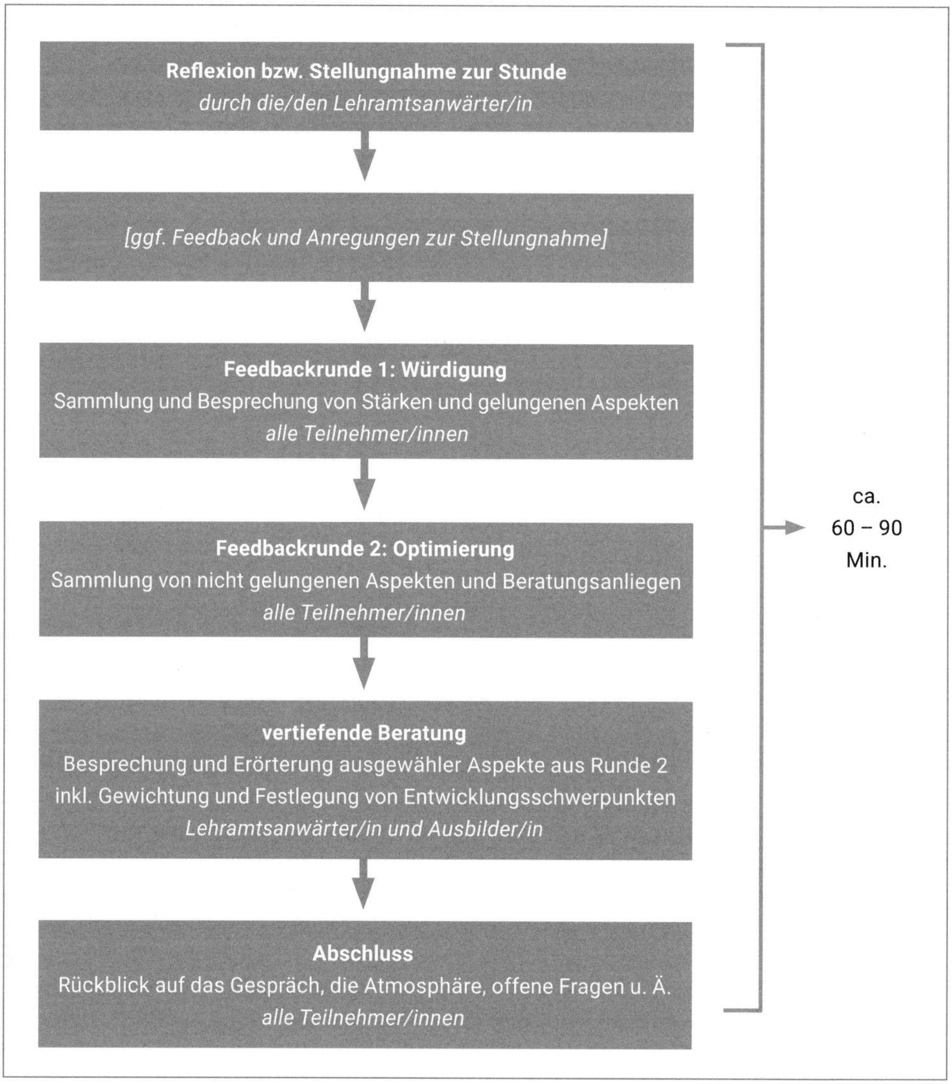

9.3.2 Tipps für das Gespräch im Anschluss an eine Unterrichtsstunde

- Falls es einzurichten ist, sollten alle hospitierenden Gäste der Stunde an der Nachbesprechung teilnehmen (Ausbildungsbeauftragte, Mitreferendarinnen- und referendare, Schulleitung etc.), damit möglichst viele Eindrücke gesammelt und miteinander abgeglichen werden können.

- In jedem Fall sollten die Mentorinnen und Mentoren der Schule am Ende darüber informiert werden, welche weiteren Entwicklungsschritte vereinbart wurden, damit auch sie ggf. gezielt Hilfestellungen und Empfehlungen im Alltag geben können.
- Unmittelbar im Anschluss an die Stunde ist ein kurzes Zeitfenster für eine persönliche (Reflexions-)Pause sinnvoll, um die gerade gewonnenen Eindrücke für sich zu verarbeiten und die zentralen Aspekte für das folgende Gespräch zu sammeln. Erste Leitfragen hierbei (und mit Blick auf den Verlaufsplan) könnten sein: *Wo sind einzelne Phasen und Elemente so verlaufen, wie ich es erwartet habe? An welchen Stellen hatte ich ein gutes Gefühl? Welche Phasen liefen anders als geplant? Wo habe ich mich eher unwohl gefühlt? Wurde das Ziel der Stunde erreicht?* In einem zweiten Schritt kann dann über mögliche Gründe hierfür nachgedacht werden.
- Die Nutzung von Stichwortkarten oder ein zusammenfassendes Protokoll (ggf. durch die Ausbilder) erleichtern es, hinterher noch einmal wichtige Punkte zu erinnern und zu fokussieren.

9.4 Besuchsstunden und Lehrproben zielgerichtet reflektieren

In der Stellungnahme direkt zu Beginn der Besprechung hat zunächst die bzw. der Unterrichtende das Wort, um auf zentrale Aspekte und Ziele der Planung einzugehen, die Durchführung Revue passieren zu lassen und Durchführung und Planung zueinander in Beziehung zu setzen.

Für die Anlage und den Ablauf dieser Reflexionsphase (des sogenannten „Statements“) gibt es verschiedene Möglichkeiten und unterschiedliche Traditionen an den Ausbildungszentren. Einige sollen Ihnen im Folgenden vorgestellt werden.

9.4.1 Reflektieren mithilfe der ZIMT- oder ZEDA-Methode

In vielen Seminaren wird die sogenannte ZIMT- oder ZEDA-Methode als mögliches Schema vorgestellt, um die Reflexionsgedanken sinnvoll zu strukturieren und zielgerichtet zu bündeln. Beide Ansätze ähneln sich. Ihre Anfangsbuchstaben beschreiben jeweils als Akronym die vier Schritte bzw. Schwerpunkte des Vorgehens bei der Reflexion.

Die Struktur der Reflexion nach der ZIMT-Methode			
Ziel	**I**nhalte	**M**ethoden	**T**iming (Zeit)
Was war das gesetzte Ziel? Wie lässt es sich begründen? Hat es sich als angemessen erwiesen (im Hinblick auf Niveau, Komplexität, Fokussierung etc.)? Inwiefern wurde es erreicht bzw. nicht erreicht?	Wie können das inhaltliche Niveau der Stunde und die Tiefe bzw. Qualität der Auseinandersetzung beurteilt werden? War die Interaktion und Steuerung der Stunde dem Lernertrag dienlich?	Welche der ausgewählten Methoden in den einzelnen Stundenphasen haben sich bewährt bzw. nicht bewährt – und warum?	Hat sich die zeitliche Planung in der Durchführung als sinnvoll und passend erwiesen? Wo musste ggf. abgewichen werden – und warum?

Die Struktur der Reflexion nach der ZEDA-Methode			
Ziel	**E**ntscheidungen	**D**urchführung	**A**usblick
Was war das gesetzte Ziel? Wie lässt es sich begründen? Hat es sich als angemessen erwiesen (im Hinblick auf Niveau, Komplexität, Fokussierung etc.)? Inwiefern wurde es erreicht bzw. nicht erreicht?	Wie haben sich die zentralen inhaltlichen und didaktisch-methodischen Entscheidungen (Medien, Materialien, Sozialformen etc.) bewährt?	Was ist zur Steuerung des Lernprozesses und zur Interaktion der Personen (Impulse, Kommunikation etc.) in der Durchführung zu sagen?	Gibt es mögliche Alternativen für die Durchführung oder Konsequenzen für die Weiterarbeit, die zu bedenken wären? Wie könnte ein Gesamtfazit zur Stunde lauten?

Schemata wie diese bieten den Vorteil, dass sie zum einen überfachlich einsetzbar sind, zum anderen stellen sie bereits zu einem frühen Zeitpunkt der Ausbildung ein gutes Gerüst dar, um die Fülle an Gedanken und Eindrücken geordnet und kriterienorientiert zur Sprache zu bringen. Sie beugen der Gefahr eines Gedankenchaos und einer reinen Nacherzählung des Gesehenen vor.

Als möglicher Nachteil ist anzumerken, dass die Nutzung dieser Modelle dazu verleiten kann, alle Unterrichtsstunden stets nach dem gleichen Muster – genauer gesagt: mit den gleichen inhaltlichen Schwerpunkten – zu reflektieren. Nicht nur im Hinblick auf die begrenzte Zeit der Reflexion, sondern auch im Sinne einer zielorientierten und gewichtenden Auswertung kann es stattdessen sinnvoll sein, mal diese oder jene Aspekte und Kriterien stärker in den Mittelpunkt zu stellen – je nach Planung und Stundenverlauf. So wäre es etwa denkbar, dass in manchen Fällen nichts Nennenswertes zur *Methode* oder *Sozialform* zu sagen ist, dafür aber umso mehr zur *Konstellation* der Lerngruppe und ihrem *Zugriff* auf das Thema. In anderen Stunden kann es genau andersherum sein. Oder es haben sich in bestimmten Stunden vielleicht Störungen ergeben, denen dann in der Reflexion mehr Raum eingeräumt werden sollte. Wer also mit den o. g. Schemata arbeitet, sollte zumindest beachten, dass es mit zunehmender Unterrichtserfahrung wichtig ist, den Blick dafür zu schärfen, welche Schwerpunkte in der Reflexion gesetzt werden und wie diese zu gewichten sind.

GRUNDSÄTZLICHE HINWEISE FÜR STELLUNGNAHMEN IM ANSCHLUSS AN UNTERRICHTSSTUNDEN

Unabhängig davon, mit welchem Prozedere Sie arbeiten oder nach welchem Modell Sie auf Ihren Unterricht schauen, sollten Sie Folgendes beachten:

1. Vermeiden Sie rein *chronologische Nacherzählungen* des Geschehens. Suchen Sie in jedem Fall *Kriterien* (z. B. auch aus den weiter oben vorgestellten Merkmalskatalogen → 1.2.1, 1.2.2), die Ihre Stellungnahme strukturieren und Ihre Gedanken leiten.
2. Stellen Sie eine kurze *Gliederung* vorweg: Wie wollen Sie vorgehen, was soll im Fokus stehen?
3. Begründen Sie Ihre Einschätzungen – überall wo es möglich ist – unter Bezug auf *konkrete Verhaltensweisen der SuS*, auf *Beobachtungen oder Äußerungen aus der Stunde*, im Sinne von: „Der Beitrag von Schüler XY zeigt mir, dass …" / „Die Unruhe in der Auswertungsphase spricht dafür, dass …", „Das Ergebnisblatt legt nahe, dass …".
4. Nehmen Sie einen Abgleich mit Ihrer schriftlich formulierten *Zielformulierung* vor und versuchen Sie, eine Gesamteinschätzung der Stunde abzugeben, wie z. B.: „Die Planung hat sich als äußerst stimmig und praktikabel erwiesen, das Ziel wurde überzeugend erreicht." / „Das Stundenkonzept war in weiten Teilen tragfähig, das Ziel wurde nur teilweise erreicht, weil … / „Insgesamt gab es größere Probleme bei Durchführung, vor allem bei …" / „An … wird deutlich, dass das Ziel nur ansatzweise erreicht wurde. Am ehesten sollte … optimiert werden."
5. Reflektieren Sie in Verbindung mit Ihrem Zielabgleich auch, worin für Sie der spezifische Lernwert bzw. *Lernertrag* der Stunde lag: Inwiefern sind die Schülerinnern und Schüler am Ende (religiös) kompetenter als zu Beginn? Woran machen Sie Ihre Einschätzung fest?

TIPP:
Häufig misslingen Stunden dann, wenn Intention, Leitfrage und Sicherung nicht zueinander passen. Achten Sie bei der Planung besonders darauf und überprüfen Sie diese Passung.

9.4.2 Reflektieren mit selbst gewählten Schwerpunkten

Der folgende Strukturierungsvorschlag für ein Statement beinhaltet gleiche Elemente wie die ZIMT- und ZEDA-Struktur, er sieht im mittleren Teil (Schritte 3/4) aber eine gezieltere Auswahl spezifischer Aspekte und Elemente vor, die für die jeweilige Stunde relevant erscheinen.

HINWEIS
KLP und schulinternes Curriculum, ggf. auch Abiturbezug (obligatorische Vorgaben) sollten Sie angeben. Diese reichen als Begründung für die Wahl eines Stundenthemas jedoch nicht aus.

1. **Hinweise zur Gliederung des Statements:** Zu welchen Aspekten wollen Sie etwas sagen?
2. **Blick auf die Intention der Stunde** als Ausgangspunkt der weiteren Ausführungen:
   Was sollen die SuS am Schluss der Unterrichtsstunde gelernt haben? Und warum/wozu? Was hat zur Wahl des Themas und der Intention geführt?
3. Erläuterungen zu **ausgewählten Aspekten der Planung** und didaktischen Begründungszusammenhängen, die sich aus dem Thema bzw. Anliegen der Stunde ergeben haben:
   - Hinweise aus fachlicher Sicht (Bedeutung / ggf. Struktur des Themas ...) – Sachanalyse
   - Hinweise zur Verankerung der Stunde bzw. des Themas innerhalb des Unterrichtsvorhabens und der Vorgaben (ggf. Lehrplanbezug, schulinternes Curriculum)
   - Hinweise zur Lernausgangslage (Voraussetzungen bei den SuS: Vorwissen, Einstellungen, Verständnisschwierigkeiten ...)
   - Überlegungen zur Lerngruppe, (nur) sofern sie für die Anlage der Stunde (oder der Reihe oder die Wahl der Methode) bedeutsam waren
   - Begründung der zentralen didaktisch-methodischen Entscheidungen, die im Vorfeld getroffen wurden: zum Stundenaufbau, zur Auswahl von Material, Medien, Methoden und Sozialformen
   - ggf. Hinweise zu Alternativen, die doch nicht zum Tragen kamen
4. Blick auf die **Durchführung** der Stunde: Was ist gut / nicht so gut gelaufen? – Haben sich die Planungsentscheidungen bewährt?
   - Wo gab es Probleme/kritische Stellen? Mögliche Gründe und Ursachen?
   - Alternativen? Gegebenenfalls: Wie könnte man in der nächsten Stunde weitermachen?
   - Gab es Abweichungen vom Plan? Warum?
   - Gegebenenfalls: Wie ist das Lehrerverhalten zu beurteilen? Wie wurde mit Problemen umgegangen?

5. Einschätzung der Stunde in einem **Gesamtfazit**: Wurde die Intention erreicht? (Zielabgleich, konkreter Lernzuwachs ...) Woran ist dies festzumachen?

9.4.3 Reflektieren mithilfe des COACTIV-Modells

Modelle wie das der COACTIV-Studie (→ 1.5) oder auch das sogenannte „Habitusmodell“ des Religionspädagogen Stefan Heil (vgl. Heil 2016a b) formulieren keine formalen oder inhaltlichen Merkmale für gelungenen Unterricht. Sie nehmen insofern eine gewisse Sonderrolle ein und sind auch nicht für eine Reflexion im Sinne eines abzuhakenden Kriterienkatalogs konzipiert worden. Sie bieten jedoch ein wertvolles *heuristisches Potenzial,* insbesondere bei Formaten wie der kollegialen Fallberatung oder der Selbstreflexion. Mit ihrer Hilfe können einzelne Situationen oder Elemente einer Stunde sehr gezielt im Hinblick auf spezifische Stärken und Schwächen einer Lehrkraft analysiert und aufgeschlüsselt werden, um an ihnen später sinnvoll weiterzuarbeiten. Denn nach einer ersten Beobachtung und Einschätzung dessen, was alles ‚funktioniert‘ oder nicht gut geklappt hat, ist als zweiter Schritt die Suche nach den Gründen hierfür unabdingbar. Hierbei können diese Modelle helfen.

Suchraster zur Reflexion von Unterrichtssituationen bzw. -elementen (erstellt in Anlehnung an Coactiv und Habitus-Modell, vgl. Schambeck 2018, Heil 2016 a b)

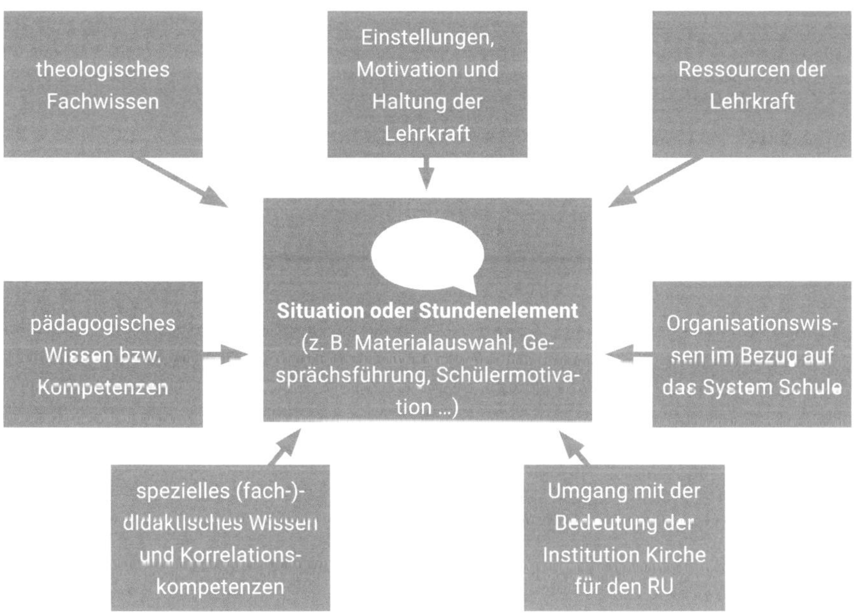

Mit Blick auf die Kompetenzmodelle könnte im Anschluss an eine Unterrichtsstunde beispielsweise gefragt werden: Welche Kompetenz wäre für ... (die Gestaltung der Gelenkstellen, die Moderation der Auswertungsphase, den Umgang mit der Störung) nötig oder hilfreich gewesen? Welche Kompetenzfacette war bei ... nicht vorhanden? Welches Wissen hat bzw. hatte die Lehrkraft nicht in der Situation ...?

Typische Fragestellungen, die sich nach diesem Schema im Anschluss an Unterrichtsstunden ergeben, könnten lauten:

- Ist es eher auf eine mangelhafte inhaltliche Analyse *(theologisches Fachwissen)* oder auf unzureichende *didaktische Überlegungen* der Lehrkraft zurückzuführen, dass das Einstiegsmedium nicht zur gewünschten Leitfrage geführt hat?
- Hat der geringe Lernertrag der Erarbeitungsphase mit dem Niveau des Materials *(fachdidaktische Kompetenz)* oder mit Aspekten des Claasroom Managements *(pädagogische Kompetenz)* zu tun, weil die Lerngruppe zu unruhig war und eine andere Sitzordnung gebraucht hätte?
- Kann der hohe Lernertrag der Stunde vor allem der gewählten Sozialform und dem motivierenden Material zugeschrieben werden *(fachdidaktische Kompetenz)* oder hat sich die außergewöhnliche *Motivation* der Lehrkraft bei diesem Thema auf die Inszenierungstechniken und die Lerngruppe ‚übertragen'?
- Wollten (oder konnten) sich die Schülerinnen und Schüler im Unterrichtsgespräch nicht beteiligen, weil das Thema nichts mit ihrer Lebenswelt zu tun hatte *(Korrelationskompetenz)*, oder hätte bedacht werden müssen, dass die vorbereitende Hausaufgabe per E-Mail nicht bei allen angekommen ist, weil der E-Mail-Verteiler der Schule nicht richtig funktioniert hat *(Organisationswissen)*?
- Ist die erwünschte Diskussion deshalb nicht kontrovers verlaufen, weil die Impulse der Lehrkraft inhaltlich ungeeignet waren *(Fachwissen)* oder weil die Kinder in ihrem Lehrer einen Vertreter der Kirche gesehen haben, den sie nicht ‚enttäuschen' wollten *(Umgang mit Kirche / fachdidaktische Kompetenzen)*?

TIPP:
Wenn Sie einen bestimmten Kompetenzbereich als ‚Baustelle' bei sich entdeckt haben, ist das kein Grund für Scham. Sehen Sie diese lieber als wichtige Chance an, um gezielt an Ihren Kompetenzen weiterzuarbeiten.

Wenn es gelingt, nach diesem Muster Gründe für den Erfolg oder das Scheitern bestimmter Unterrichtselemente zu identifizieren, fällt es anschließend nicht nur den Unterrichtenden, sondern allen Beteiligten, d.h. auch den Ausbilderinnen und Ausbildern an Schule und Seminar, leichter, gezielt zu überlegen, welche Kompetenzen noch ausgebildet werden müssen und wie entsprechende

Hilfestellungen dazu aussehen können – etwa in Form von Fachliteratur, Coaching-Beratung, Tipps zum Ressourcenmanagement, Supervision u. a.

Gerade im Referendariat ist es wichtig, sich konstruktive Rückmeldungen in vielfältiger Form zu holen und den eigenen Unterricht nicht nur nach Lehrproben zu besprechen. Es empfiehlt sich deshalb, Ausbildungslehrerinnen und -lehrer aufzusuchen, die auch im Schulalltag gehaltvolles Feedback geben und zur Reflexion anregen.

TIPP:
Nutzen Sie die Gelegenheit, Unterrichtsbesuche oder Einzelstunden bei Mitreferendarinnen und -referendaren anzuschauen. Auch fachübergreifend lassen sich so wertvolle Erfahrungen sammeln.

9.5 Unterricht mit Schülerinnen und Schülern reflektieren

Wer die Aussagen ernst nimmt, dass der Lehrerberuf als „ständige Lernaufgabe" (Kerncurriculum 2016, 4) und die Schule als „lernende Institution" zu verstehen sind, der wird darum bemüht sein, in regelmäßigen Abständen auch die Rückmeldungen und Eindrücke derer einzuholen, die – neben der eigenen Person – am meisten über den eigenen Unterricht sagen können: die Schülerinnen und Schüler. Sie erleben im Laufe ihrer Schullaufbahn eine Vielzahl an Lehrertypen, Unterrichtsstilen und Aufgabenformaten und verfügen insofern über reichlich Vergleichsmöglichkeiten und ein gutes Gespür, wenn es darum geht, die Qualität von Lehr- und Lernprozessen zu bewerten. Auch der neuseeländische Erziehungswissenschaftlicher John Hattie hat mit seiner weit bekannten (Meta-)Studie aus dem Jahr 2009, in der er Einflussfaktoren für lernwirksamen Unterricht untersucht, auf die unterschätzte Bedeutung von Schülerrückmeldungen bei der Optimierung von Unterricht hingewiesen:

> „Der wichtigste Aspekt besteht darin, im Klassenzimmer Situationen zu schaffen, in denen die Lehrpersonen mehr Feedback über ihren Unterrichtsstil erhalten können." (Hattie 2013, 15)

Hattie geht es hierbei aber nicht in erster Linie um persönliche Sympathiebekundungen oder ein pauschales Urteil darüber, wie außergewöhnlich groß die Methodenvielfalt einer einzelnen Lehrkraft ist. Er sieht Schülerfeedback vielmehr als unverzichtbares Hilfsmittel, um aus Lehrersicht nachzuvollziehen, wann und wodurch die jeweiligen Klassen und Lerngruppen am besten unterstützt werden können: Was ist zu optimieren, damit das Unterrichten effektiv(-er) gelingt?

Hattie zielt mit diesem Ansatz darauf ab, dass Schülerinnen und Schüler nicht nur ihre Lehrerinnen und Lehrer bewerten können, sondern (und vor allem) auch ihre eigenen Lernprozesse:

> „Wenn Lehrpersonen Feedback von den Lernenden einfordern – oder zumindest offen sind gegenüber dem, was Lernende wissen, was sie verstehen, wo sie Fehler machen, wo sie falsche Vorstellungen haben, wo es ihnen an Engagement mangelt – dann können Lehren und Lernen miteinander synchronisiert werden und wirksam sein. Feedback an die Lehrperson hilft, das Lernen sichtbar zu machen.“ (ebd., 206)

HINWEIS
Die Begriffe Feedback und Evaluation werden in diesem Praxisbuch synonym verwendet, auch wenn sich inhaltliche Akzente ausmachen und unterscheiden lassen.

Lehren und Lernen miteinander zu synchronisieren bzw. Gedankenschritte sichtbar zu machen – dieser Forderung Hatties würde kaum eine Lehrerin oder ein Lehrer widersprechen. Dennoch fällt auf, dass Unterrichtsevaluation und Schülerfeedback hierzulande noch immer recht selten vorzufinden sind und im Alltag vieler Schulen keine große Rolle spielen (vgl. dazu etwa Demmer / Saldern 2010). Nur wenige Kolleginnen und Kollegen scheinen darin eine Möglichkeit zu sehen, ihre Arbeit und Unterrichtsqualität systematisch zu verbessern. Diesbezüglich würde es lohnen, nach möglichen Gründen für diese Vorbehalte zu fragen.

A

1. Obwohl in der Didaktik und Pädagogik schon lange vor der Studie von John Hattie auf die Bedeutung des Schülerfeedbacks hingewiesen wurde, hat sich dieses bis heute nicht flächendeckend durchgesetzt, sondern ist eher die Ausnahme als die Regel. Diskutieren Sie mögliche Gründe hierfür.
2. Erörtern Sie die Chancen und Schwierigkeiten, die Sie persönlich im Hinblick auf Evaluation und Feedback durch Schülerinnen und Schüler sehen.

9.5.1 Neu über Evaluation und Feedback nachdenken

An den Ausführungen John Hatties zeigt sich, dass Evaluation von Unterricht aus unterschiedlichen Perspektiven angegangen werden kann. So wie Hattie sie versteht, soll sie weniger als Instrument gesehen werden, um eine bestimmte Lehrerin oder einen Lehrer zu bewerten, sondern Rückmeldung über die Passung von Lehr- und Lernprozessen zu geben. Dadurch verändern sich Fokus und Zielsetzung deutlich: Im ersten Fall wird ein Qualitätsurteil über eine *Lehrperson* eingefordert, der die Schülerinnen und Schüler – in einer Art Momentaufnahme – bestimmte Kompetenzen, Fähigkeiten oder auch Sympathien bescheinigen bzw. absprechen. Im zweiten Fall geht es vor allem darum, nachzuvollziehen, mit *welchen Mitteln* und *auf welchen Wegen* effektiv oder besser gelernt werden kann. Während die erste Herangehensweise in der Gefahr steht, schnell in den Bereich persönlicher Kritik und subjektiver Vorlieben abzudriften, versucht der zweite Ansatz eher kriterienorientiert und professionell auf ein sachliches Anliegen dahinter zu schauen: die Qualität des Lernens.

Natürlich ist es eine Illusion, zu glauben, dass es bei Rückmeldungen dieser Art einfach so möglich wäre, alle Sachebenen völlig isoliert zu betrachten und „Schule oder Unterricht zu evaluieren, ohne dass dabei die eigene Arbeit als Lehrperson in den Blick käme. Was immer auch evaluiert wird (von Klassenarbeiten bis hin zu schulweiten Evaluationen) – es hat Auswirkungen darauf, wie die Lehrperson sich sieht und verhält: Sie fühlt sich ge- oder betroffen von Evaluationsmaßnahmen, nimmt sie an, wehrt sie ab" (Schalk-Trietchen 2017). Beziehungs- und Sachebenen – auch das hat Hattie bestätigt – spielen zudem beide als Einflussfaktoren in den Unterricht hinein. Insofern kann (oder muss) manchmal sogar die Beziehungsebene zwischen Lehrkraft und Lerngruppe selbst zum Thema gemacht werden. Doch auch in solchen Fällen ist es für die konkrete Erhebung und spätere Deutung des Feedbacks von großer Relevanz, mit welcher Haltung und mit welchem Ziel evaluiert wird: *Geht es in erster Linie darum, Rückmeldungen im Sinne von Lob oder Kritik an der Lehrperson (und damit evtl. auch an ihrem Charakter) einzuholen, oder sollen bestimmte Handlungsroutinen und Lernarrangements evaluiert werden,* die keine Persönlichkeitszüge beschreiben, sondern veränderbare Verhaltensweisen und materiale Aspekte der Unterrichtsgestaltung darstellen? Möglicherweise findet sich in diesem Perspektivwechsel bereits ein entscheidender Ansatzpunkt, um (inneren) Widerständen entgegenzuwirken.

A

1. Auf einem Rückmeldezettel wurde vermerkt: „Der Religionsunterricht bei Ihnen ist immer so langweilig!" Spielen Sie die beiden dargelegten Sichtweisen auf Feedback an dieser Aussage exemplarisch durch und erklären Sie, inwiefern sich diese jeweils unterschiedlich für die weitere Deutung dieser Aussage auswirken.

Die Optimierung der Lehr-Lern-Prozesse ist zweifelsohne das zentrale Ziel und der gewichtigste Grund dafür, Schülerfeedback regelmäßig einzuholen. Doch auch aus pädagogischer Sicht lassen sich Gründe für die stärkere Einbeziehung der Lernenden anführen: Dort, wo Schülerinnen und Schüler erleben, dass sie positiv auf das Unterrichtsgeschehen Einfluss nehmen können und mit ihren Rückmeldungen ernst genommen werden, da erfahren Sie Respekt und Verantwortung und erkennen im gleichen Zug die Notwendigkeit verbindlicher Absprachen und guter Bedingungen für Lernerfolge. Kurzum: „Feedback führt in seiner inneren Logik zu Partizipation und Selbststeuerung." (Bastian 2014, 8)

Die Erfahrung zeigt außerdem, dass sich in vielen Lerngruppen die Beziehungsebene zwischen Lehrkräften und Lerngruppen eher verbessert als verschlechtert, zumindest wenn regelmäßig (und mit entsprechender Verbindlichkeit) evaluiert wird. Für die Schülerinnen und Schüler ist dies dann in der Regel kein Zeichen von Schwäche oder eine lang ersehnte Möglichkeit, Fehler bei Lehrerinnen und Lehrern bloßzustellen. Stattdessen honorieren sie eine ehrliche und ernst gemeinte Suche nach Optimierungsmöglichkeiten. Das kommt am Ende wiederum dem Unterricht und der Lernatmosphäre insgesamt zu Gute.

A

1. Auch aus Sicht einer kompetenzorientierten Didaktik lässt sich die Forderung begründen, Schülerinnen und Schüler über regelmäßiges Feedback in den Lernprozess einzubinden. Begründen Sie!

HINWEIS
Wenn Feedback dauerhaft und als Teil der Schulentwicklung etabliert werden soll, empfiehlt sich die Arbeit mit dem „Evaluations- oder Qualitätszirkel" als Handlungsmodell (vgl. QUA-LiS NRW 2019, 4).

Leider kann an dieser Stelle aus Platzgründen kein weiterer Exkurs zum Themenbereich Feedback erfolgen. Stattdessen muss es bei Literaturtipps und einem Hinweis auf den unterschätzten Wert dieses Ansatzes in der schulischen Arbeit bleiben. Zu überlegen wäre etwa, inwiefern Feedbackformate auf allen Ebenen der Institution Schule genutzt und zum Instrument systematischer Weiterentwicklung gemacht werden können. Dass darin ein großes Potenzial liegt, das weit über den Einzelunterricht hinausgeht, bestätigt sich nicht nur in Studien wie der von Hattie, sondern auch in der Praxis, wenn einzelne Schulen konsequent entsprechende Feedbackkonzepte etablieren (vgl. dazu etwa Buhren / Rolff 2012).

Aus diesem Grund formuliert auch die Kultusministerkonferenz das zentrale Anliegen, überall „zu einer auf Daten gestützten Schul- und Unterrichtsentwicklung" (KMK 2010, 17) zu kommen und an allen Schulen eine übergreifende Feedbackkultur zu entwickeln. Für die Umsetzung solcher Ideen ist jedoch stets die gesamte Schulgemeinschaft mit ihren unterschiedlichen Gremien (Fachschaften, Lehrerkonferenzen, Schüler- und Elternschaft) in die Verantwortung zu nehmen. Soll ein langfristiges Klima aufgebaut werden, das konstruktive Rückmeldungen und Weiterentwicklung ermöglicht, ist dies nicht durch Einzelkämpferinnen und Einzelkämpfer alleine zu leisten.

LITERATURTIPPS ZUM THEMA FEEDBACK IM UNTERRICHT UND IM SYSTEM SCHULE

- Helmke, Andreas (2015): Unterrichtsqualität und Lehrerprofessionalität. Diagnose, Evaluation und Verbesserung des Unterrichts. Seelze: Kallmeyer.
- Maitzen, Christoph (2017): Feedback-Kultur in der Schule – Das Praxisbuch. Augsburg: Auer.
- Pädagogik (4/2014): Feedback im Unterricht. Weinheim und Basel: Beltz.
- Pädagogik (5/2017): Schulinterne Evaluation. Weinheim und Basel: Beltz.
- Wisniewski, Benedikt / Zierer, Klaus ([2]2018): Visible Feedback. Ein Leitfaden für erfolgreiches Unterrichtsfeedback. Baltmannsweiler: Schneider Hohengehren.
- Wilkening, Monika (2016): Praxisbuch Feedback im Unterricht: Lernprozesse reflektieren und unterstützen. Weinheim und Basel: Beltz.

9.5.2 Feedback von Schülerinnen und Schülern einholen

Nach diesen Vorüberlegungen sollen nun noch einige Methoden und Kriterien vorgestellt werden, die für Schülerfeedback hilfreich sind.

Wie bereits angedeutet, lassen sich Rückmeldungen auf verschiedenen Ebenen und zu unterschiedlichen Aspekten des Unterrichts einholen, dazu gehören u. a.

- der Lernertrag,
- die Logik und Nachvollziehbarkeit der Lernschritte,
- der Einsatz von Methoden,
- die Verständlichkeit der Aufgabenstellungen,
- das Verhältnis zwischen Lerngruppe und Lehrkraft,
- die sonstigen Rahmenbedingungen,
- die Lernatmosphäre und das soziale Miteinander,
- das Interesse für das Thema,
- die Leistungsbeurteilung bzw. Benotung.

Die Wahl der Methode(n) sollte in Abhängigkeit von den *Zielen*, den gewünschten *Indikatoren* und *Rahmenbedingungen* erfolgen, damit die Ergebnisse am Ende aussagekräftig sind und zielführend genutzt werden können.

Grundsätzlich ist im Vorfeld auch zu überlegen, ob über einen längeren Zeitraum *(Mesoebene)*, wie etwa ein Halbjahr, evaluiert werden soll, um am Ende mit einer summativen Zusammenfassung weiterzuarbeiten, oder ob es sinnvoller sein kann, öfter und mit kleineren Zwischenerhebungen *(Mikroebene)* zu arbeiten, um stärker den Prozess in den Blick zu nehmen, etwa nach einer Doppelstunde.

Worauf sonst noch bei Feedback und Evaluation von Unterricht mit Schülerinnen und Schülern zu achten ist

- Die Art der Evaluation sollte zu den Personen, dem Inhalt und dem Setting (den weiteren Rahmenbedingungen) passen.
- Entsprechend empfiehlt es sich, sich vorab der eigenen Haltung bewusst zu werden: Was soll mit der Evaluation erreicht werden? Zu welchen Faktoren sind Rückmeldungen wirklich erwünscht? Evaluation taugt nicht, wenn Konsequenzen schon im Vorhinein ausgeschlossen sind oder kein wirkliches Interesse an bestimmten Veränderungen besteht.
- Ebenso macht es wenig Sinn, Feedback zu Aspekten einzuholen, die ohnehin nicht verändert werden können, wie etwa unveränderliche Standortfaktoren oder Persönlichkeitsmerkmale.
- Die formulierten Fragestellungen sollten tatsächlich und valide das erheben, was gewünscht ist. So macht es beispielsweise einen Unterschied, ob Lernende nach der Nachvollziehbarkeit oder der Zufriedenheit mit ihrer Note gefragt werden.
- Die gewählte Form oder Methode sollte aussagekräftige Ergebnisse liefern, darf aber auch nicht zu kompliziert und umfangreich sein: Es sollte die Möglichkeit bestehen, die Einzelaspekte in angemessener Zeit zu besprechen. Als Faustregel kann eine Anzahl von maximal 20 Erhebungs-Items gelten.
- Feedbackmethoden sollten darauf abzielen, nicht nur nach Defiziten oder Schwächen, sondern auch nach Stärken zu fragen.
- Soll Feedback wirkungsvoll sein und von den SuS ernst genommen werden, ist eine Besprechung der Ergebnisse (in welchem Umfang auch immer) enorm wichtig. Sie dient nicht nur für inhaltliche Klärungen und Perspektiventwicklungen, sondern ist auch ein Zeichen dafür, dass die Lernenden nicht nur pro forma befragt werden.

TIPP:
Für ein Feedback im Hinblick auf Ihre Lehrerpersönlichkeit bieten sich besonders Coaching-Gespräche mit den Ausbilderinnen und Ausbildern an, die nicht an Ihrer Bewertung beteiligt sind.

In Anlehnung an die ausgeführten Gedanken zu Feedback lassen sich zusammenfassend folgende Gelingensbedingungen für Feedback zusammenstellen (nach: Strahm 2008, 55):

eher erfolgreich	eher nicht erfolgreich
• beschreibend, beobachtend • konkret • erbeten • verhaltensbezogen • unmittelbar, sofort • klar, präzise, anschaulich	• bewertend, verurteilend, interpretierend • allgemein • aufgezwungen, unerwünscht • charakterbezogen • verzögernd, indirekt • schwammig und vage

Unterschiedliche Feedback- und Reflexionsmethoden

Aus Platzgründen können konkrete Methoden hier nur im Überblick und exemplarisch näher dargestellt werden. In den aufgeführten Praxisbüchern finden sich aber zahlreiche weitere Erklärungen und Anregungen.

Klassische Methoden
Fragebogen
Fragebögen können ideal auf die jeweiligen Situationen und Bedürfnisse abgestimmt werden und erlauben sowohl offene Fragestellungen als auch geschlossene Antwortmöglichkeiten (etwa Multiple-Choice) oder Skalierungen. Jede/r Lernende kann hier schriftlich und in der gewünschten Länge Stellung nehmen. Dass dies anonym und ohne Beeinflussung durch die Lerngruppe geschieht, ist ein weiterer Vorteil. Ein Nachteil besteht darin, dass vor der Besprechung zunächst eine Auswertung erfolgen muss, die u. U. sehr zeitaufwendig ist. Hier bieten neue digitale Angebote (s. u.) Erleichterungen. Sie bringen i. d. R. auch Vorlagen mit, die aber im Hinblick auf die eigenen Bedürfnisse vorher zu prüfen sind. Bei der Formulierung von Items sollte darauf geachtet werden, dass diese altersstufengemäß ausfallen. Um den Befragten deutlich zu machen, dass es sich jeweils um subjektive Einschätzungen handelt, ist es sinnvoll, Formulierungen aus der Ich-Perspektive zu wählen („Ich kann dem Lernprozess gut folgen …“). Von Skalierungen mit Schulnoten (1–6) ist eher abzuraten, da dies den Eindruck erwecken kann, es ginge doch um eine Benotung des Unterrichts oder der Lehrkraft.
Skalierungsfragen
Skalierungsfragen können in Fragebögen, bei Aufstellungsspielen, aber auch in vielfältigen anderen Formen auftauchen. Beliebte Variationen sind „Temperatur“- oder „Zufriedenheitsthermometer“, auf denen die SuS dann ihre Eindrücke verorten. Auch Icons für den Wetterbericht („sonnig“ – „regnerisch/stürmisch“) oder andere Analogien bieten sich an. Formate wie diese sind schnell und unkompliziert einsetzbar. Da sie jedoch keine weiteren Begründungen sichtbar machen, ist eine Auswertung bzw. Besprechung der Ergebnisse umso wichtiger.
Zielscheibe
Eine Skalierung findet auch bei der Zielscheibe statt. Sie ist deshalb für Feedback beliebt, weil sie schnell und ohne großen Aufwand eingesetzt und ausgewertet werden kann. Mit ihrer Hilfe lässt sich eine begrenzte Anzahl an Aspekten (4–8) graduell erfassen. Die Fragen werden einzelnen Sektoren zugeordnet und analog zu einer echten Zielscheibe von den SuS bewertet: Äußere Kreissegmente entsprechen einer geringen Zustimmung, innere Kreise stehen für hohe Zustimmungswerte bzw. ‚Volltreffer‘. Zielscheiben können als Kopien an jede/n Einzelne(-n) zum Ankreuzen verteilt werden, bieten sich aber beispielsweise auch am Pin- oder Whiteboard an, wo die SuS dann mit Stecknadeln, Klebepunkten oder Magneten ihre Treffer markieren können, während die Lehrkraft ggf. kurz den Raum verlässt. In einzelnen Sektoren, vor allem in der Mitte, kann es u.U. sehr eng werden.
Punkteabfrage
Punkteabfragen können auch in anderer Form stattfinden, etwa auf einem vorbereiteten Plakat mit einem Koordinaten- oder Feldersystem. Hier kleben oder malen die SuS Positionspunkte, welche eine relative Zustimmung oder Einordnung ermöglichen. Die Anzahl der Punkte, die vergeben werden darf, muss evtl. – je nach Art der Items – vorher festgelegt werden.
Feedback-Hand (Fünf-Finger-Methode)
Für die Feedback-Hand malen die SuS den Umriss ihrer Hand auf ein Blatt Papier (alternativ kann eine Vorlage ausgeteilt werden) und beschriften die einzelnen Finger mit fünf Aussagen, die deren symbolischer Bedeutung entsprechen, etwa:

Daumen: „Das war super." / „Das hat mir gefallen."
Zeigefinger: „Darauf möchte ich besonders hinweisen."
Mittelfinger („Stinkefinger."): „Das hat mir nicht gefallen."
Ringfinger: „Das war für mich das Schmuckstück."/ „Das nehme ich mit."
Kleiner Finger: „Das ist mir zu kurz gekommen."

Positionierungen im Raum (Nähe-/Distanz-Abfrage)	
Zu vorbereiteten Fragen werden vier verschiedene Meinungen oder Antworten angeboten und den vier Ecken des Raumes zugeordnet. Die SuS begeben sich dorthin, wo sie am meisten Übereinstimmungen zum eigenen Standpunkt sehen. Ein kurzer Austausch der Gruppen untereinander kann einer Besprechung der Antworten im Plenum vorgeschaltet werden. Denkbar ist auch eine Positionierung auf einer Positionslinie, die vorher am Boden abgeklebt wurde. Eine interessante Variante der Positionierungsspiele ist auch die Nähe-/Distanz-Abfrage: Hierbei wird ein Gegenstand, der einen Aspekt symbolisiert, in der Mitte des Raumes aufgestellt; z. B. ein Karton mit der Aufschrift, „Interesse für das Thema". Die SuS stellen sich in einem bestimmten Abstand zum „Gegenstand" auf: Nähe bedeutet Zustimmung, Abstand dagegen Distanz bzw. Ablehnung.	
Digitale bzw. computergestützte Feedbackmöglichkeiten	
oncoo - online kooperativ lernen ...	oncoo.de
Bei oncoo handelt es sich eigentlich um eine Sammlung von Tools zur digitalen Umsetzung kooperativer Lernformen. Diese stehen kostenlos zur Verfügung und lassen sich unkompliziert zur Gestaltung einzelner Unterrichtsphasen (z.B. von Einstiegen oder Arbeitsphasen) nutzen. Sie eignen sich allerdings auch hervorragend zur Evaluation von Unterricht, etwa in Form selbstformulierter Zielscheiben- oder Kartenabfragen.	
Edkimo	https://edkimo.com/de/
Jünger, aber inzwischen ebenso bekannt und etabliert ist die Plattform Edkimo, die sich an Schulen, aber auch an alle anderen Bildungseinrichtungen wendet. Die gleichnamige Firma aus Berlin arbeitet mit diversen öffentlichen Trägern zusammen und bietet in ihrer Software eine Vielfalt an vorgefertigten, aber auch individuell gestaltbaren Feedbackvorlagen an, die von den SuS über eine App aufrufbar sind. Sie können am Ende statistisch ausgewertet werden. Ein (beschränkter) Testaccount ist kostenlos, für eine umfassende Nutzung müssen Institutionen jedoch eine Volllizenz erwerben.	
FeedbackSchule	http://wp.feedbackschule.de/
Ähnlich wie Edkimo und ebenfalls mit App-Integration arbeitet das Angebot von FeedbackSchule, das u.a. von Bildungsforscher Prof. Klaus Zierer inhaltlich mitgestaltet wird. Die Software lässt sich in vielfältigen Kontexten einsetzen und bietet die Möglichkeit, Unterricht mit vorgegeben Standard-Fragebögen oder mit individuellen Frage-Items zu evaluieren. Die Auswertung erfolgt auch hier digital und unkompliziert. Die App ist für die SuS kostenlos, die Nutzung für Studierende ebenso. Referendarinnen und Referendare zahlen für den vollen Nutzungsumfang einen reduzierten Preis.	
Mentimeter	https://www.mentimeter.com/
Schüleraktivierend lässt sich Feedback auch durch Tools oder Apps wie Mentimeter einholen. Die SuS können über ihr Smartphone oder Tablet in Echtzeit Freitexteingaben und/oder Multiple-Choice-Antworten abschicken, die dann unmittelbar (und optisch ansprechend z. B. als Diagramm oder Wordcloud) über den Beamer präsentiert werden können. Hier ist aber zugleich pädagogisches Fingerspitzengefühl gefragt: In Lerngruppen, die noch keine ernsthafte Haltung zu Feedback haben, kann die Anonymität der Eingaben auch zu Nonsens-Antworten führen.	

BEISPIEL FRAGEBOGEN STUNDENFEEDBACK

Ein Blick auf unsere heutige Stunde

Um unsere Eindrücke der heutigen Stunde abzugleichen und zu überlegen, was gut oder nicht gut geklappt hat, möchte ich dich bitten, diesen Rückmeldebogen auszufüllen.

1. Mir ist während der Stunde klar gewesen, was wir heute erarbeiten und lernen wollen:

☐ nein, gar nicht ☐ eher nicht ☐ in Ansätzen ☐ meistens ☐ ja, voll

2. Von allen Gedanken, die heute in der Stunde besprochen und erarbeitet wurden, habe ich verstanden:

0 % ☐ ☐ ☐ ☐ ☐ ☐ ☐ ☐ ☐ ☐ 100 %

3. Mein Interesse für das Thema der heutigen Stunde:

0 % ☐ ☐ ☐ ☐ ☐ ☐ ☐ ☐ ☐ ☐ 100 %

4. Ich hatte das Gefühl, dass ich mich ausreichend einbringen konnte, wenn ich gewollt hätte

☐ nein, eher nicht ☐ teils/teils ☐ ja, auf jeden Fall

5. Die Materialien, die wir heute bearbeitet haben, fand ich:

☐ zu schwierig ☐ eher schwierig ☐ gerade richtig so ☐ eher zu einfach ☐ zu einfach bzw. wenig herausfordernd

6. Wenn es Unklarheiten oder Schwierigkeiten gab, lag das am ehesten an:

☐ den Arbeitsaufträgen

☐ an der Methode, mit der wir gearbeitet haben

☐ am Material, das wir bearbeiten sollten

☐ fehlenden Möglichkeiten, Fragen zu stellen

☐ dem Gedankengang, dem ich nicht folgen konnte

☐ folgendem Aspekt:

Was mir heute gut gefallen hat:

Was aus meiner Sicht besser laufen könnte:

Vielen Dank für deine Rückmeldungen! ☺

BEISPIEL PUNKTEABFRAGE / KOORDINATENKREUZ

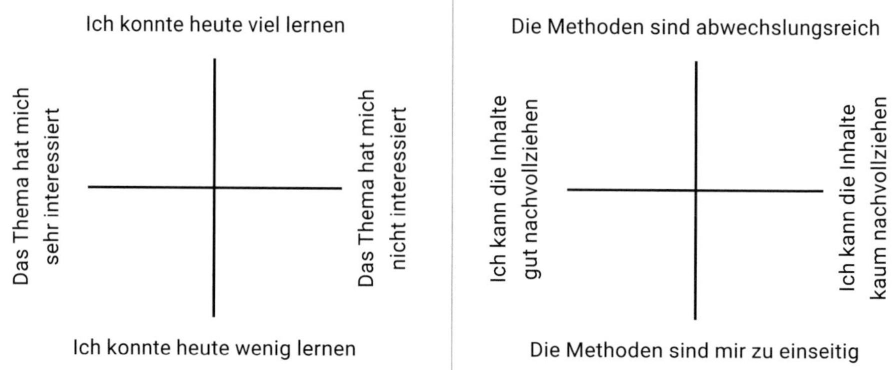

BEISPIEL FEEDBACK-ZIELSCHEIBE

Wie zufrieden bist du im Unterricht mit …
(1 = wenig, 5 = sehr)

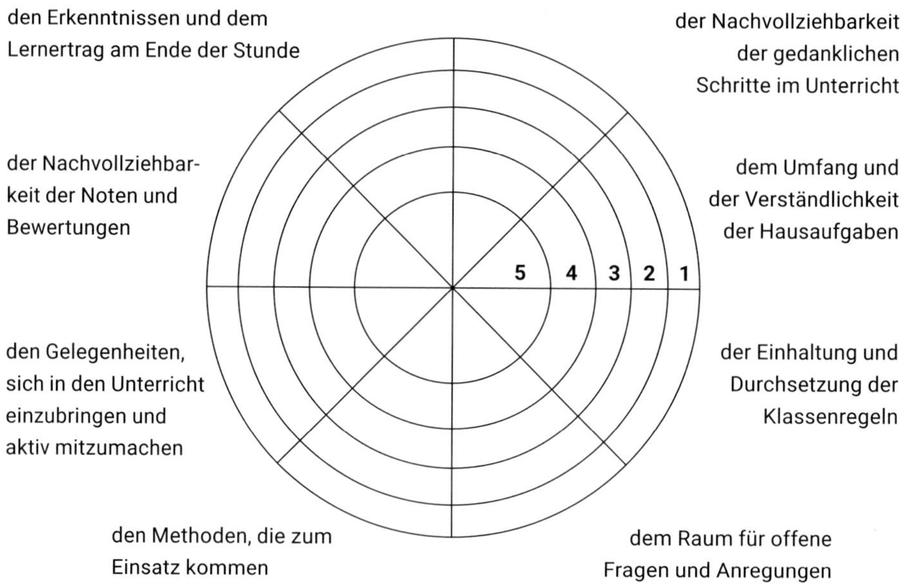

Literatur

Adam, Klaus-Peter (2007): Prophetenerzählung. Auf: https://www.bibelwissenschaft.de/stichwort/31312/ (Stand 14.04.2020).

Arnold, Klaus / Zierer, Klaus (Hg.) (2015): Die deutsche Didaktik-Tradition. Grundlagentexte zu den großen Modellen der Unterrichtsplanung. Bad Heilbrunn: Klinkhardt.

Aufklärung im 21. Jahrhundert (2009): Susi Neunmalklug erklärt die Evolution [YouTube]. Auf: youtube (Stand: 24. März 2020).

Balliet, Mathias / Kliebisch, Udo (2016): Fünf Schritte der Kompetenzentwicklung. Kompetenzorientierte Anforderungen im Fach Philosophie. In: Pädagogik 12/2016, 10–13.

Bastian, Johannes (2010): Feedback im Unterricht. Lernen verstehen und einen Dialog über Lernen beginnen. In: Pädagogik (H. 4), Feedback im Unterricht. Weinheim und Basel: Beltz.

Bauer, Jutta (2003): Opas Engel. Hamburg: Carlsen.

Baumert, Jürgen (2002): Deutschland im internationalen Bildungsvergleich. In: Killius, Nelson/Kluge, Jürgen/Reisch, Linda (Hg.): Die Zukunft der Bildung. Frankfurt a. M.: Suhrkamp, 100–150.

Baumert, Jürgen / Kunter Mareike (2011): Das mathematikspezifische Wissen von Lehrkräften, kognitive Aktivierung im Unterricht und Lernfortschritte von Schülerinnen und Schülern. In: Kunter, Mareike / Baumert, Jürgen /Blum, Werner / Klusmann, Uta / Stefan Kraus / Neubrand, Michael (Hg.) (2011): Professionelle Kompetenz von Lehrkräften. Ergebnisse des Forschungsprogramms COACTIV. Münster: Waxmann, 163–192.

Benk, Andreas (2008): Gott ist nicht gut und nicht gerecht. Zum Gottesbild der Gegenwart. Düsseldorf: Patmos Verlag.

Berges, Ulrich et al. (2018): Die Bücher der Propheten. In: Dohmen, Christoph (Hg): Die Bibel. Einheitsübersetzung. Kommentierte Studienausgabe. Stuttgarter Altes Testament Band 2. 2. Auflage. Stuttgart: Verlag Katholisches Bibelwerk, 1675–2204.

Berner, Hans / Zumsteg, Barbara (2011): Didaktisch handeln und denken 2: Fokus eigenständiges Lernen. Baltmansweiler: Schneider-Hohengehren.

Bitter, Gottfried (1981): Was ist Korrelation? Versuch einer Bestimmung. In: Katechetische Blätter 106, 343–345.

Bohl, Thorsten: Neuer Unterricht – neue Leistungsbewertung. Grundlagen und Kontextbedingungen eines veränderten Bewertungsverständnisses, 3. Auf: http://methodenpool.uni-koeln.de/benotung/3976-4000-1-bohl_leistungsbewertung_2te_version020505zo.pdf (Stand: 29.03.2020).

Bönsch, Manfred (2011): Erfolgreicheres Lernen durch Differenzierung im Unterricht. 2. Auflage. Braunschweig: Westermann.

Bosold, Iris / Michalke-Leicht, Wolfgang (Hg.) (2020): Mittendrin. Lernlandschaften Religio 7/8. Unterrichtswerk für katholische Religionslehre am Gymnasium. Berlin: Kösel Cornelsen.

Bovet, Gislinde / Huwendieck, Volker (Hg.) (^{5}2008): Leitfaden Schulpraxis. Pädagogik und Psychologie für den Lehrerberuf. Berlin: Cornelsen Scriptor.

Breitmaier, Isa (2013): Amos. In: Zimmermann, Mirjam / Zimmermann, Ruben (Hg.): Handbuch Bibeldidaktik. Tübingen: Mohr Siebeck, 322–327.

Buhren, Rolff (2012): Handbuch Schulentwicklung und Schulentwicklungsberatung. Weinheim und Basel: Beltz.

Ceylan, Rauf / Sajak, Claulß Peter (Hg.) (2017): Freiheit der Forschung und Lehre? Das wissenschaftsorganisatorische Verhältnis der Theologie zu den Religionsgemeinschaften. Wiesbaden: Springer VS.

Comenius-Institut (2019): Inklusive Religionslehrer_innenbildung (inreb). Einleitung, Auf: www.inrev.de/inklusive-religionslehrer_innenbildung-inreb/ (Stand: 02.09.2019).

Delval, Marie-Hélène (2018): Wie siehst du aus, Gott? Mit Bildern von Barbara Nascimbeni. Ins Deutsche übertragen von Rainer Oberthür und Jean-Pierre Sterck-Degueldre. 4. Auflage. Stuttgart: Gabriel.

Demmer, Marianne / von Saldern, Matthias (2010): Helden des Alltags – Erste Ergebnisse der Schulleitungs- und Lehrkräftebefragung (TALIS) in Deutschland. Münster: Waxmann.

Deutscher Katecheten-Verein e.V. (2003): Leistungsbewertung und Notengebung in Schule und Religionsunterricht – ein Diskussionspapier. Auf: http://www.katechetenverein.de/relaunch.2011/pdf/stellungnahmen/sn_leistungsbewertungundnotengebung9thesen.pdf (Stand: 29.03.2020).

Die deutschen Bischöfe (2005): Der Religionsunterricht vor neuen Herausforderungen. Hg. v. Sekretariat der Deutschen Bischofskonferenz (Die deutschen Bischöfe 80). Bonn.

Die deutschen Bischöfe (2016): Die Zukunft des Religionsunterrichts. Empfehlungen für die Kooperation des katholischen mit dem evangelischen Religionsunterricht. Hg. v. Sekretariat der deutschen Bischofskonferenz (Die deutschen Bischöfe 103). Bonn.

Die deutschen Bischöfe (2024): Kirchliche Richtlinien zu Bildungsstandards für den katholischen Religionsunterricht in der Grundschule/Primarstufe. Hg. v. Sekretariat der Deutschen Bischofskonferenz (Die deutschen Bischöfe 114). Bonn.

Die deutschen Bischöfe (2025): Kirchliche Richtlinien zu Bildungsstandards für den katholischen Religionsunterricht in der Sekundarstufe I. Hg. v. Sekretariat der Deutschen Bischofskonferenz (Die deutschen Bischöfe 116). Bonn.

Dorn, Klaus (2015): Basiswissen Bibel: Das Alte Testament. Paderborn: Schöningh, 217–299.

Eisele, Wilfried (2019): Das Evangelium nach Lukas. In: Theobald, Michael (Hg): Die Bibel. Einheitsübersetzung. Kommentierte Studienausgabe. Stuttgarter Neues Testament Band 3. 2. Auflage. Stuttgart: Verlag Katholisches Bibelwerk, 183–333.

EKD – Evangelische Kirche in Deutschland (2011): Kompetenzen und Standards für den Evangelischen Religionsunterricht in der Sekundarstufe I. Ein Orientierungsrahmen. Hannover.

EKD – Evangelische Kirche in Deutschland (2014): Religiöse Orientierung gewinnen. Evangelischer Religionsunterricht als Beitrag zu einer pluralitätsfähigen Schule. Eine Denkschrift des Rates der Evangelischen Kirche in Deutschland. Hannover.

Englert, Rudolf (2007): Zur Aufgabe religiöser Bildung. In: Ders.: Religionspädagogische Grundfragen. Anstöße zur Urteilsbildung. Stuttgart: Kohlhammer, 161–172.

Englert, Rudolf / Schwab, Ulrich / Schweitzer, Friedrich / Ziebertz, Hans-Georg (2012): Einleitung. In: Dies. (Hg.): Welche Religionspädagogik ist pluralitätsfähig? Kontroversen um einen Leitbegriff. Freiburg i.Br.: Herder, 9–11.

Englert, Rudolf (2013): Religion gibt zu denken: Eine Religionsdidaktik in 19 Lehrstücken. München: Kösel.

Englert, Rudolf / Hennecke, Elisabeth / Kämmerling, Markus (2014): Innenansichten des Religionsunterrichts. Fallbeispiele Analysen Konsequenzen, München: Kösel.

Englert, Rudolf (2015): Gott denken? Im Religionsunterricht? In: Pemsel-Maier, Sabine / Schambeck, Mirjam (Hg): Keine Angst vor Inhalten! Systematisch-theologische Themen religionsdidaktisch erschließen. Freiburg: Herder, 93–110.

Englert, Rudolf (2019): Ach, ist doch bloß Reli! Ist der Religionsunterricht selbst schuld daran, wenn man ihn nicht ernst nimmt? In: Altmeyer, Stefan / Grümme, Bernhard / Kohler-Spiegel, Helga (Hg.): Reli – keine Lust und keine Ahnung? Jahrbuch der Religionspädagogik Band 35. Göttingen: Vandenhoeck & Ruprecht, 62–75.

Feindt, Andreas (2009): Vom Verlieren und Finden der Forschung. Anmerkungen zum forschenden Habitus von LehrerInnen in der Unterrichtsentwicklung. In: Hollenbach Nicole / Tilmann Klaus-Jürgen (Hg.): Die Schule forschend verändern. Praxisforschung aus nationaler und internationaler Perspektive. Bad Heilbrunn: Klinkhardt, 147–165.

Feindt, Andreas (2010): Wie geht kompetenzorientierter Unterricht? Didaktische Herausforderungen im Zentrum der Lehrerarbeit. In: Lehrerarbeit – Lehrer sein. Friedrich Jahresheft. Seelze: Kallmeyer, 85–89.

Feindt, Andreas (2010): Kompetenzorientierter Unterricht – wie geht das? Didaktische Herausforderungen im Zentrum der Lehrerarbeit. In: Lehrerarbeit – Lehrer sein. Friedrich Jahresheft. Seelze: Kallmeyer, 85–90.

Feindt, Andreas / Herbig, René (2011). Hosentaschen-Skript zum kompetenzorientierten Religionsunterricht. Bad Wildbad.

Feldmann, Jörg (2016): „Worum geht es eigentlich gerade?" – „Advance organizer" als Strukturierungshilfe beim Unterrichten und Lernen. In: ReliS 4/2016, Paderborn: Schöningh, 47–50.

Fiß, Ann-Cathrin / Neebe, Gudrun (2013): Prophetie. In: Zimmermann, Mirjam / Zimmermann, Ruben (Hg.): Handbuch Bibeldidaktik. Tübingen: Mohr Siebeck, 127–133.

Fischer, Michael (2011a): Die Erhebung der Lernausgangslage als Fundament des kompetenzorientierten Religionsunterrichts. In: Schönberger Hefte 2, 23–26.

Fischer, Michael (2011b): Erhebung der Lernausgangslage. Allgemeine Überlegungen und Praxisbeispiel (Kurshalbjahr E 1). In: Forum Religion 4, 24–27.

Gemeinsame Synode der Bistümer in der Bundesrepublik Deutschland (1974/2012): Der Religionsunterricht. In: Dies.: Offizielle Gesamtausgabe. Neuausgabe mit einem Vorwort von Karl Kardinal Lehmann. Freiburg i. Br.: Herder, 113–152.

Grell, Jochen / Grell, Monika (2000): Unterrichtsrezepte. Beltz: Weinheim.

Grümme, Bernhard (2017a): Heterogenität in der Religionspädagogik. Grundlagen und konkrete Bausteine. Freiburg: Herder.

Grümme, Bernhard (2017b): Art. Heterogenität. Auf: Das wissenschaftlich-religionspädagogische Lexikon (www.wirelex.de), 2017 (Stand: 19.04.2020).

Gudjons, Herbert (2006): Neue Unterrichtskultur – veränderte Lehrerrolle. Bad Heilbrunn: Klinkhardt.

Halbfas, Hubertus (2003): Die Bibel – erschlossen und kommentiert. Düsseldorf: Patmos Verlag, 203–274.

Hattie, John (2013): Lernen sichtbar machen. Baltmannsweiler: Schneider.

Heil, Stefan (2015): Art. Korrelation. Auf: Das wissenschaftlich-religionspädagogische Lexikon (www.wirelex.de), 2015 (Stand: 19.04.2020).

Heil, Stefan (2016): Der professionelle Habitus von Religionslehrerinnen und Religionslehrern. Ein Strukturmodell zur Bewältigung heterogener beruflicher Anforderungen, in: RUK 47, 8–15.

Heil, Stefan (2016): Art. Habitus. Auf: Das wissenschaftlich-religionspädagogische Lexikon (www.wirelex.de), 2016 (Stand: 20.04.2020).

Helmke, Andreas (2010): Unterrichtsqualität und Lehrerprofessionalität. Diagnose, Evaluation und Verbesserung des Unterrichts. 3. Auflage. Seelze-Velber: Klett/Kallmeyer, 126–128.

Hemel, Ulrich (2000): Ermutigung zum Leben und Vermittlung religiöser Kompetenz – Ziele des Religionsunterrichts in der postmodernen Gesellschaft. In: Angel, Hans-Ferdinand (Hg.): Tragfähigkeit der Religionspädagogik. Graz/Wien/Köln: Styria, 63–76.

Hermes, Sandra (2018): Pro und Kontra. Schulnoten – Ja oder Nein?. Auf: https://deutsches-schulportal.de/unterricht/schulnoten-ja-oder-nein/ (Stand: 24.03.2020).

Hub, Ulrich (2007): An der Arche um Acht. 3. Auflage. Düsseldorf: Sauerländer.

Jendorff, Bernhard / König, Klaus (1995): Sechs Möglichkeiten, ein Thema zu bearbeiten. In: KatBl 120 (1995), 206–209.

Kerbel, Barbara (2016): Das Dilemma mit den Schulnoten, 1. Auf: https://www.bpb.de/gesellschaft/bildung/zukunft-bildung/213307/schulnoten?p=all (Stand: 24.03.2020).

Kerncurriculum (2016): Kerncurriculum für die Ausbildung im Vorbereitungsdienst für Lehrämter in den Zentren für schulpraktische Lehrerausbildung und in den Ausbildungsschulen. Anlage zu: Runderlass des Ministeriums für Schule und Weiterbildung vom 02.09.2016 – 423-6.05.07.03-134940. Hg. v. Ministerium für Schule und Weiterbildung des Landes Nordrhein-Westfalen. Düsseldorf. Auf: https://www.schulministerium.nrw.de/docs/Recht/LAusbildung/Vorbereitungsdienst/Kerncurriculum.pdf (Stand: 09.04.2020).

Klenck, Wolfgang / Schneider, Susanne (2006): Den Unterricht nicht vor dem Ende loben. Plädoyer für die stärkere Beachtung der Schlussphase. In: pädagogik (7/8 2006), 68–71.

KLP Gy SI (2019): Kernlehrplan Katholische Religionslehre für die Sekundarstufe I (Gymnasium) in Nordrhein-Westfalen. Hg. v. Ministerium für Schule und Bildung des Landes Nordrhein-Westfalen. Düsseldorf.

KLP Gy SII (2014): Kernlehrplan Katholische Religionslehre für die Sekundarstufe II (Gymnasium) in Nordrhein-Westfalen. Hg. v. Ministerium für Schule und Bildung des Landes Nordrhein-Westfalen. Düsseldorf.

KLP Ges (2013): Kernlehrplan Katholische Religionslehre für die Gesamtschule in Nordrhein-Westfalen. Hg. v. Ministerium für Schule und Bildung des Landes Nordrhein-Westfalen. Düsseldorf.

KMK – Konferenz der Kultusminister der Länder in der Bundesrepublik Deutschland (2005): Bildungsstandards der Kultusministerkonferenz. Erläuterungen zur Konzeption und Entwicklung, München.

KMK (2006): Einheitliche Prüfungsanforderungen in der Abiturprüfung Katholische Religionslehre. Beschluss der Kultusministerkonferenz vom 1.12.1989 i. d. F. vom 16.11.2006. Hg. v. Sekretariat der Kultusministerkonferenz. Auf: https://www.kmk.org/fileadmin/Dateien/pdf/PresseUndAktuelles/Beschluesse_Veroeffentlichungen/allg_Schulwesen/061116_EPA-kat-religion.pdf (Stand: 30.03.2020).

KMK – Konferenz der Kultusminister der Länder in der Bundesrepublik Deutschland (2010): Konzeption der Kultusministerkonferenz zur Nutzung der Bildungsstandards für die Unterrichtsentwicklung. Berlin: Carl Link.

KMK (2015): Lehrerbildung für eine Schule der Vielfalt. Gemeinsame Empfehlung von Hochschulrektorenkonferenz und Kultusministerkonferenz. Beschluss der Kultusministerkonferenz vom 12.03.2015 / Beschluss der Hochschulrektorenkonferenz vom 18.03.2015. Hg. v. Sekretariat der Kultusministerkonferenz. Auf: https://www.kmk.org/fileadmin/Dateien/veroeffentlichungen_beschluesse/2015/2015_03_12-Schule-der-Vielfalt.pdf (Stand: 26.03.2020).

KMK (2019): Standards für die Lehrerbildung: Bildungswissenschaften. Beschluss der Kultusministerkonferenz vom 16.12.2004 i. d. F. vom 16.05.2019. Hg. v. Sekretariat der Kultusministerkonferenz. Auf: https://www.kmk.org/fileadmin/veroeffentlichungen_beschluesse/2004/ 2004_12_16-Standards-Lehrerbildung-Bildungswissenschaften.pdf (Stand: 26.03.2020).

Knop, Julia (2014): Rund um den Glauben. 99 Fragen und Antworten. Freiburg: Herder.

Kress, Karin (2016): Binnendifferenzierung in der Sekundarstufe – Das Praxisbuch. 4. Auflage. Augsburg: Auer.

Krispenz, Jutta (2006): Prophetische Redeformen. Auf: https://www.bibelwissenschaft.de/stichwort/31384/ (Stand: 14.04.2020).

Kropac, Ulrich (2010): Kindertheologie als religionsdidaktischer Perspektivenwechsel. In: Hilger, Georg / Leimgruber, Stephan / Ziebertz, Hans-Georg (Hg.): Religionsdidaktik. 6. Auflage. München: Kösel, 63–65.

Kuld, Lothar (2018): Gott und das Leben. Orientierungswissen Religionspädagogik. Stuttgart: Kohlhammer.

Kunter, Mareike / Baumert, Jürgen / Blum, Werner / Klusmann, Uta / Stefan Kraus / Neubrand, Michael (Hg.) (2011): Professionelle Kompetenz von Lehrkräften. Ergebnisse des Forschungsprogramms COACTIV. Münster: Waxmann.

Landesprüfungsamt für Lehrämter an Schulen (Hg.) (2016): Staatsprüfung für Lehrämter an Schulen. Ordnung des Vorbereitungsdienstes und der Staatsprüfung für Lehrämter an Schulen vom 10. April 2011, zuletzt geändert durch Verordnung vom 25. April 2016. Hinweise für Lehramtsanwärterinnen und Lehramtsanwärter sowie für Lehrkräfte in Ausbildung. 16. Auf: http://www.pruefungsamt.nrw.de/AB2/Staatspruefung/OVP-2016/LAA/Hinweise-fuer-LAA-Stand-31-07-18.pdf (Stand: 09.04.2020).

Landesprüfungsamt für Lehrämter an Schulen (Hg.) (2019): Staatsprüfung für Lehrämter an Schulen. Ordnung des Vorbereitungsdienstes und der Staatsprüfung für Lehrämter an Schulen vom 10. April 2011, zuletzt geändert durch Verordnung vom 8. Juli 2018. Hinweise für Lehramtsanwärterinnen und Lehramtsanwärter sowie für Lehrkräfte in Ausbildung. Auf: http://www.pruefungsamt.nrw.de/AB2/Staatspruefung/OVP-2011-in-der-Fassung-vom-08-07-2018/LAA/Hinweise-fuer-LAA-OVP-2011-i-d-F-v-18-07-2018-Endfassung-Aug-2019.pdf (Stand: 26.03.2020).

Langenhorst, Georg (2011): Literarische Texte im Religionsunterricht. Freiburg: Herder.

Lehrerfortbildungsserver Baden-Württemberg: Advance Organizer. Auf: https://lehrerfortbildung-bw.de/u_gewi/religion-ev/gym/bp2004/fb1/1_organizer/ (Stand: 09.04.2020).

Leisen, Josef (2015): Lernumgebung und Lernschritte durch Moderation steuern. In: Pädagogik (11/2015), 14–17.

Leisen, Josef (2020): Ein Lehr Lern Modell zum Lehren und Lernen. Auf: http://www.lehr lern modell.de/lehr-lern-modell (Stand: 14.04.2020).

Lenhard, Hartmut (2018): Art. Kompetenzorientierter Religionsunterricht. Auf: Das wissenschaftlich-religionspädagogische Lexikon (www.wirelex.de), 2018 (Stand: 19.04.2020).

Leuenberger, Martin (2017): Prophetie. In: Dietrich, Walter (Hg.): Die Welt der hebräischen Bibel. Stuttgart: Kohlhammer, 136–149.

Mai, Jochen: Halo-Effekt. Wie mächtig er wirkt. Auf: https://karrierebibel.de/halo-effekt/ (Stand: 29.03.2020).

Maitzen, Christoph (2017): Feedback-Kultur in der Schule – Das Praxisbuch. Augsburg: Auer.

Matthes, Wolfgang (2011): Methoden für den Unterricht. Kompakte Übersichten für Lehrende und Lernende. Paderborn: Schöningh.

Mendl, Hans (2018): Religionsdidaktik kompakt. Für Studium, Prüfung und Beruf. 6. Auflage. München: Kösel.

Meyer, Hilbert (1994): Unterrichtsmethoden. Band 2. Frankfurt a.M.: Cornelsen Scriptor.

Meyer, Hilbert (2007): Zehn Merkmale guten Unterrichts. Auf: http://www.staff.uni-oldenburg.de/hilbert.meyer/9290.html (Stand: 15.04.2020).

Meyer, Hilbert (2007): Grundformen des Unterrichts. Auf: http://www.member.uni-oldenburg.de/hilbert.meyer/download/Grundformen_des_Unterrichts_Langfassung.pdf (Stand: 09.04.2020).

Meyer, Hilbert (2014): Was ist guter Unterricht? 10. Auflage. Berlin: Cornelsen.

Meyer, Hilbert (2015): Leitfaden Unterrichtsvorbereitung. 15. Auflage. Berlin: Cornelsen.

Michalke-Leicht, Wolfgang (2010 a): Gewichtung der Leistungen. In: Ders. / Gnandt, Georg (Hg.): Leistungsmessung im Religionsunterricht. Handreichung für den katholischen Religionsunterricht am allgemein bildenden Gymnasium. 2. Auflage. Freiburg i. Br.: Herder, 34f.

Michalke-Leicht, Wolfgang (2010 b): Kriterien zur Bewertung der mündlichen Leistung. In: Ders./Gnandt, Georg (Hg.): Leistungsmessung im RU. 2. Auflage. Freiburg i. Br.: Herder, 71–72.

Michalke-Leicht, Wolfgang (2011): Kompetenzorientiert unterrichten. Das Praxisbuch für den Religionsunterricht. 3. Auflage. München: Kösel.

Ministerium für Schule und Bildung (2020): Religionsunterricht in Nordrhein-Westfalen. Auf: https://www.schulministerium.nrw.de/docs/Schulsystem/Unterricht/Lernbereiche-und-Faecher/Weitere-Bereiche/Religionsunterricht/index.html (Stand: 19.04.2020).

Müller, Frank (2018): Praxisbuch Differenzierung und Heterogenität, Methoden und Materialien für den gemeinsamen Unterricht. Weinheim und Basel: Beltz.

Netzwerk Katholische Religionslehre (2011): Vorschläge für einen systematischen Kompetenzaufbau in den Stufen 5 bis 9 – Erprobte Unterrichtsvorhaben mit Arbeitsmaterialien. Auf: https://www.schulentwicklung.nrw.de/materialdatenbank/nutzersicht/materialeintrag.php?matId=3034 (Stand: 22.03.2020).

Niehl, Franz W. / Thömmes, Arthur (2014): 212 Methoden für den Religionsunterricht, München: Kösel.

Nipkow, Karl-Ernst (2002): Elementarisierung. In: Bitter, Gottfried / Englert, Rudolf / Miller, Gabriele (Hg.): Neues Handbuch religionspädagogischer Grundbegriffe. München: Kösel, 451–456.

Oberthür, Rainer (2002): Neles Buch der großen Fragen, 2. Auflage. München: Kösel.

Operatoren für das Fach Katholische Religionslehre (2020): Hg. v. Ministerium für Schule und Bildung des Landes Nordrhein-Westfalen. Düsseldorf. Auf: https://www.standardsicherung.schulministerium.nrw.de/cms/zentralabitur-wbk/faecher/getfile.php?file=2302 (Stand: 29.02.2020).

Pädagogik (4/2014): Feedback im Unterricht. Weinheim und Basel: Beltz.

Pädagogik (5/2017): Schulinterne Evaluation. Weinheim und Basel: Beltz.

Pew Research Center (Hg.): Studien des PEW-Instituts. Auf: https://www.pewresearch.org/search/religion (Stand: 26.03.2020).

Pirker, Viera (2019): Weil du wertvoll bist. Anerkennung und Leistung. In: Katechetische Blätter 4/19, 260–265, 254.

Propheten – Themenheft (2013): Welt und Umwelt der Bibel 13.

Pukas, Dietrich (2003): Lernmanagement. Einführung in Lern- und Arbeitstechniken. Rinteln: Merkur.

Prüfungsamt Hinweise (2018): Staatsprüfung für Lehrämter an Schulen. Ordnung des Vorbereitungsdienstes und der Staatsprüfung für Lehrämter an Schulen vom 10. April 2011, geändert durch Verordnung vom 25. April 2016: Hinweise für Prüferinnen und Prüfer. Stand: 31. Juli 2018. Auf: http://www.pruefungsamt.nrw.de/AB2/Staatspruefung/OVP-2016/Pruefer/OVP-16-Hinweise-Pruefer-innen.pdf (Stand: 15.04.2020).

QUA-LiS NRW (2019): Handreichung zur Einbindung des Referenzrahmens Schulqualität NRW in schulische Qualitätssicherung und Entwicklungsprozesse. Soest. Auf: https://www.schulentwicklung.nrw.de/unterstuetzungsportal/rr_datei_download.php?dateiid=2801 (Stand: 20.4.2020).

Qualitätstableau NRW (2017): Auf: https://www.schulministerium.nrw.de/docs/Schulentwicklung/Qualitaetsanalyse/Download/Qualitaetsanalyse-allgemein/Qualitaetstableau-ausfuehrlich.pdf (Stand: 09.04.2020).

Riegger, Manfred (2012): Qualität religiöser Bildungsprozesse an der öffentlichen Schule. Zwölf Merkmale zum besseren Gelingen. In: Kropac, Ulrich / Langenhorst, Georg (Hg.): Religionsunterricht und der Bildungsauftrag an öffentlichen Schulen. Begründung und Perspektiven des Schulfaches Religion. Babenhausen: Verlag Ludwig Sauter, 160–176.

Roose, Hanna (2014): Kindertheologie und schulische Alltagspraxis. In: Theo-Web. Zeitschrift für Religionspädagogik 13 (2014), H.1, 140–163.

Roth, Heinrich (151976): Pädagogische Psychologie des Lehren und Lernens. Hannover: Schroedel.

Rothgangel, Martin (2012): Schülerinnen und Schüler wahrnehmen – zur diagnostischen Wahrnehmungskompetenz. In: Burrichter, Rita et al. (Hg.): Professionell Religion unterrichten. Ein Arbeitsbuch. Stuttgart: Kohlhammer, 157–172.

Sajak, Clauß Peter (2019): Richtlinien – Lehrpläne – Arbeitspläne. Orientierung für die Unterrichtspraxis (Lehrbrief 7 zum Religionspädagogisch-Katechetischen Kurs – Theologie im Fernkurs). Würzburg: Domschule.

Sajak, Clauß Peter ([2]2020): Religion unterrichten. Voraussetzungen, Prinzipien, Kompetenzen. Seelze: Klett-Kallmeyer.

Sajak, Clauß Peter / Feindt, Andreas (2012): Zur Signatur kompetenzorientierter Unterrichtsgestaltung im Religionsunterricht. Ergebnisse aus den unterrichtspraktischen Forschungsprojekten KompRU und KompKath. In: Sajak, Clauß Peter (Hg.): Religionsunterricht kompetenzorientiert. Paderborn: Schöningh.

Sajak, Clauß Peter / Simojoki, Henrik (2023): Art. Konfessionell-kooperativer Religionsunterricht, in: Wissenschaftlich Religionspädagogisches Lexikon im Internet (www.wirelex.de).

Schalk-Trietchen, Anja (2017): Sicherheit gewinnen und (sich) verändern – Evaluation als Erfahrungsschatz für Professionalisierung nutzen. In: Pädagogik (5/2017): Schulinterne Evaluation. Weinheim und Basel: Beltz

Schambeck, Mirjam (2018): Was Relilehrer/-innen können müssen: Religionsbezogene Korrelationskompetenz als Profilmerkmal professioneller (Handlungs-)Kompetenz von Religionslehrkräften – eine Konzeptualisierung in den Spuren der COACTIV-Studie. In: Theo-Web 17 (1), 129–145.

Schaper, Carolin (Hg). (2017): Werkzeugkoffer Pädagogisches Handeln. Ein Handbuch für den Start in den Lehreralltag. Göttingen: Vandenhoeck & Ruprecht.

Schart, Aaron (2014): Prophetie (AT). Auf: https://www.bibelwissenschaft.de/stichwort/31372/ (Stand: 14.04.2020).

Schmid, Hans (²2012): Die Kunst des Unterrichtens. Ein praktischer Leitfaden für den Religionsunterricht. München: Kösel.

Schneider, Gerhard (1999): Gelungene Einstiege. Voraussetzung für erfolgreiche Geschichtsstunden. Schwalbach: Wochenschau Verlag.

Scholz, Ingvelde (2012): Das heterogene Klassenzimmer. Differenziert unterrichten. Göttingen: Vandenhoeck.

Schulentwicklung QUA-LiS.NRW (2019): Beispiel für einen schulinternen Lehrplan. Gymnasium – Sekundarstufe I. Auf: https://www.schulentwicklung.nrw.de/lehrplaene/up-load /klp_SI/GY19/kr/g9_kr_ silp _2020_01_31.docx (Stand: 19.04.2020).

Schulgesetz NRW (2019): Schulgesetz für das Land Nordrhein-Westfalen. Verordnung über den Bildungsgang und die Abiturprüfung in der gymnasialen Oberstufe (APO-GOSt) vom 15. Februar 2005 (GV. NRW. S. 102), zuletzt geändert durch das Gesetz vom 22. Mai 2019 (SGV. NRW. 223). Hg. v. Ministerium für Schule und Bildung des Landes Nordrhein-Westfalen. Auf: https://bass.schul-welt.de/9607.htm (Stand: 29.03.2020).

Schulgesetz NRW (2019): Schulgesetz für das Land Nordrhein-Westfalen Verordnung über die Ausbildung und die Abschlussprüfungen in der Sekundarstufe I (Ausbildungs- und Prüfungsordnung Sekundarstufe I – APO-SI) vom 2. November 2012, geändert durch Verordnung vom 23. Juni 2019 (SGV. NRW. 223). Hg. v. Ministerium für Schule und Bildung des Landes Nordrhein-Westfalen. Düsseldorf. Auf: https://bass.schul-welt.de/12691.htm (Stand: 29.03.2020).

Schweitzer, Friedrich (Hg.) (2003a): Elementarisierung im Religionsunterricht. Erfahrungen – Perspektiven – Beispiele. Neukirchen-Vluyn: Neukirchener.

Schweitzer, Friedrich (2003b): Elementarisierung – ein religionsdidaktischer Ansatz. Einführende Darstellung. In: Ders. (Hg.): Elementarisierung im Religionsunterricht. Erfahrungen – Perspektiven – Beispiele. Neukirchen-Vluyn: Neukirchener, 9–30.

Schweitzer, Friedrich / Haen, Sara / Krimmer, Evelyn (2019): Elementarisierung 2.0. Religionsunterricht vorbereiten nach dem Elementarisierungsmodell. Göttingen: Vandenhoeck & Ruprecht.

Seminar GyGe Recklinghausen: Das Artikulationskonzept des Seminars1 GyGe. Auf: https://www.zfsl.nrw.de/REC/Seminar_GyGe/Seminarprogramm/Artikulationskonzept/Artikulationskonzeptveraendert.pdf (Stand: 20.05.2020).

Seminar GyGe Recklinghausen: 3. Zur Artikulation einer Unterrichtsreihe. Auf: http://www.zfsl-recklinghausen.nrw.de/Seminar_GyGe/Seminarprogramm/Artikulationskonzept/Zur_Artikulation_einer_Unterrichtsreihe/index.html (Stand: 09.04.2020).

Shell Deutschland Holding (Hg.) (2019): Zusammenfassung Shell Jugendstudie. Auf: https://www.shell.de/ueber-uns/shell-jugendstudie.html (Stand: 25.03.2020).

Sinus-Institut (Hg.) (2016): Sinus-Jugendstudie. Wie ticken Jugendliche 2016? Lebenswelten von Jugendlichen im Alter von 14 bis 17 Jahren in Deutschland. Heidelberg: Springer. Auf: https://www.sinus-institut.de/ (Stand: 25.03.2020).

Sistermann, Rolf (2016): „Das Bonbonmodell im problemorientierten Philosophieunterricht“. In: Information Philosophie 04/2016, 102–107.

Städeli, Christoph et al. (²2013): Kompetenzorientiert unterrichten – Das AVIVA: Fünf Phasen guten Unterrichts. Bern: hep-Verlag.

Stinglhammer, Manuel (2018): 20 verschiedene Schülerdeutungen – und jetzt? Von der Schwierigkeit, mit inhaltlich-heterogenen Äußerungen umzugehen. In: Büttner, Gerhard u. a. (Hg.): Religion lernen. Jahrbuch für konstruktivistische Religionsdidaktik. Band 9: Heterogenität im Klassenzimmer. Babenhausen: LUSA, 203–218.

Strahm, Peter (2008): Qualität durch systemisches Feedback. Grundlagen, Einblicke, Werkzeuge. Bern: Schulverlag.

Sturm, Tanja (2016): Lehrbuch Heterogenität in der Schule. München: UTB.

Thömmes, Arthur (2014): Unterrichtsphasen erfolgreich gestalten. Das große Methodenbuch für die Sekundarstufe. Mühlheim a. d. R.: Verlag an der Ruhr.

Wahl, Diethelm (22006): Lernumgebungen erfolgreich gestalten. Vom trägen Wissen zum kompetenten Handeln. Düsseldorf: Klinkhardt.

Weinert, Franz E. (Hg.) (2001): Leistungsmessungen in Schulen, Weinheim und Basel: Beltz.

Weingarten, Jörn (2019): Wie planen angehende Lehrkräfte ihren Unterricht? Empirische Analysen zur kompetenzorientierten Gestaltung von Lernangeboten. Münster: Waxmann.

Wengert, Hans Gert (2019): Leistungsbeurteilung in der Schule. In: Bovet, G. / Huwendiek, V. (Hg.): Leitfaden Schulpraxis. 2. Auflage. Berlin: Cornelsen, 321–348.

Werbick, Jürgen (1992): Bilder sind Wege. Eine Gotteslehre, München: Kösel.

Werbick, Jürgen/ Porzelt, Burkard (2015): Gott. Auf: http://www.bibelwissenschaft.de/stichwort/100063/ (Stand: 14.04.2020).

Wernke, Stephan / Zierer, Klaus (Hg.) (2017): Die Unterrichtsplanung. Ein in Vergessenheit geratener Kompetenzbereich?! Status quo und Perspektiven aus Sicht der empirischen Forschung. Bad Heilbrunn: Klinkhammer.

Wilkening, Monika (2016): Praxisbuch Feedback im Unterricht: Lernprozesse reflektieren und unterstützen. Weinheim und Basel: Beltz.

Wisniewski, Benedikt / Zierer, Klaus (2018): Visible Feedback. Ein Leitfaden für erfolgreiches Unterrichtsfeedback. Baltmannsweiler: Schneider Hohengehren.

Woppowa, Jan (2018): Religionsdidaktik. Paderborn: Schöningh.

Ziener, Gerhard (2008): Bildungsstandards in der Praxis. Kompetenzorientiert unterrichten. Stuttgart: Kallmeyer.

Anhang

Gabriele Otten

Hier finden Sie eine Möglichkeit für die Gestaltung eines Unterrichtsentwurfs zu einem Unterrichtsbesuch. Maßgeblich sind die Vorgaben Ihrer Ausbildungs- und Prüfungsordnung.

DECKBLATT

Entwurf zu einem Unterrichtsbesuch im Fach Katholische Religionslehre
(Beispiel)

Studienreferendar*in: ...
Ausbildungsschule: ...
Lerngruppe: Klasse 6
Datum: ...
Zeit: ...
Raum: ...

Fachseminarleiter*in: ...
Kernseminarleiter*in: ...
Schulleiter*in: ...
Ausbildungsbeauftragte*r: ...
Ausbildungslehrer*in: ...

Thema der Stunde:
„Gott bleibt unvorstellbar, unanschaubar, unaussprechbar“ (Delval) – Erarbeitung der Begrenztheit, aber auch Notwendigkeit von Gottesbildern anhand einer arbeitsteiligen Erschließung verschiedener Sachtexte und erste Überlegungen zu Konsequenzen für die Rede von Gott

SEITE 1

Inhaltsverzeichnis

I. Darstellung der längerfristigen Unterrichtszusammenhänge
I.1 Übersicht über das Unterrichtsvorhaben
I.2 Curriculare Legitimation und angezielter Kompetenzerwerb
I.3 Zentrale didaktisch-methodische Begründungen

II. Planung der Unterrichtsstunde
II.1 Thema und Intention der Unterrichtsstunde
II.2 Anvisierter Kompetenzerwerb
II.3 Zentrale didaktisch-methodische Begründungen der Unterrichtsstunde
II.3.1 Sachanalyse
II.3.1 Beschreibung der Lerngruppe und der Lernausgangslage
II.3.3 Didaktisch-methodische Entscheidungen
II.4 Verlaufsplan

III. Literaturverzeichnis
IV. Anhang
IV.1 PPP mit Einstiegsfolien
IV.2 Plakat: Weiterer Ablauf der Stunde
IV.3 Arbeitsblätter
IV.4 Tippkarte
IV.5 Antizipierte Ergebnisse
...

Hinweis: In NRW sollen laut OVP 2016 schriftliche Begründungen zu Unterrichtsvorhaben und -stunden (hier: I.3 und II.3) nur in der Schriftlichen Arbeit im Rahmen der Prüfung zum II. Staatsexamen formuliert werden. Trotzdem müssen bei Unterrichtsbesuchen die getroffenen Entscheidungen begründet werden, wenn auch in mündlicher Form.
Damit deutlich wird, wie solche Begründungen in einen Entwurf integriert werden können, sind sie hier im Inhaltsverzeichnis in Kursivdruck mit aufgeführt.

SEITE 2ff.:

I. Darstellung der längerfristigen Unterrichtszusammenhänge

I.1 Übersicht über das Unterrichtsvorhaben

Thema des Unterrichtsvorhabens:
»Wer bzw. wie ist Gott?« – Erschließung der Frage nach Gott, Entwicklung eigener Antworten und Auseinandersetzung mit verschiedenen Antwortversuchen aus Bibel, Theologie und Kinderliteratur

Themen der einzelnen Unterrichtseinheiten:	
UE 1	„Wenn man einen Pinguin fragt, wer Gott ist …" - Bewusstmachung eigener subjektiver Theorien zur Gottesfrage durch ein Schreibgespräch zu einem Textauszug zu Ulrich Hubs „An der Arche um Acht" und Planung weiterer Unterrichtsschwerpunkte (Einführung eines Advance Organizers)
UE 2	„Wie siehst du aus, Gott?" – Annäherung an verschiedene Gottesbilder durch individuelle und begründete Wahl von Aussagen aus dem Kinderbuch „Wie siehst du aus, Gott?" von Marie-Hélène Delval
UE 3	„Gott, du bist rätselhaft" oder: Wie kann man etwas über Gott herausfinden? – Annäherung an den Gedanken der Rätselhaftigkeit Gottes anhand eines Schreibgespräches zur Kinderbuchseite und Erarbeitung möglicher Erkenntnisquellen (Nachdenken über Gott, Erfahrungen von Menschen mit Gott)
UE 4	„Gott, du bist eine Festung" oder: Beschützt Gott? – Erschließung und Deutung des Bildwortes von Gott als Festung und Auseinandersetzung mit der Frage, ob und wie Gott beschützt, anhand eines Videoclips zum Kinderbuch „Opas Engel"
UE 5	Von Gott in Bildern sprechen – arbeitsteilige Erschließung, Deutung und Gestaltung der Bildworte „Gott, du bist Licht / Weg / Liebe / König"
UE 6	„Gott geht den Verlorenen nach" (Lk 15,4-7) – Erschließung des Bildes vom guten Hirten anhand eines Stuhltheaters und Informationen zum „Sitz im Leben" des Gleichnisses Jesu
UE 7	„Gott bleibt unvorstellbar, unanschaubar, unaussprechbar" (Delval) – Erarbeitung der Begrenztheit, aber auch Notwendigkeit von Gottesbildern anhand einer arbeitsteiligen Erschließung verschiedener Sachtexte und erste Überlegungen zu Konsequenzen für die Rede von Gott
UE 8+9	„Gott, du bist klein" oder „Die Geschichte von dem Menschen, der Gott sichtbar machte" (Rainer Oberthür) – Erarbeitung der Bedeutung des Glaubens an die Menschwerdung Gottes für das christliche Gottesbild und Auseinandersetzung mit der Frage, was es für Menschen bedeuten kann, wenn sie glauben, dass Gott ihnen nahegekommen ist (Erstellung von Mini-Podcasts)
UE 10	„Gott, du bist …" oder: „Wirken Gebete?" – Annäherung an die Bedeutung des Betens zu Gott anhand des Gebets der Esmeralda im Disney-Film „Der Glöckner von Notre Dame" und Erschließung der Voraussetzungen, Formen und Funktionen des Gebets anhand eines Schulbuchtextes

UE 11	„Experimente mit Gott: Welche Gedanken, Fragen … uns noch bewegen“ – „Speed-Dating“ zu Gottes-Fragen, ggf. anhand von Gedankenexperimenten aus Susanne Niemeyer (2015)
UE 12+13	Wenn mich jemand fragt, wer Gott ist … unsere Ausstellung in Bild und Wort – Reflexion des Lernzuwachses zur Gottesfrage anhand der Auswertung des Advance Organizers und Gestaltung von Ausstellungsplakaten für eine Ausstellung zum Thema „Gott“
(Eine Unterrichtseinheit umfasst jeweils eine Einzelstunde.)	

I.2 Curriculare Legitimation und angezielter Kompetenzerwerb

Der schulinterne Lehrplan für das Fach Katholische Religionslehre des Gymnasiums XY in N. sieht das Thema „Bilder von Gott“ für den Beginn der 6. Klasse vor.

Im Unterrichtsvorhaben anvisierter Kompetenzerwerb:
Übergeordnete Kompetenzerwartungen (Kernlehrplan 2019, 18.f):

Sachkompetenz:
Die Schülerinnen und Schüler …
- entwickeln Fragen nach Grund, Sinn und Ziel des eigenen Lebens sowie der Welt und beschreiben erste Antwortversuche,
- entwickeln Fragen nach der Erfahrbarkeit Gottes in der Welt,
- deuten religiöse Sprache und Zeichen an Beispielen.

Methodenkompetenz:
Die Schülerinnen und Schüler …
- erschließen angeleitet religiös relevante Texte,
- gestalten religiös relevante Inhalte kreativ und erläutern ihre Umsetzungen.

Urteilskompetenz:
Die Schülerinnen und Schüler …
- begründen ansatzweise eigene Standpunkte zu religiösen und ethischen Fragen.

Handlungskompetenz:
Die Schülerinnen und Schüler …
- vertreten eigene Positionen zu religiösen und ethischen Fragen,
- nehmen ansatzweise die Perspektive anderer ein,
- achten religiöse und ethische Überzeugungen anderer und handeln entsprechend.

Konkretisierte Kompetenzerwartungen (Kernlehrplan 2019, 21)

Inhaltsfeld 2: Sprechen von und mit Gott

Inhaltliche Schwerpunkte:
- die Frag-Würdigkeit des Glaubens an Gott
- bildliches Sprechen von Gott

Die Schülerinnen und Schüler ...
- stellen die Frage nach Gott und beschreiben eigene bzw. fremde Antwortversuche,
- deuten Namen und Bildworte von Gott,
- begründen, warum Religionen von Gott in Bildern und Symbolen sprechen,
- erklären die Botschaft von der Geburt Jesu als Ausdruck des Glaubens an die Beziehung Gottes zu den Menschen, zeigen Situationen auf, in denen sich Menschen im Gebet an Gott wenden,
- prüfen verschiedene Bilder und Symbole für Gott im Hinblick auf ihre mögliche Bedeutung für den Glauben von Menschen,
- erörtern die mögliche Bedeutung des Glaubens an Gott für das Leben eines Menschen.

I.3 Zentrale didaktisch-methodische Begründungen (→3.5)

II. Planung der Unterrichtsstunde

II.1 Thema und Intention der Unterrichtsstunde

Thema:
„Gott bleibt unvorstellbar, unanschaubar, unaussprechbar“ (Delval) – Erarbeitung der Begrenztheit, aber auch Notwendigkeit von Gottesbildern anhand einer arbeitsteiligen Erschließung verschiedener Sachtexte und erste Überlegungen zu Konsequenzen für die Rede von Gott

Intention:
Die Schülerinnen und Schüler erarbeiten ausgehend von der (vermeintlichen) Spannung zwischen einer Fülle von Gottesbildern und der Nichterfassbarkeit Gottes die Bedeutung und Notwendigkeit von Gottesbildern für die menschliche Rede von Gott, zeigen aber zugleich ihre Begrenztheit auf und gelangen so zu ersten Überlegungen zu einer angemessenen Rede von Gott.

II.2 Anvisierter Kompetenzerwerb

Die Schülerinnen und Schüler …
- begründen, warum Religionen von Gott in Bildern und Symbolen sprechen,
- prüfen verschiedene Bilder und Symbole für Gott im Hinblick auf ihre mögliche Bedeutung für den Glauben von Menschen. (Konkretisierte Kompetenzerwartungen; Kernlehrplan 2019, 21)

II.3 Zentrale didaktisch-methodische Begründungen der Unterrichtsstunde

II.3.1 Sachanalyse
II.3.1 Beschreibung der Lerngruppe und der Lernausgangslage
II.3.3 Didaktisch-methodische Entscheidungen

II.4 Verlaufsplan

Phasen	**Unterrichtsgeschehen und -inhalte**	**Sozialformen / Methoden**	**Medien und Material**
Einstieg – Aufbau der Lernsituation	Präsentation der von den SuS in der vorangegangenen Stunde gestalteten Gottesbilder (Licht, Weg, Liebe, König) und Wdh der Unterrichtsergebnisse Einblenden der Aussage „Gott bleibt unvorstellbar, unanschaubar, unaussprechbar“ (Delval 42018,9)) Erzeugen einer kognitiven Dissonanz (gestaltete Gottesbilder vs. „Unerfassbarkeit“ Gottes) → Entwicklung einer Leitfrage, z. B.: - Warum gibt es Bilder von Gott, wenn er doch unvorstellbar ist? - Sind unsere Bilder falsch? Entwicklung von ersten Antwortversuchen (Hypothesenbildung): Menschen können nur in Bildern denken; es gibt Bilder, damit man nicht erklären muss, wie Gott ist; man darf sich ja auch keine Bilder von Gott machen …	Plenum MI,LI, SB LB, SB SB	Laptop, Beamer, ppt MI (Folie 1) MI (Folie 2) MI (Folie 3) Tafel Tafel
Hinweise zur folgenden Arbeit	„Über diese Frage(n) haben Menschen immer wieder nachgedacht – gemeinsam werden wir verschiedene Gedanken dazu erarbeiten.“ Der Arbeitsauftrag wird vorgelesen, es gibt Gelegenheit zu Rückfragen. Die Anlage der Tabelle wird erklärt, das Material (AB + Umschläge) vorgestellt.	LB	Folie 4: Arbeitsauftrag Folie 5: Tabelle

Erarbeitung	An dem Beispiel von Antwort A wird der Arbeitsauftrag erst gemeinsam umgesetzt und ein erstes Ergebnis in die Tabelle eingetragen, z. B.: Antwort A: Gott ist immer anders, als ein einziges Bild von ihm aussagen kann. Ein einziges Bild wird Gott nicht gerecht. Die SuS erhalten auf ihrem Arbeitsblatt drei weitere Antworten und erarbeiten mindestens zwei (Differenzierung nach Lerntempo) in der ihnen vorgegebenen Reihenfolge. Damit alle Antworten bearbeitet werden, werden die Texte auf den AB in unterschiedlicher Reihenfolge abgedruckt (Differenzierung auch nach Anspruchsniveau; B eher komplexer und abstrakter als C und D). Die SuS erarbeiten ihre Antwortversuche und tragen ihre Ergebnisse in die Tabelle ein.	UG PA	AB1 (mit Antwort A) AB 2: • mit Antworten B bis D • Hilfekärtchen (im Umschlag)
Präsentation	Die SuS präsentieren paarweise ihre Ergebnisse, bis alle Antwortversuche vorgestellt sind. Es gibt Gelegenheit zu Verständnisfragen und Rückmeldungen.	SB / LI	AB Dokumentenkamera
Sicherung und Vertiefung	Die SuS haben Gelegenheit zur Bewertung der verschiedenen Antwortversuche (<persönliche> Nachvollziehbarkeit und ggf. Gewichtung …). Aus den verschiedenen Antworten wird – unter Rückbezug auf die Leitfrage(n) – ein Fazit gezogen. Eingangs aufgestellte Hypothesen werden überprüft (bestätigt oder korrigiert). Das Einstiegszitat wird wieder aufgegriffen (vgl. Sprinteraufgabe). Die SuS setzen ihre Ergebnisse in Beziehung zur Aussage von Delval. Fragen und Impulse wie „Welches eurer Bilder ist denn jetzt ‚richtig'?“, „Gibt es richtige Gottesbilder?“, „Dann verzichten wir besser auf Gottesbilder?“, „Kann man denn dann überhaupt etwas über Gott sagen?“ werden mit den SuS problematisierend bzw. vertiefend besprochen, dabei kann folgendes Zitat eingebunden werden: „Niemand hat Gott je gesehen, so lesen wir in der Bibel. Wir können Gott nicht mit den Augen betrachten oder ihn erfassen. … Dabei wissen wir: Gott bleibt unvorstellbar, unanschaubar, unaussprechbar. … [Gemeinsam können wir] an dem Bild des unendlichen Gottes weitermalen. So kommen wir näher und merken dabei, dass er ein großes Geheimnis ist.“ Delval ([4]2018, 9) Vergleiche bspw. mit einem Kaleidoskop oder Puzzle können ggf. helfen, das Erarbeitete zu veranschaulichen.	UG SB	AB Tafel Folie 6: Zitat Delval Folie 7: Abbildung Puzzle und Kaleidoskop

Didaktische Reserve	SuS tragen ihre Erkenntnisse aus der Stunde in ihren Advance Organizer ein. Überleitung zum Thema der nächsten Stunde – Gedankenexperimente mit Gott: „Wenn Gott sich zeigen würde – wie müsste er aussehen, damit du ihn erkennst?“ (Susanne Niemeyer (2015, 60)	 LI	

Abkürzungen:

LI – Lehrerimpuls	LB – Lehrerbeitrag
SB – Schülerbeitrag	MI – Medienimpuls
UG – Unterrichtsgespräch	PA – Partnerarbeit
AB – Arbeitsblatt	Ppt – PowerPoint-Präsentation

III. Literaturverzeichnis

Im Unterrichtsvorhaben eingesetzte Materialien *(Es wird von Referendarinnen und Referendaren nicht erwartet, dass sie alle Materialien zu den einzelnen Stunden so aufführen – der Vollständigkeit halber ist es für die Leserinnen und Leser dieses Buches ergänzt.)*

UE 1: Hub, Ulrich (2007): An der Arche um Acht, 3. Auflage. Düsseldorf: Sauerländer, 3–6; zur Methode des Schreibgesprächs: Matthes, Wolfgang (2011): Methoden für den Unterricht. Kompakte Übersichten für Lehrende und Lernende. Paderborn: Schöningh, 25.

UE 2: Delval, Marie-Hélène (2018): Wie siehst du aus, Gott? Mit Bildern von Barbara Nascimbeni. Ins Deutsche übertragen von Rainer Oberthür und Jean-Pierre Sterck-Degueldre. 4. Auflage. Stuttgart: Gabriel-Verlag, 12, 16, 18, 22, 24, 32, 36, 40, 52, 56, 64, 66, 68, 76, 78, 86.

UE 3: Delval (^{4}2018, 52f.); Knop, Julia (2014): Rund um den Glauben 99 Fragen und Antworten. Freiburg: Herder, 31–33.

UE 4: Delval (^{4}2018, 40f.); Bauer, Jutta (2003): Opas Engel, Hamburg: Carlsen; Videoclips zum Kinderbuch „Opas Engel“. Auf: youtube. (Stand: 21.03.2020).

UE 5: Delval (^{4}2018, 12f., 36f, .64f., 68f.); Deutsche Bibelgesellschaft (2019), Gute Nachricht Bibel: Edition „für dich“; mit den Spätschriften des Alten Testaments. Stuttgart.

UE 6: Delval (^{4}2018, 66f.); Deutsche Bibelgesellschaft (2019), Gute Nachricht Bibel: Edition „für dich“, mit den Spätschriften des Alten Testaments. Stuttgart; zur Methode Stuhltheater: vgl. in: religion 6/2001: Bibliodramatische Methoden, 27

UE 7: Delval (^{4}2018, 9), Rabbi Gellmann, Marc / Monsignor Hartmann, Thomas (2002): Wie buchstabiert man Gott? Hamburg: Carlsen, 34.

UE 8–9: Delval (^{4}2018, 78f); Oberthür, Rainer (2002): Neles Buch der großen Fragen. 2. Auflage. München: Kösel, 124–127.

UE 10: Gebet der Esmeralda im Disney-Film „Der Glöckner von Notre Dame“. Auf: youtube Stand: 21.03.2020); Bosold, Iris / Michalke-Leicht, Wolfgang (2017): Mittendrin. Lernlandschaften Religion 5/6, Berlin: Cornelsen (zugelassen für Baden-Württemberg, Rottenburg-Stuttgart), 45; „Beten heißt mit Gott reden“.

UE 11: Niemeyer, Susanne (2015): Damit wir klug werden. 100 Experimente mit Gott“, Freiburg: Kreuz-Verlag.

Verwendete Literatur

Ministerium für Schule und Bildung des Landes Nordrhein-Westfalen (Hg.): Kernlehrplan für die Sekundarstufe I Gymnasium in Nordrhein-Westfalen: Katholische Religionslehre. Düsseldorf 2019, 18f. [Auf: https://www.schulentwicklung.nrw.de/lehrplaene/lehrplan/204/g9_kr_klp_3403_2019_06_23.pdf]), zitiert: Kernlehrplan (2019).

Fachliteratur und (fach-)didaktische Literatur

Bauer, Jutta (2003): Opas Engel. Hamburg: Carlsen.

Benk, Andreas (2008): Gott ist nicht gut und nicht gerecht. Zum Gottesbild der Gegenwart. Düsseldorf: Patmos.

Delval, Marie-Hélène (2018): Wie siehst du aus, Gott? Mit Bildern von Barbara Nascimbeni. Ins Deutsche übertragen von Rainer Oberthür und Jean-Pierre Sterck-Degueldre. Stuttgart: Gabriel.

Eisele, Wilfried (2019): Das Evangelium nach Lukas. In: Theobald, Michael (Hg): Die Bibel. Einheitsübersetzung. Kommentierte Studienausgabe. Stuttgarter Neues Testament Band 3. 2. Auflage. Stuttgart: Verlag Katholisches Bibelwerk, 183–333.

Englert, Rudolf (2015): Gott denken? Im Religionsunterricht? In: Pemsel-Maier, Sabine / Schambeck, Mirjam (Hg): Keine Angst vor Inhalten! Systematisch-theologische Themen religionsdidaktisch erschließen. Freiburg: Herder, 93–110.

Feindt, Andreas (2010): Kompetenzorientierter Unterricht – wie geht das? Didaktische Herausforderungen im Zentrum der Lehrerarbeit. In: Friedrich Jahresheft 2010 „Lehrerarbeit. Lehrer sein". Seelze: Friedrich, 85–90.

Hub, Ulrich (2007): An der Arche um Acht. 3. Auflage. Düsseldorf: Sauerländer.

Knop, Julia (2014): Rund um den Glauben. 99 Fragen und Antworten. Freiburg: Herder.

Kropač, Ulrich (2010): Kindertheologie als religionsdidaktischer Perspektivenwechsel. In: Hilger, Georg / Leimgruber, Stephan / Ziebertz, Hans-Georg (Hg.): Religionsdidaktik. 6.Auflage. München: Kösel, 63–65.

Kuld, Lothar (2018): Gott und das Leben. Orientierungswissen Religionspädagogik. Stuttgart: Kohlhammer.

Langenhorst, Georg (2011): Literarische Texte im Religionsunterricht. Freiburg. Herder.

Matthes, Wolfgang (2011): Methoden für den Unterricht. Kompakte Übersichten für Lehrende und Lernende, Paderborn: Schöningh.

Mendl, Hans (2018): Religionsdidaktik kompakt. Für Studium, Prüfung und Beruf. 6. Auflage. München: Kösel.

Oberthür, Rainer (2002): Neles Buch der großen Fragen, 2. Auflage. München: Kösel.

Roose, Hanna (2014): Kindertheologie und schulische Alltagspraxis. In: Theo-Web. Zeitschrift für Religionspädagogik 13 (2014), H.1, 140–163.

Shell Deutschland Holding (Hg.) (2019): Zusammenfassung Shell Jugendstudie. Auf: https://www.shell.de/ueber-uns/shell-jugendstudie.html (Stand: 25.03.2020).

Werbick, Jürgen (1992): Bilder sind Wege. Eine Gotteslehre, München: Kösel.

Werbick, Jürgen/ Porzelt, Burkard (2015): Gott. Auf: http://www.bibelwissenschaft.de/stichwort/100063/ (Stand: 14.04.2020).

Woppowa, Jan (2018): Religionsdidaktik. Paderborn: Schöningh.

Bildquellen

S. 72: © EtiAmmos via Getty Images
S. 97: Illustration von Uli Olschewski aus Deutschunterricht planen Neu, ISBN 978-3-12-606496-5, © Ernst Klett Sprachen GmbH, Stuttgart, 2013.
S. 124: Steffen Butz © Ernst Klett Verlag GmbH